高等职业技术院校系列教材——交通运输类

综合交通运输概论

（第4版）

主　编　　连义平
副主编　　杨冀琴
主　审　　郑松富

西南交通大学出版社
·成都·

内容简介

本书共分10章，主要内容包括：交通运输的概念、构成要素以及运输布局的基本知识；铁路、公路、水路、航空、管道5种现代运输方式的特点、基本设备和工作组织的基本原理与基本方法；综合运输体系和联合运输的基本内容及发展。

本书为高等职业技术教育交通运输、物流专业教学用书，也可供从事交通运输与管理、物流研究的工程技术人员参考。

图书在版编目（CIP）数据

综合交通运输概论 / 连义平主编. —4版. —成都：西南交通大学出版社，2019.8（2024.1重印）
ISBN 978-7-5643-6994-1

Ⅰ. ①综… Ⅱ. ①连… Ⅲ. ①综合运输－高等职业教育－教材 Ⅳ. ①U1

中国版本图书馆CIP数据核字（2019）第152562号

Zonghe Jiaotong Yunshu Gailun
综合交通运输概论
（第4版）

主编 连义平

责任编辑 王 旻
特邀编辑 赵鲜花
封面设计 何东琳设计工作室

出版发行 西南交通大学出版社
（四川省成都市金牛区二环路北一段111号
西南交通大学创新大厦21楼）
邮政编码 610031
发行部电话 028-87600564 028-87600533
网址 http://www.xnjdcbs.com
印刷 成都蓉军广告印务有限责任公司

成品尺寸 185 mm×260 mm
印张 13.25
字数 333千
版次 2019年8月第4版
印次 2024年4月第23次
定价 39.00元
书号 ISBN 978-7-5643-6994-1

课件咨询电话：028-81435775

第4版前言

交通运输是国民经济的基础性、先导性产业，其发展水平与国民经济的发展有着极为重要的联系。发展综合交通运输系统是当代运输业发展的新趋势、新方向，它是增强有效运输生产力，缓解交通运输紧张状况，提高经济效益的重要方法。近些年来，我国交通运输业发展迅速，智能化、网络化和信息化的建设成为我国交通运输体系的发展主流。只有实现信息化、网络化、智能化才能实现跨越式发展，缓解资源和环境的压力，实现我国交通运输业现代化。

本书（第4版）是在2014年出版的《综合交通运输概论》（第3版）的基础上修订而成。随着交通运输业的不断发展，第3版中的部分内容已和目前的发展实际不相符，为了满足教学需要，本教材主编连义平老师根据近几年来交通运输行业的发展实际，对原教材进行了修订。本次修订基本上保留了第3版的结构，主要增补了2014年以来国内外交通运输业有关的新技术、新成就、新数据，对于第3版中部分不合适的内容进行了修正。

由于编者的水平有限，获取信息资源的途径不足，尽管我们不断对本教材进行优化与完善，教材中仍然存在着许多不尽如人意之处，恳请广大读者给予批评、指正，使本教材日臻完善。

编　者
2019年4月于西安

第 3 版前言

本书（第 3 版）是在 2009 年出版的《综合交通运输概论》（第 2 版）的基础上修订而成。近几年来，交通运输业发展迅速。交通运输业与几年前相比，发生了巨大的变化。原书中的部分内容已和目前的现状不相符，许多数据和观点已不能完全反映当前交通运输业的实际，为了适应教学需要，本教材主编根据近几年来的教学改革和实践经验，对原教材进行了修订。本次修订基本上保留了第 2 版的结构，主要增补了 2010 年以来国内外有关的新技术、新成就，并对交通运输业近些年来进行改革的情况作了适当的介绍，对于原教材中有些不合适的内容也进行了修正。

交通运输业是一个不断发展、不断优化的综合体系。如何能够通过结构性调整，促使整个行业在产业结构、企业结构乃至教育结构等方面不断优化，使得交通运输业能够更加适应我国社会政治、经济、文化发展的需要，这是所有交通运输企业面临的永恒主题。只有通过不断地改革、完善，才能使整个行业健康、迅速的发展，这也是交通运输业的管理者、所有从业人员所要思考的问题。

尽管我们经过了多年来的努力，不断对本教材进行优化与完善，但由于我们所掌握的信息资源有限，对于许多改革的内涵理解不够，加之编者的水平有限，教材中仍然存在着不尽如人意之处，恳请广大读者给予批评、指正，使本教材日臻完善。

编　者

2014 年 4 月于西安

第 2 版前言

本书是在 2006 年出版的《综合交通运输概论》的基础上修订而成。近年来，随着国内外经济的迅速增长，交通运输业也得到了飞速的发展。从交通运输的发展现状与趋势来看，原书中的部分内容已和目前的发展形势不相符，所用数据和有些观点也显得落后，故根据近几年来的教学改革和实践经验，对原书中的内容进行了充实和提高。本次修改基本上保留了第一版的结构，主要增补了 2007 年以来国内外有关交通运输的新技术、新成就，并对城市轨道交通和城际轨道交通的内容进行了扩充。

本教材共有十章，第一、二、三、四、五章及第七、八、九章由西安铁路职业技术学院连义平执笔；第六章由西安铁路职业技术学院赵水仙执笔；第十章由成都铁路运输学校杨冀琴执笔；全书由西安铁路职业技术学院连义平任主编，成都铁路运输学校杨冀琴任副主编，西安铁路职业技术学院郑松富主审。在编审过程中，西安铁路职业技术学院、成都铁路运输学校的领导和同志们对于本教材的编写给予了大力的支持和帮助，编者在此表示衷心地感谢。

由于编写时间较紧和编者的水平所限，教材中仍难免有一些不足或错误，恳请广大读者给予批评、指正。

编　者

2009 年 6 月于西安

第1版前言

近些年来，随着国内外经济的迅速增长，交通运输业也得到了飞速的发展。从交通运输的发展现状与趋势来看，过去单一的、相互独立的运输模式已很难适应现代社会对交通运输的需求，各种交通运输已进入综合、协调发展阶段，可以说大交通的概念已经逐步形成。

交通运输业是一个庞大而复杂的系统，系统中的主要运输方式包括铁路、公路、水运、航空和管道。其运营目的都是满足社会经济活动对人员和货物空间位移的需求，它们各有自己的特点和经营范围。如何充分发挥各种交通运输方式的优势，建立安全、高效的综合交通运输体系，是我们所面临的一个新课题。这种大交通的概念将促使原来单一的交通运输模式进行结构性调整，而这样带来的是产业结构、企业结构乃至教育结构的优化。这既是一次改革，也是一次发展，调整后的交通运输业将更加适应我国社会主义事业发展的需要，更加适应社会经济发展的要求。

本教材编写的主要目的是，使学生通过学习本课程，概括了解铁路、公路、水路、航空和管道五种运输方式的基本概念、优缺点，掌握各种交通运输方式、运输设备的基本组成和基本原理；了解各种运输方式之间的关系，以及国内外交通运输发展的新技术、新趋势；了解各种运输工作的组织管理，掌握其原理和方法，为今后学习专业课和从事交通运输工作打下良好的基础。

编者在编写时力求文字简明扼要，着重讲清有关的基本知识、基本概念和基本原理，使它成为具有科普知识的教科书，帮助读者对交通运输有一个比较全面、系统的了解。

本教材共有十章，第一、第二、第三、第四章及第七、第八、第九章由西安铁路职业技术学院连义平编写；第五章由西安铁路职业技术学院连义平、成都铁路运输学校李森林编写；第六章由西安铁路职业技术学院赵水仙编写；第十章由成都铁路运输学校杨冀琴编写。本书由西安铁路职业技术学院连义平担任主编，成都铁路运输学校杨冀琴担任副主编，西安铁路职业技术学院郑松富担任主审。在本教材的编审过程中，西安铁路职业技术学院、成都铁路运输学校的领导和同志们给予了大力的支持和帮助，在此表示衷心的感谢。

由于本教材涉及的内容较为广泛，尽管编者在编写过程中边学习边修改，但由于时间仓促，编者的水平有限，教材中难免出现缺点和错误，恳请广大读者批评、指正，以使本教材日臻完善。

编　者

2006年1月于西安

目　录

第一章 绪 论

说到交通，大家都很熟悉，交通是我们社会生活中不可缺少的重要组成部分。我们在日常工作、学习或购物时，都要与各种交通工具打交道，如公交汽车、地铁、城轨、电车、出租车或者是私人轿车、自行车，这些是我们生活中最常用的交通工具。在我们出远门旅行的时候，还有可能乘坐火车、轮船、飞机等交通工具。此外，我们生活中所需要的水、天然气、石油，也是通过架设在地面、空中或埋在地下的管道来运输的。而人类社会的发展和人们的日常活动，诸如生产活动、贸易往来、社会交往等都需要通过交通来实现人与物的运输。因此，交通运输是人类社会生产过程在流通领域的继续和进行社会再生产的必要条件，是沟通工农业之间、城乡之间、企业之间经济活动的纽带，也是进行国内外文化、经济交流的桥梁。

交通运输和人类的其他活动一样，也经历了从单一到多样、从简单到复杂、从原始到现代的发展历程。现代交通运输一般是指铁路、公路、水路、航空和管道 5 种交通运输方式。

第一节 交通运输的概念与特点

一、运 输

运输是指借助公共运输线及其设施和工具，实现人与物空间位移的一种经济活动和社会活动。

运输这一词语在日常生活、专业领域和科学研究中，都用得十分广泛。《辞海》对运输的解释是："人和物的载运和输送。"在国民经济和社会生活中发生的人和物在空间位置上的位移几乎无所不在，但是，并不是所有的人和物在空间位置上的位移都可以纳入到运输的范畴内。真正意义上的运输只能是一定范围内的人与物的空间位移。例如，以下 3 种情况就不属于运输范围：

第一，经济活动中的输电、输水、供暖、供气和电信传输的信息等，虽然它们也产生物质位移，但由于其各自拥有独立于运输体系之外的传输体系，所完成的物质位移并不依赖人们一般公认的公共运输工具，因此它们不属于运输的范围。

第二，一些由运输工具改作他用的特种移动设备（包括特种车辆、坦克、舰艇、军用飞机）行驶所引起的人与物的位移，虽然利用了公共运输线，但它们本身安装了许多为完成特种任务所需的设备，其行驶的直接目的并不是为了完成人与物的位移，而是为了完成某项特定工作。

第三，在工作单位、家庭周围、建筑工地，由运输工具所完成的人与物的位移，在娱乐场所人的位移等，这些位移都不属于运输的范围。

二、交　通

交通是指运输工具在运输网络上的流动。《辞海》对交通的解释是："各种运输和邮电通讯的总称。"即人和物的转运和输送，语言、文字、符号、图像等的传递和播送。科学技术的发展伴随而来的专业化物质传输系统的形成，使得人们对运输这一概念的认识逐步深化，不仅已经不把输电、输水、供暖、供气等形式的物质位移列入运输的范围，而且也已不再把语言、文字、符号、图像等形式的信息传输列入运输的范围。

三、交通和运输的关系

从交通与运输这两个概念中可以看出，交通与运输有其相同之处，都是运输工具在运输网络上的流动。但是，二者又有所不同：交通强调的是运输工具在运输网络上的流动情况，与交通工具上所载运人员与物资的有无和多少没有关系。运输强调的是运输工具上载运人员与物资的多少、位移的距离，而并不特别关心使用何种交通工具和运输方式。交通量和运输量这两项指标的概念最能说明这一点。例如，公路交通量是指单位时间内（例如，1昼夜或1小时）通过某公路路段的车辆数，它与运输对象无关。如果某公路路段一昼夜的交通量为5 000辆汽车，不论这些汽车是客车还是货车，是大车还是小车，是空车还是重车，其交通量都不会改变。运输量则不同，它是指一定时期内运送人员或物资的数量，它与车辆的空重、大小关系密切。

因此，交通与运输的关系可以概括为：运输以交通为前提，没有交通就不存在运输；没有运输的交通，交通也就失去了存在的必要。交通仅仅是一种手段，而运输才是最终的目的。交通与运输既相互区别，又密切相关，统一在一个整体之中。

四、交通运输和交通运输学

根据对交通、运输意义及交通与运输关系的分析，可以将交通运输这一概念的意义概括为：交通运输是指运输工具在运输网络上的流动和运输工具上载运的人员与物资在两地之间位移的经济活动。而交通运输学则是探讨通过交通工具在运输网络上的流动，如何将人和物迅速、安全、经济、便利、准时地从甲地运到乙地，以创造空间效用和时间效用的科学。

五、交通运输业的生产特点

交通运输业是一个物质生产部门，它和其他物质生产部门一样，具备3个要素：劳动力（运输工人）、劳动对象（货物或旅客）和劳动资料（交通线路和运输工具）。它是人类利用各种运输工具，促使人或货物沿特定线路实现空间位置移动的社会物质生产部门。但是，交通运输业和工农业生产比较，又具有自己的特点：

1. 交通运输业并不产生有形产品

交通运输业的产品是货物和旅客的位移，其计算单位是货物吨公里（t·km）和旅客人公里（人·km），其数量等于客、货运量与运输里程之乘积。

交通运输业不像工、农业及其他生产部门生产有形的产品，它不改变劳动对象的物理、化学或生物属性，它只改变劳动对象的空间位置。交通运输业虽然创造了新价值，但这部分新价值不是通过使用价值去体现，而是追加到对象原有的使用价值中去，使劳动对象的交换价值增加了。

2. 交通运输业的生产是在流通过程中完成的

马克思曾指出：运输业表现为生产过程在流通过程内的继续。工农业生产的产品从投入流通领域之时起，就企业来讲，就已经完成了其生产过程。而运输企业是在流通领域继续从事生产，它表现为一切经济部门生产过程的延续。

运输业所创造的使用价值和交换价值，附加于其劳动对象上。作为旅客来说，运输满足了旅客的旅行需要，运输产品直接被消费掉了；作为货物来说，运输产品的费用附加在其成本上，在交换中列入流通所需资金。

3. 交通运输业的劳动对象十分庞杂，其所有权不属于“加工”部门

交通运输业带有社会公益性质，它是为全社会服务的。位移的对象不仅有物，而且有人。以物来说，“加工”品类之多，性质之杂，是其他生产部门所无法比拟的。由于劳动对象的所有权属于其他单位或个人，运输业对劳动对象无权进行支配和选择。换言之，也就是在构成生产的三要素中，劳动对象（旅客和货物）不属于运输部门所有，客、货运量的变化也不是运输部门所能决定的。因此，它必须有相当大的储备能力，以适应随时可能发生的变化。

4. 交通运输业的产品不能储存，能力不能调拨

如前所述，交通运输业的产品是无形的，是在完成旅客和货物位移的生产过程中直接被消费掉的，既不能储存，也无法调拨。为了满足运输的不平衡，必须储备一定的运输能力。特别是线路、站场等固定设备的能力，只能就地储备，不能易地调拨。

5. 交通运输业属于服务性行业

交通运输业的产品直接向用户出售，不像其他物质产品那样，要经过批发、储运等环节。它不但带有商业的经营性质，而且带有直接为用户服务的性质。因此，高质量的服务工作也是衡量交通运输业的重要经营标志之一。

6. 交通运输业的生产点多、线长，是一个巨大的露天工厂

客、货运输的始发及到达地点，遍及全国各地，点多、线长，相互联系密切，因此必须保证其生产过程的连续性。各环节、各工种之间必须相互协调，紧密配合，服从集中统一的调度指挥，才能高质量地完成生产任务。

第二节　交通运输的构成要素

现代化的交通运输必须具备运载工具、通路、场站、动力、通信、经营管理人员与机构等要素，运输经营的成功与否，服务质量能否令人满意，取决于构成要素能否发挥其应有的功能，以及彼此能否密切配合。

一、运载工具

运载工具的功能在于容纳与保护被运送的人和货。早期的运载工具多是天然的，且本身兼具动力，如人、牛、马、骆驼等。现代化的运载工具大多数是人造的，如汽车、火车、轮船、飞机、管道等。有的运载工具与动力完全分离，如铁路的货车、内河上的驳船、集装箱、拖车等；有的则与动力同体，如汽车、轮船、飞机等。理想的运载工具应具有结构简单、安全、轻巧、造价低、宽敞舒适、耐用、故障易维修、容量大、舒适、耗用能源少、污染轻等特点。

二、通　路

通路是在运输网络中，连接运输始发地、到达地，供运输工具安全、便捷运行的线路。通路有些是自然形成的，如空运航线，水运的江河湖泊、海洋的航路等；有些则是人工修建的专门设施，如铁路、公路、运河、管道等。良好的通路应具有安全可靠、建造及维修费用低、通行速度快、不受或少受自然及气候影响、使用寿命长、距离短等条件。

三、场　站

场站是指运输工具出发、经过和到达的地点，为运输工具到发停留、维修管理，客、货集散装卸，办票待运服务，旅客乘降、货物（行邮）装卸，以及运输过程中转连接等作业之场所。例如，铁路的火车站、公路的汽车站、航空的飞机场、水运的海（河）港、管道的加压站等。理想的场站应具有位置适中、设备齐全、交通便利、环境优美、场地宽敞等条件。

四、动 力

动力的功能在于推动人造的运输工具。古老的运载工具，其动力都是自然的，如人力、畜力、风力等；现代的动力则是人造的，如蒸汽机、内燃机、电动机、核能发电机等，利用煤、水、油、气、电、核燃料等能源的燃烧运转作用，产生推动运载工具所需的动力。良好的动力设备应具有构造简单、操作方便、维修容易、成本低、能源价廉、能耗少、污染轻等特点。

五、通 信

通信是指由一地向另一地进行信息的传输与交换，其目的是传输消息。从广义上说，无论采用何种方法，使用何种媒质，只要将信息从一地传送到另一地，均可称为通信。古代的通信方式有烽火台、击鼓、驿站快马接力、信鸽、旗语等，而现代通信则是以电报、电话、广播电视、微信、短信、E-MAIL 等方式以实现即时通信。

通信设备的功能在于能够使营运管理人员迅速准确地掌握运输信息，遇有突发事故时能迅速处理，以确保运输持续、安全，提高运输服务质量与运输效率。愈是现代化的运输事业，运输速度愈快，商品市场竞争愈激烈，社会对服务质量的要求愈高，通信的作用就愈加重要。良好的运输通信设备应具有迅速、准确、信息量大、操作方便、维修容易等特点。

六、经营管理人员与机构

运载工具、通路、场站、动力、通信都属于交通运输的硬件要素。实际上，具备了这些要素，还无法从事运输经营业务，还必须有人操纵、维修、管理，才能使构成交通运输的硬件要素真正发挥作用。所以，人是最重要的构成要素。为此，交通运输企业都组建有政企分开的、独立的经营管理机构，都有一支高素质的职工队伍，都有一套完整的规章制度。良好的管理与组织，必须具备组织体系与制度完整、分工合理、调度指挥灵活等条件。

第三节 交通运输发展史

自从人类有文字记载以来，就有人类从事运输活动的记载。原始社会中，我们的祖先为了取得赖以生存的生活资料，搬运及狩猎是必不可少的活动。在人类进入文明社会之前，是以肩扛、背驮或以头顶的方式进行运输的；其后，随着时间的推移，方知驯养牛羊、骡马、骆驼、大象等动物，驮运或拉曳重物以减轻人类本身的负担，并增加运输的数量。马鞍、牛鞅等器具的发明，进一步充分利用动物的力量以增进运输的效能，使运输的发展进入文明时期。到轮轴的发明、车辆的出现，揭开了现代陆路运输发展的序幕。

一、水路运输

水路运输（见图 1-1）是一种古老的运输方式。我国是世界上水路运输发展较早的国家之一，早在周朝已出现独木舟，春秋时期的吴国已能制造出乘载 92 人的中型木船，汉武帝时期已能建造乘载 1 000 余人的大木船。举世闻名的京杭大运河，始于春秋吴国，后经历代大规模的开凿，沟通了钱塘江、长江、淮河、黄河、海河五大水系，全长 1 794 km。唐代对外运输丝绸及其他货物的船舶，可直达红海之滨，该航线被誉为“海上丝绸之路”。12 世纪初，我国首先将指南针应用于航海导航。15 世纪，郑和率领当时世界上最大的船队 7 次下西洋，远航亚洲、非洲 30 多个国家和地区。因此，在相当长的历史时期内，我国的水运事业，不论是对本国的经济文化发展，还是对外贸易和国际交流，都起着十分重要的作用。

图 1-1 水路运输

水路运输又是一种现代化的运输方式。詹姆士·瓦特发明的蒸汽机于 19 世纪初被应用于水路运输，从此开始了水上运输的机械化。1807 年，美国的罗伯特·富尔敦将他发明的汽船“克莱蒙特”号展示于哈德逊河，证明了使用蒸汽机的汽船可以在海上及河上航行。1833 年，一艘名叫“皇家威廉”号的加拿大汽船首次横渡了大西洋。

在出现铁路、航空以前，水上运输同以人力、畜力为动力的陆上运输工具相比，在运输能力、运输成本和方便程度等方面都处于优势地位。因此，资本主义国家早期的工业大多沿通航水道的两岸设厂，形成沿江、河布局的所谓“工业走廊”。历史上，水运的发展给工业的布局带来很大的影响。目前大宗物资的运输仍然尽量利用水路，诸如我国海上的“北煤南运”，以及长江流域各省、市的物资调运，等等。这些畅通的水运路线常被人们誉为“黄金水道”。

此外，海洋运输还具有其独特的地位。由于地理因素的关系（大陆被海洋分隔），海洋运输是沟通、联系各个国家和地区的主要运输方式，尤其是在大力发展国际贸易的过程中，它的主导地位几乎是无可替代的。

由于国际贸易和国际货物运输是在全世界范围内进行产品交换，因而地理位置和地理条件决定了海洋运输是最主要的方式。目前，世界贸易总运量的 75% 以上是利用海洋运输来完成的。在我国的对外贸易运输中，85% 以上的货物运输是通过海洋运输来实现的。

当今世界各国水路运输正朝着现代化方向发展，主要表现在以下几个方面：

（一）船舶现代化

1. 船舶大型化

第一是油船吨位的增长和油船的大型化。1930 年的世界商船队中，油船吨位只占船舶总吨位的 1/10，1980 年上升为 1/2。20 世纪 60 年代中期，出现了 20 万 t、30 万 t 以上的超大油船，70 年代又出现了 50 万 t 以上的特大油船。第二是装运煤炭、矿砂、谷物等的干散货船的大型化。20 世纪 60 年代末，大型散货船的载质量已超过 10 万 t，最大的已达 17 万 t。第三是集装箱船大型化发展迅速，装载量由 3 000 ~ 4 000 TEU（国际标准箱）发展到 6 000 ~ 8 000 TEU。

近年来，世界上一些主要的集装箱运输航线，如太平洋航线上，出现了运力过剩的情况。在这些航线上经营的船公司为了在激烈的市场中争取有利地位，纷纷定造了一些超大型的集装箱船，试图借此进一步降低单位运输成本。这种状况加速了船舶大型化的趋势，全球各大班轮公司纷纷定造装载量 10 000 TEU 左右的超大型船舶。中国远洋运输集团公司（中远集团）旗下的中远大洋洲号（COSCO OCEANIA）是首条由我国自主制造的 10 000 TEU 集装箱船。船体总长 349.5 m，宽 45.6 m，可装载 10 020 TEU（见图 1-2）。

图 1-2 中远大洋洲号 10 020 TEU 集装箱船

目前世界上最大的集装箱船是由韩国三星重工为香港东方海外建造的“东方香港号”轮，船长 399.9 m，宽 58.8 m，它的船体足足有 4 个足球场大。该轮可载箱量为 21 413 TEU，这些集装箱并列排成一行的话，长度可达到 120 km。另外，“东方香港号”轮还是目前世界上最环保、设备最先进、高度自动化的集装箱船舶。

2. 船舶专业化和通用化

第二次世界大战以后，各种专用船发展很快，除上述油船、散货船外，近些年来，专用船发展最快的是集装箱船。

船舶专业化配套码头，其专业化和装卸机械化能提高装卸效率，改善各种运输工具之间的换装作业，缩短船舶在港停留时间，加速货物的整个运输流程和船舶周转。但也应当看到，专用船只只适应单一货种，返程常常放空，船舶载质量利用率低。

杂货船用途广泛，适应性强，在数量上至今仍占首位。典型的杂货船都以低速柴油机为动力，载质量不超过 2 万 t，航行时速为 15 n mile/h（1 n mile = 1.852 km）左右。为了提高杂货船运输多种货物的能力，近年来制造出了多用途船，除载运普通件杂货外，还能载运集装箱、重货、冷藏货和散货等。

3. 船舶高速化

水路运输最大的弱点是速度慢。为适应运输市场的需要，应积极提高航行速度。自 20 世纪 50 年代起，航运界为了加快船舶周转，一度掀起船舶高速化的热潮。普通杂货船航速提高到 33 km/h 以上，集装箱船航速在 37 km/h 以上，美国建造的“SL-7”型高速集装箱船，最高航速达 60 km/h。

船舶的高速化，可使船舶在海上的航行时间大为缩短。在航线和发船间隔时间一定的条件下，航速与配船数成反比关系，即航速越高，航线上需配备的船舶数就越少。但是，由于船舶的主机功率及燃料消耗量几乎与航速的三次方成正比关系，尤其是在油价较高的情况下，船东对提高航速往往持谨慎态度。

短途客船在高速化方面发展较快，特别是在海湾、陆岛、岛岛之间，尤其在其他运输工具无法或难以竞争的地区发展尤为迅速。

4. 船舶自动化

20 世纪 60 年代初期以来，各国航运企业为了减少船员人数，改善船员劳动条件和提高船舶营运的经济效益，初步实现了轮机、导航和舣装三方面的自动化。如 20 世纪 60 年代中期制造出了机舱定期无人值班的船舶，已得到国际的认可。

由于造船和航海技术及自动化技术的发展，使得船舶自动化程度越来越高。例如，中远集团购进的 12 艘第四代集装箱船就配备了自动导航系统，当船行驶至开阔海面区域需自动航行时，开启自动航行系统，综合导航仪根据自适应的原理，以省油的方式给自动舵发出舵角指令，使船首与航向一致，从而使船舶航行在计划航线上。

随着全球卫星导航系统、自动雷达标绘仪、电子海图显示与信息系统、国际海事卫星、船舶交通管理系统、全球海上遇险和安全系统、船舶维修与保养系统、港口维修中心等系统的广泛应用，将导致船舶及其公司的管理发生一场根本性的变革，船舶的管理不但实现了机电合一、驾通合一，而且还实现了驾机合一。船舶操纵和管理人员的功能演变成对船舶进行监控。船舶公司将依靠现代化通信技术，将各个分散且独立的通信、导航、避碰、配载和维修、支持系统连成一个综合性的网络。船舶的位置、状态、控制、动力装置的各种参数都将依靠计算机进行分析、调整，并随时将信息反馈给船舶公司，由公司进行调度、指挥、监督和控制。

（二）港口现代化

1. 泊位深水化

港口泊位的水深，将直接影响停靠船舶的吨位。为了适应现代运输技术的发展，尤其是船舶大型化、高速化对港口停泊条件和装卸设备的要求，以及出于保持或争取成为世界级大港的目的，当前世界各国有条件、有能力的港口都先后加强了港口建设，扩大了港口生产规模，建造了深水泊位。据预测，世界上将有 20% 的国际集装箱班轮需要水深在 13.5 m 以上的深水泊位和航道。目前，许多大型港口新建的集装箱泊位，水深均在 14 ~ 15 m。

2. 码头专业化

码头专业化既能适应船舶专业化的要求，又有利于港口配置专用的装卸机具，实现装卸机械化和自动化。船舶运输的历史始终贯穿着专业化运输由低级到高级不断发展的过程。船舶运输的几次重大工艺变革，均与专业化的发展有关，与船舶专业化、装卸机械化和自动化相适应，港口也相应地建起了适应专业化船舶运输的专业化码头。例如，青岛港集装箱码头的建设，使青岛港跻身于世界十大集装箱港之列。2018 年，青岛港吞吐量完成 4.86 亿 t，集装箱吞吐量完成 1 932 万 TEU。在全球港口吞吐量明显放缓的“失速”之年，青岛港逆境突围实现了 6.0% 的增长，稳居全国沿海港口第五位、全球港口第七位。青岛港集装箱码头如图 1-3 所示。

图 1-3 青岛港集装箱码头

3. 装卸机械化及自动化

港口装卸机械化和自动化，能加速船舶装卸作业，缩短船舶在泊位的停留时间，加速船舶和泊位的周转，提高港口吞吐能力。现代高科技的发展对港口装卸机械向自动化方向发展奠定了基础。位于荷兰西南部，莱茵河与马斯河汇合处的鹿特丹港，是世界上最先进的港口之一，该港出于商业竞争和树立大港形象的需要，建设了全球自动化程度最高的散货码头和集装箱码头，在 20 世纪 90 年代末曾经创造出年吞吐 30 730 万 t 的历史最高纪录。我国的宁波港装卸机械化、自动化程度也很高，2018 年，宁波港完成货物吞吐量 7.76 亿 t，集装箱吞吐量 2 794 万 TEU，箱量排名跃居全国集装箱港口第一位、世界港口前三位。宁波港如图 1-4 所示。

图 1-4 宁波港

（三）港航管理电子信息化

1. 港航管理信息系统

管理信息系统是以计算机为基础、以系统思想为主导建立起来的，由调度管理系统、经营管理系统、计划与统计分析系统、财会管理系统、人事工资管理系统、技术管理系统、物资管理系统、外部信息交换系统所构成。

目前，多数港口开发了不同层次的管理信息系统且正在向智能型发展。它不仅能对各类信息进行管理，而且能通过对信息的分析提出决策咨询意见，能预测行情变化的趋势。

2. 电子数据交换

电子数据交换（EDI）是利用计算机与通信的结合，自动地实现贸易伙伴计算机应用系统之间按照标准格式进行数据的互相交换，并对之进行自动处理。

由于海上运输业具有国际性，因此港航信息网络化无疑是提高运输服务效率的重要手段。尤其是港口企业，通过 EDI 系统可使港口的计算机系统直接与用户、货主、海关、商检、理货等有关机构的计算机系统进行通信。

曾是世界第一大港的荷兰鹿特丹港，其 EDI 服务系统“INTIS”积极推广“电子商务网络”，该网络的用户除港口外，还有制造商、装卸公司、铁路、服务代理、货运代理等超过 180 家公司。该系统用于报关、运输指令、国际铁路运单、装货通知、装货清单、货物进出口等信息，日处理量达 2 000 余条。

上海港在信息技术与信息资源的综合利用上走在我国诸港口的前列。“七五”期间，上海港开始计算机网络应用试点，成功地在开平装卸公司建立了第一个微机网络系统。“八五”期间，全港计算机网络规模不断扩大，性能不断提高。覆盖全港的上海港港口网络（SH-PORTNET）于 1997 年开始建设，1999 年开通运行。自 2010 年起上海港已成为世界上货物吞吐量、集装箱吞吐量最大的综合性港口之一。2018 年上海港货物吞吐量为 7.51 亿 t，集装箱吞吐量达到 4 001 万 TEU（见图 1-5）。

图 1-5 上海港集装箱码头

二、铁路运输

世界铁路发展史大体上可分为开创期、发展期、成熟期和新发展期 4 个时期（见图 1-6）。

图 1-6 铁路运输

（一）开创时期（1825—1860 年）

1825 年 9 月 27 日，世界上第一条公共服务铁路在英国建成通车。这条铁路长达 19.3 km，用蒸汽机车牵引 34 节车厢行驶，此为世界铁路运输史的开端。此后，欧洲各国开始对这种车头冒着浓烟、行驶在两条平行钢轨上的新型车辆发生了兴趣，纷纷开始试建。英国、美国和西欧各国都掀起了铁路建设高潮，横贯美国大陆的铁路就是在这个时期建成的。这种形式也影响着其他一些国家，到了 19 世纪后半叶，已扩展到非洲、南美洲和亚洲各国。在此期间，英国、美国、法国、德国、比利时、加拿大、俄国、奥地利、荷兰、意大利、印度、澳大利亚、古巴等共 26 个国家共建成铁路 19.4 万 km。

（二）发展时期（1860—1920 年）

欧美各国工业革命后，对工业原料、资源的需求量和国际商贸量大大增加，对陆地运输的需求大增，铁路迅速发展成为陆上运输的骨干。由于铁路丰厚的利润吸引了大批的资金投入，形成了世界范围内的筑路高潮。1920 年，世界上包括中国在内的 60 多个国家和地区共修建铁路 103.3 万 km，美国的铁路里程数合计已经达到 40 万 km。

筑路技术、通信技术、机车制造技术也取得突破性进展。1841 年，英国铁路开始使用臂板信号机；1868 年，美国的詹尼和威斯汀豪斯分别发明了自动车钩和列车空气制动机；瑞士于 1872—1881 年修建了全长 14 998 m 的圣哥达隧道；1879 年，德国西门子公司和哈尔斯克公司生产了第一台电力机车，修建了第一条电气化铁路；1892 年，第一台内燃机车问世。从 20 世纪 40 年代开始，世界上许多主要工业国家先后停止生产和使用蒸汽机车。

（三）成熟时期（1920—1960 年）

进入 20 世纪后，铁路运输设备得到进一步的改进，包括焊接的无缝钢轨、机械化养路装置、电子中央控制系统、闭塞信号系统以及自动化的列车控制系统等。尽管有了这一系列技术上的重大进步，铁路仍因外部环境的变化和市场竞争的挑战，由蓬勃发展期逐步转入成熟时期。

第二次世界大战以后，小汽车在技术上获得了关键性的突破。美国福特公司开始制造数百万辆廉价的小汽车，使美国人民彻底接受了小汽车的方便性，政府开始投入大量资金修筑完善的公路系统，以促进经济发展。

由于公路与航空业的逐渐发展，加之铁路方面长期处于霸主地位，铁老大思想严重，使得服务水准每况愈下，再加上铁路的可及性不及公路高，直达性不如管道，方便和快捷性不如高速公路和民航。在这些不利因素的影响下，铁路运输客、货运量开始逐年下降，连年亏损，各国政府被迫封闭或拆除部分铁路。以美国为例，1955 年，铁路长度由 42 万 km 减少到 35 万 km，到了 1965 年，又减少了 4 万 km ，即使加上新修的线路，铁路长度也只有 30 万 km 左右。1965 年，美国铁路客运量仅占 1940 年的 20%，铁路运输业开始被认为是没有前途的“夕阳企业”。

但是，在这一时期又有 28 个非洲国家和中东地区修建了 20 万 km 的铁路。1960 年，世界铁路营业总里程超过 120 万 km。

（四）新发展时期（1960 至今）

在这一时期，发展中国家铁路得到较快发展。1998 年，世界铁路营业总里程超过 130 万 km。新发展时期的标志主要表现在以下 4 个方面：

1. 修建高速铁路

1964 年，日本建成了世界上第一条速度超过 200 km/h 的高速铁路——东海道新干线。高速列车行驶于东京与大阪之间，平均每天载客达 45 万人，高峰日则超过百万人，营运 7 年就将 10 亿美元的建设成本连本带利还清，从而重新找回了铁路运输业的希望。经过 50 多年的发展，日本投入运营的新干线高速铁路里程已达到 3 041 km，在建新干线高速铁路里程 402 km，规划建设新干线高速铁路里程 179 km，速度 250 ~ 300 km/h。

法国于 1983 年修建了巴黎—里昂（长 426.4 km、速度 270 km/h）的高速铁路。到目前为止，法国共有高速铁路 2 142 km，在建线路里程 634 km，规划线路里程为 1 786 km。意大利、英国、西班牙、德国、比利时等国家也陆续修建了 4 400 km 的高速铁路。截止到 2017 年年底，全世界投入运营的高速铁路里程共计 4.2 万 km 。

2. 发展重载货物运输

1958—1960 年，美国铁路为了与煤浆管道竞争，开行了万吨级重载列车，大力发展重载技术。此后，澳大利亚、巴西、南非等国家也开始修建重载铁路，并把货物列车质量提高到 1 万～2 万 t，最重达 6 万～7 万 t。1989 年，南非开行了世界上最长、最重的矿石专列，总质量达 70 800 t，该列车由 697 辆车组成，长 3 300 m。2003 年，澳大利亚又打破纪录，开行总质量达 73 000 t 的重载列车。

俄罗斯发展组合式重载列车，载质量一般为 6 000～10 000 t，最高达 33 500 t。

我国自 1983 年以来开行了 3 种形式的重载列车：大秦线开行 1 万～1.2 万 t 单元式重载列车，2005 年成功试验开行 2 万 t 的组合式重载列车；京广、京沈、京沪线大量开行 5 000 t 整编式重载列车；石太、丰沙大、神黄、侯月等线先后开行组合式重载列车。

2014 年 4 月 2 日，一列由 4 台电力机车牵引、编组 320 辆、总长 3 971 m、满载 3 万 t 煤炭的试验列车，由北同蒲线袁树林站始发，经过 12 h 25 min、738.4 km 的运行，安全到达终点站大秦线柳村南站。3 万 t 重载列车运行试验取得圆满成功，实现了中国铁路重载列车牵引质量从 2 万 t 到 3 万 t 的跨越，使中国成为世界上仅有几个掌握 3 万 t 铁路重载技术的国家之一（见图 1-7）。

图 1-7 大秦线 3 万 t 重载列车

3. 发展城市轨道运输

20 世纪 70 年代，铁路运输方式在城市公共交通方面日渐受到重视。随着全球城市化程度的不断提高，城市人口日渐增加，城市土地日趋紧张，城市交通紧张状况日益严重；同时，由汽车所带来的拥挤、噪声、空气污染等问题严重影响了市民的生活质量。所以世界各发达国家的政府一致认为如要彻底解决城市交通问题，非采用低污染、大运量的城市轻轨交通系统不可。由于城市轻轨交通系统具有专用路权，能提供迅速并且大量的运输服务，因此被认为是目前解决城市交通拥挤问题最有效的方法之一。在第二次世界大战前，仅有 10 多个城市设有轨道交通系统，而现在已超过 115 个。目前，城轨发展较快的城市有：莫斯科、巴黎、东京、伦敦、首尔、墨西哥城等。

我国的北京、天津、上海、广州、南京、深圳、重庆、武汉、长春、大连、西安、成都等城市也先后修建了城轨（见图 1-8）。

图 1-8　城市轨道交通

4. 广泛应用电子计算机，实现信息化和过程控制自动化

近些年来，随着铁路不断朝着高速度、大质量、高密度的方向发展，原有的铁路经营方式和管理模式已很难适应其日新月异发展的要求。为此，许多国家的铁路部门都积极研究采用高新技术和先进手段，着力于加强铁路的技术装备和现代化管理，全方位地推进铁路运输科学技术的进步。通过电子计算机的广泛应用，建立科学、有效的信息网络，及时掌握客流、货流、车流动态，快速传递并实时处理信息，实行集中指挥，统一调度管理，为铁路运输的发展提供了广阔的前景。

我国铁路发展较晚。1876 年在上海修建的吴淞铁路，是中国领土上出现的第一条铁路。1881 年，清朝政府为了开采煤矿所需，由开平矿务局负责集资修建了唐山至胥各庄（今唐山丰南区）之间长 9.7 km、采用 1 435 mm 的标准轨距和每米 15 kg 钢轨的唐胥铁路，从而揭开了中国自主修建铁路的序幕。1881—1921 年，在我国境内共兴建了约 10 000 km 的铁路。

1881—1949 年，全国共兴建铁路 28 604.5 km，多属帝国主义直接经营或受外国资本控制，而完全由本国管理经营的铁路不超过 9.3%，具有显著的殖民地和半殖民地性质。并且，由于连年战争的破坏，解放时可以通车的铁路只有 21 989 km。

1949 年，中华人民共和国成立，我国铁路建设有了统筹的规划和统一的标准，开始进入一个新的发展时期，铁路建设取得了举世瞩目的大发展。特别是最近 30 多年来，中国铁路进入了改革开放的新时期。在新的路线和新的方针、政策指引下，铁路事业推陈出新，突飞猛进。

1997—2007 年，经过 6 次大提速，客货列车运行速度有了很大提高。列车运行速度超过 120 km/h 的快速运行线路延展里程达到 2.4 万 km；速度 160 km/h 及以上的线路延展里程达到 1.6 万 km；速度 200 km/h 及以上的线路延展里程达到 6 227 km；速度 250 km/h 及以上的线路延展里程达到 1 019 km。

高速铁路从无到有，到 2012 年年底，全国高速铁路运营总里程已达 9 767 km，约占世界高铁运营总里程的 40%。2013 年全国高速铁路运营总里程突破 1 万 km。2018 年年底，全国高速铁路运营总里程已达 2.9 万 km，约占世界高铁运营总里程的 60%。

三、公路运输

公路运输（即汽车运输见图 1-9）在 19 世纪末才兴起，比铁路、水路起步晚。现代意义上的汽车是由本身装备的动力装置驱动，具有 4 个或 4 个以上车轮，不依靠轨道和架线在陆地上行驶的车辆。1770 年，法国人尼古拉斯·古诺将蒸汽机装在板车上，制造出第一辆蒸汽板车，这是世界上第一辆利用机器为动力的车辆。1886 年，德国工程师卡尔·本茨制造出世界上第一辆四冲程三轮汽油机汽车。1887 年，德国工程师戈特利布·戴姆勒研制成功现代意义上的四轮汽油机汽车。大约 8 年之后，美国开始发展汽车。其后若干年，世界各先进国家的汽车运输，因道路缺乏坚固路面而停滞不前。但由于汽车的便利，这种新型的交通工具经过不断的改进、发展，在社会生活中日益显示出突出的优越性——机动、灵活、迅速、方便、直达，这使得公路运输的发展速度远远快于水路和铁路运输。

图 1-9 公路运输

第二次世界大战结束后，公路运输进入了飞速发展的新时期。欧洲各国、美国、日本等发达国家先后建立了比较完善、高标准的国家公路网和高速公路；汽车工业已形成了一个比较完整的体系，生产能力和技术水平大为提高，汽车的生产数量和保有量大幅度增加，小轿车在汽车中的比例增大，货车逐步向重型化、专业化、快速化和列车化方向发展。同时，为了解决日益紧张的交通拥挤现象和环境污染问题，不少国家开始重视原有公路的技术改造，提高公路建设标准，强化干线公路系统的规划和建设，提倡公路环境保护，对汽车的废气排放进行严格限制，不断提高车辆的运用与管理水平，从而大大提高了公路运输的生产效率和经济效益。这一切为公路运输的进一步发展创造了条件。许多国家打破了一个多世纪以来以铁路为中心的交通运输局面，使陆上运输结构发生了显著变化，公路运输已越来越多地在综合运输体系中起着主导作用。据资料表明，公路运输量约占全世界货运总量的 65%、客运总量的 80%。

我国现代公路运输的发展起步较晚。1906 年，我国建成第一条广西镇关—龙州的现代公路，长 55 km；在清末到军阀混战时期，公路建设一般都是从军用道路开始，以地方发动、民间集资和商人集资方式修建的。当时东南沿海各省处于军阀割据和混战的情况，大都各自为政，互不联系，修建的公路既无规划，又无标准。据统计，截止到 1927 年年底，我国公路通车里程 29 000 km。

抗日战争时期，由于战争的需要，新建公路 14 431 km，其中多数是在地理与自然条件均比较恶劣的西北、西南边陲地区。如滇缅公路，不论勘测设计或施工，工程条件都是十分艰难的，其使用多服务于军事目的，对标准和质量要求不高，而且根据战局的变化，往往修筑和破坏交替发生。据统计，截止到 1946 年 12 月，我国公路总里程达到 130 307 km。到中华人民共和国成立前夕，全国公路能通车的里程只剩下 75 000 km。

中华人民共和国的成立，为我国公路运输的发展开创了新的社会环境，公路建设进入了逐步现代化的阶段。特别是改革开放后，国家把能源、交通作为国民经济建设的重点，使公路运输得以迅猛发展。

1956 年 7 月，我国第一汽车制造厂（即 CA）在长春建成投产，生产出第一批解放牌载货汽车和红旗牌轿车，从而结束了我国汽车长期依赖进口的状况。20 世纪 60 年代，第二汽车制造厂（即 DF）在湖北十堰建成投产，随后又相继在武汉、上海、南京、济南、天津等地建立了汽车工业基地。改革开放以来，先后与美国、德国、日本、法国等合资建立我国的轿车工业，并逐步提高国产化率，开创了我国汽车工业由以卡车为主转向以轿车为主的新阶段。经过不懈的努力，我国汽车生产能力大幅度提高，2018 年汽车产量为 2 780 万辆以上。

高速公路（见图 1-10）是专供汽车高速、安全、顺畅运行的现代公路类型。世界各国的高速公路虽然没有统一的标准，命名也不尽相同，但一般都是专门指双向 4 车道以上、双向分隔行驶、完全控制出入口、全部采用立体交叉、专供汽车行驶的公路。

20 世纪 30 年代，随着汽车工业的迅速发展，公路运输量猛增，形成了车多路少的局面。原有的公路形式不仅不能满足运输的需要，运输效率下降，而且交通肇事死亡率大大提高。在这种情况下，德国于 1933 年修建了汉堡至柏林的高速公路。随后，美国于 1937 年修建了加州高速公路。

图 1-10 高速公路

高速公路虽然造价很高，占用土地也很多，但服务水平高，能大大提高运输效率，加快运输速度，降低运输成本，一般 8～12 年即可偿还投资。因此，许多国家在交通量发展到一定程度时，只要能力许可就会修建高速公路。

我国从 1984 年 12 月 21 日动工修建沪嘉（上海至嘉定）高速公路开始，相继于 1986 年年底有西临（西安至临潼）、广佛（广州至佛山）等高速公路动工，1987 年又有广深珠（广州、深圳至珠海）、广州环城、京津塘（北京、天津至塘沽）和京石（北京至石家庄）等高速公路动工，从而使我国公路建设进入了一个新的发展时代。到 2012 年年底，建成通车的高速公路里程已达到 9.62 万 km，超过美国位于世界第一。2013 年，高速公路的通车里程超过 10 万 km。2018 年年底，高速公路的通车里程达到 14.26 万 km。

四、航空运输

航空运输（见图 1-11）的历史可以追溯到 19 世纪 70 年代。1871 年，普法战争中，法国人用气球把法国政府官员和物资、邮件等运送出被普军围困的巴黎。使用飞机的航空运输则始于 1918 年在纽约—华盛顿—芝加哥和伦敦—巴黎之间定期邮政航班的飞行。随着航空工业的发展，专门用于运输的飞机相继出现。1933 年，被称为世界第一架“现代”运输机的全金属单翼波音 247 型飞机诞生；1936 年，美国生产的具有可收缩起落架的 DC-3 型运输机得到较为广泛的应用。由于新机型的加盟，1937 年，世界航空运输客运量由 1919 年的 3 500 人次上升到 250 万人次。1939 年，英国制造出了涡轮喷气发动机。1942 年，推出了第一代喷气式飞机——贝尔 XP59A。1945 年，世界航空运输客运量达到 900 万人次。

第二次世界大战中，因战争的需要促进了空军的迅猛发展，飞机数量、种类以及性能得到空前提高。在这一时期，由于仍然采用的是活塞式发动机，受音障限制，飞行速度已经接近这类飞机的极限（速度为 750 km/h 左右）。

图 1-11 航空运输

第二次世界大战后，美、苏两国都利用从德国缴获的资料和设备，在德国技术人员的帮助下，大力研发喷气式飞机。20 世纪 50 年代初，喷气式飞机已大规模用于空战。20 世纪 50 年代中期，喷气式战斗机的飞行速度已达到音速的两倍。与此同时，民航机也广泛采用了航程大的四发动机飞机，从而使横跨大西洋和太平洋的航线愈加活跃，而且还开辟了从欧洲到亚洲大陆南部沿岸直达远东的新航线。20 世纪 60 年代后期，航空运输进入了现代化的世界航空运输时代。1987 年，世界航空运输客运量突破 10 亿人次，2000 年则已超过 20 亿人次，目前，世界航空运输业已发展成为一个规模庞大的行业。以世界各国主要都市为起讫点的世界航空网已遍及各大洲。

20 世纪的航空设计和制造技术决定了目前绝大部分民用飞机只能是亚音速客机，最大载客量不超过 500 人。21 世纪，民用飞机的发展将面向 3 个方向：一是大型亚音速运输机；二是先进的超音速客机；三是旋转翼式垂直起降支线客机。届时，超音速客机的飞行速度将达到 2～3 倍音速，亚音速客机的最大载客量将达到 800～1 000 人，旋转翼式垂直起降运输机载客可达 100 人左右。

我国最早的民航航线是北京—天津，1920 年 4 月 24 日试航，载运旅客和邮件，同年 5 月 8 日正式开航。1921 年 7 月 1 日，又增辟了北京至济南段，同时开办了航空邮政。

中华人民共和国的民航事业是从小到大逐渐发展起来的，大致经历了 5 个发展阶段：1949—1957 年的初创时期；1958—1965 年的调整时期；1966—1976 年的曲折前进时期；1977—2001 年的新发展时期；2002 年之后的高速发展时期。

1949 年以前，我国大陆用于航空运输的主要航线机场仅有 36 个，包括上海龙华、南京大校场、重庆九龙坡等机场，大都设备简陋。除上海龙华和南京大校场机场可起降 DC-4 型运输机外，一般只适用于当时的 DC-2、DC-3 型运输机。在 1929—1949 年的 20 年，我国航空运输的总周转量只有 2 亿 t · km。中华人民共和国成立后，特别是改革开放以来，航空运输事业得到快速的发展。目前，我国民航已拥有大、中、小各种类型飞机及配套的机群，新建了北京、上海、广州等一批国际航空港。2018 年，国内民航运输机队规模达到 3 615 架，比上一年增加 319 架。

2012 年，我国航空运输业完成运输总周转量 608.163 亿 t · km、旅客运输量 3.19 亿人次、货邮运输量 541.6 万 t。2018 年完成旅客运输量 6.12 亿人次，旅客周转量 10 711.59 亿人 · km，分别比上年增长 10.9%、12.6%。

五、管道运输

我国是最早使用管道输送流体的国家。大约在公元前 200 多年，已经出现用打通竹节的竹筒连接起来输送卤水的管道。由于竹子可以就地取材、耐腐蚀，因此这项技术流传至今。

现代管道运输（见图 1-12）始于 19 世纪中叶。1859 年 8 月，在美国宾夕法尼亚州的泰特斯威尔打出第一口油井，开始了油溪地区的石油开发。开采出来的原油要经泰特斯威尔河运到 120 km 以外的匹兹堡炼油厂，运原油的船舶最多时达 100 艘。1861 年，修建了匹兹堡—科里的铁路，但距离油田仍有 36 km。自油田至铁路车站或水运码头，每天要用近 2 000 辆马车载运原油，不仅运费昂贵，而且还有发生火灾的危险。为改变这种状况，有人提出采用管道输送原油。

图 1-12 管道运输

1863—1865 年开始试用铸铁管修建输油管道，因漏失量大而未能实际应用。1865 年 10 月，美国人 S・V・锡克尔用管径 50 mm、长 4.6 m 搭焊的熟铁管，修建了一条全长 9 756 m 的管道，由美国宾夕法尼亚州的皮特霍尔铺至米勒油区铁路车站。沿线设 3 台泵，每小时输送原油 13 m^3。1880—1893 年相继出现了管径 100 mm 的成品油、原油管道和天然气管道。

1895 年，生产出质地较好的钢管。1911 年，输气管道的钢管连接采用了乙炔焊焊接技术。1928 年，用电弧焊代替了乙炔焊，并生产出无缝钢管和高强度钢管，使得修建管道的耗钢量显著降低。

20 世纪 50 年代，石油开发迅速发展，各产油国开始大量兴建油、气管道。20 世纪 70 年代以来，管道运输技术又有了较大提高，大型管道相继建成。1972 年，建成了苏联至东欧五国的友谊输油管道，管径为 1 220 mm 和 820 mm，全系统总长 9 739 km，年输油量 1 亿 t。1977 年，美国建成纵贯阿拉斯加州南北、穿越北极圈、管径 1 200 mm、全长 1 289 km 的原油管道，设计年输原油 1.2 亿 t。后来，美国又将 1963 年投产的科洛尼尔成品油管道系统不断扩建，使科洛尼尔成品油管道系统全长达到 8 413 km。1982 年，苏联完成的乌连戈伊至彼得罗夫斯克的大型输气管道，管径 1 420 mm，全长 2 713 km。自 1971 年以后，管道运输的货物已不限于原油以及汽油等油类产品，而且大量用于输送天然气、煤气等气体，甚至可采用煤浆管道来运输煤炭。目前，各国主要利用管道来进行国内和国际流体燃料的运输，不少国家在国内已建成油、气管道网。年输送原油亿吨以上和天然气百亿立方米以上的管道相继建成，这对加速流体燃料运输起着重要作用。近 20 年来，固体料浆管道的问世给大量运输煤炭等开辟了途径，为管道运输开创了新领域。

我国于 1958 年在新疆克拉玛依—独山子建成第一条原油管道，全长 147 km。1963 年，在四川建成了第一条长距离的输气管道，将四川南部的天然气输送到重庆市，总长 54.7 km。1970 年以后，相继建成东北、西北、华北和中原原油管网，其中，东北原油管网干线总长 2 181 km。2002 年，建成兰成渝成品油管道 1 250 km。2004 年建成的全长 4 200 km 的西气东输天然气管道工程，西起新疆塔里木轮南油田，途经陕西、河南、安徽、江苏、浙江，东至上海。截至 2018 年年底，我国已建成的油气管道总里程已达到 13.31 万 km，其中原油管道约 2.87 万 km，成品油管道约 2.72 万 km，天然气管道约 7.72 万 km，是 1978 年的 15 倍。

第四节 交通运输的意义

交通运输是文明社会从紊乱走向有序所需要的工具之一，它深入人类生存的方方面面。从经济、环境、社会和政治的各个方面来看，交通运输无疑是非常重要的行业。若是没有交通运输，小到不可能经营一家杂货铺，大到不可能打赢一场战争。生活越丰富多样，也就越离不开交通运输。因此，经常有人将交通运输对国家和社会的功能与重要性比喻为人体的血管，是输送养分、保存活力与维持生命的管道。

一、交通运输的经济意义

1. 交通运输的空间效应和时间效应

交通运输企业虽然不生产新的物质产品，创造物质财富，但是快速、高效的交通运输体系能降低运费，扩大物质产品的销售范围，创造空间效应；能提高运输速度，缩短运输时间，创造时间效应。交通运输的空间效应和时间效应，在商品流通过程中具有十分重要的经济意义。

交通运输的空间效应表现为运费降低一半，产品销售范围可以扩大4倍。例如，A地生产的产品，在人力、畜力运输条件下，只能在本地销售；用汽车运输时，可在半径为100 km的范围内销售。后因交通运输条件改善，运费降低一半，就可运到距离A地200 km的地方去销售，其销售范围可以扩大4倍，如图1-13所示。这就是运输经济学家拉特纳提到的运输和贸易的平方定律。

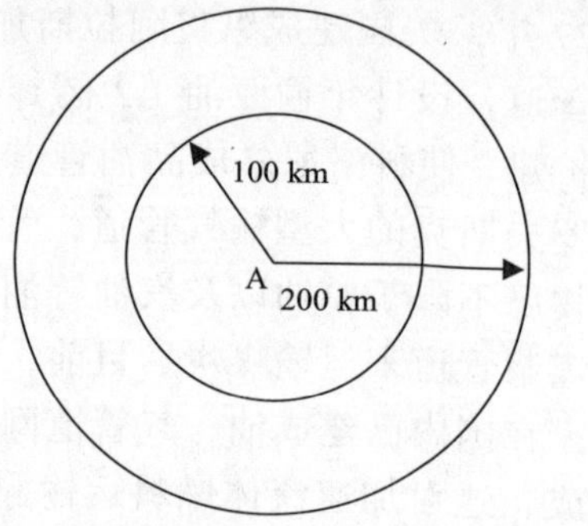

图1-13　拉特纳的市场范围概念图

时间效应这一概念和空间效应紧密相关。对某一特定商品的需求，往往只限于一定的时间范围，如果某种商品上市时，市场已经不需要，那它就不具有价值。如中秋节人们所食用的月饼，大多数人只在中秋节这一天食用，中秋节一过，这种食品的价值就会大大降低。所以，高效率的运输系统必须保证月饼在中秋节前夕送到消费者手中，这样才能创造时间效应。

拉特纳定律也可以应用于时间效应。例如，运输某种有一定保存期限的易腐烂商品，运输速度（时间）就是一个关键性因素。假定图1-13中的小圆代表目前按某一速度运输所能供应的市场范围，那么若运输速度加快1倍，则潜在市场范围就扩大4倍。

2. 交通运输能促进地区专业化生产

高效的运输系统能够促进地区生产专业化，形成大规模生产。地区专业化要求商品在效率最高的地区内生产。每个国家、地区或城市都会有最适合它的资本、劳动力和原料条件的生产和服务领域，但任何地区又都不可能生产它所需要的全部商品。因此，需要运用运输手段把最适合A地生产的商品送到B地，再从B地运回适合该地生产的其他不同产品。

地区专业化可因大规模生产而相得益彰，但如果不采用高效的交通运输网，则规模经济、高效生产和低廉的制造设施等有利条件可能带来的好处就会丧失。因为生产用的原料和零件要从别处运来，而制成品必须能以合理的运费运到一定地区之外。地区专业化的前提就在于高效生产的大量产品是远离产地的地区所需要的。显然，如果没有高效的交通运输系统，把产品送到需要这种产品的远处，那么该地区大规模专业化生产的好处就难以得到发挥。

交通运输的发展使得社会结构由自给自足变为互通有无。各地区可就其资源、资金、技术等有利条件，生产该地区最有利的产品，并根据需要不断扩大生产规模。交通运输的空间效应使生产企业不但可以从各地取得所需的廉价原料，还可以使产品突破空间的阻碍，传送到更远的需求者手中。需求的增加可促使生产规模的扩大，以享受规模经济的利益。

3. 交通运输促进市场竞争

在市场经济条件下，高效的交通运输能促进市场竞争。要是没有运输，外地的产品运不进来，不能参与市场竞争，当地的企业家就可以高价出售他们的产品。现代化的交通运输可使产品迅速送往全国、全世界的各个角落，建立销售网络，参与省内、国内直至国际市场竞争。为了在竞争中求生存、求发展，他们就必须以最有效的方式生产商品，不断提高产品质量，不断降低价格，不断改进售后服务。

4. 交通运输有助于降低生产成本

迅速方便的交通运输，可使生产者以比过去更低的运费从更远的地方购置所需的各种原料，雇佣所需的工人，因而可直接降低生产成本，促进资源的开发与有效使用。发达的交通运输使边远地区的可及性提高，致使该地区资源可以得到有效的开发和利用，促进经济的区域分工。

交通运输有助于降低产品的价格。区域分工及大规模生产，较低的运输费用，使产品的直接和间接成本得以降低，致使产品可以以更低廉的价格出售，增加产品的市场竞争能力，稳定物价水平。迅速而廉价的运输，使得各地区各种产品的供需尽量保持平衡，避免了各地发生供过于求或供不应求的现象，也使得各地物价得以维持在一个稳定的水平。

5. 交通运输有助于扩大消费范围

交通运输有助于减轻消费者的负担。因为迅速、便捷的交通运输使消费者可以获得物美价廉的各种产品，因而可减轻消费者的负担，扩大消费范围。方便价廉的交通运输使生产者与消费者之间的相对距离缩短，以致消费者可以用到原来无法用到的远地产品，可消费原来享受不起的产品，使消费产品的种类和数量大大增加，提高了消费水平。

6. 交通运输有助于国土资源的开发

交通运输条件的改善能使附近地区或得到运输服务地区的地价增值，从而促进该地区的经济发展。这些地区的交通方便了，利用价值也就更高了，如今许多城市郊区地价的升高就是例证。郊区居民既可得到在邻近城市工作和娱乐的便利，又可利用公共交通网回到田园式的郊区居住，以避开城市的繁扰，兼得城乡之利。这些地区地价的增高，对于国土资源的合理开发有着十分重要的意义。

综上所述，良好的运输条件能促使生产的流动，便于形成规模经济和提高效率，从而刺激经济的增长；良好的运输条件能扩大消费和企业获得资源和产品的范围；良好的运输条件还能使厂家扩展其销售产品的地区范围，促进地区专业分工和规模经济，并使消费者能有更多的机会来选择价廉物美的商品。

二、交通运输的国家意义

1. 经济功能

交通运输业中的各企业，既要完成国家下达的客、货运输任务，又必须根据市场商品供需需求调节运输。它们是以运费为主要收入来源，以经营上取得最大经济效益为目的，并以此来扩大再生产的，因此在经济属性上它们是企业性质。

2. 社会公益功能

交通运输业，特别是现代化的大型交通运输业，为工农业生产和生活服务必须不间断地、不分昼夜寒暑、全天候地从事正常运输，稍有偏离和差错就会引起社会波动，打乱经济秩序和人民生活秩序，与国家政治生活和经济生活休戚相关。在自然灾害如地震、洪水、海啸等发生时，或当战争、社会动乱及人民生命和国家财产受到威胁时，交通运输工具都会被用来抢救危亡，恢复社会正常秩序，这种超越经济范围的公益性功能就会表现得更加突出。

3. 宏观调控功能

交通运输既要保证工农业生产的必需，又要保证内外贸易渠道畅通，市场供需平衡，使国民经济得以稳定而健康地发展。在国民经济失调时，国家也可使用不同运输方式作为必要的调控手段，对生产布局、规模和内外贸易中的某些环节进行行政干预，使之正常运转。因此，加强交通运输在某种情况下不仅是满足日益增长的客、货运量的需要，也是国家实行宏观调控的需要。

4. 国防功能

运输是国防的后备力量，在战时又是必要的军事手段。国防关系着整个国家的安危，只有“居安思危”才可以有备无患。各种运输方式的建设都必须考虑到国防的需要，一些重要的线路设施还必须征询军事部门的意见。根据需要还必须修建国防专线以适应其特殊要求。我国铁路在解放战争时期曾隶属中央军委，而铁路、公路与陆军，民航与空军，水运与海军，管道与后勤部队都有着密切关系，因此交通运输的军民两用性质是非常明显的。

三、交通运输的社会意义

1. 交通运输业的发展将为社会提供就业机会

20世纪50年代前，美国交通运输业的从业人员占全国总劳动力的11.1%，20世纪50年代以后，这一百分比逐渐下降，说明交通运输业的资本密集程度得到了提高，而劳动程度却降低了。

2. 交通运输业能促进地区经济发展

运输设施所在地对周围的社区有明显影响。铁路和高速公路割裂了乡镇和邻里的关系，而交通运输的交叉枢纽点则成为制造业和零售、批发商的选址目标。一个地区或城市的地位和声望常常取决于它是否具有交通运输中心这个条件。“若要富，先修路”，交通运输对发展地区经济、建设小康社会具有重要作用。

3. 交通运输业能促进旅游发展

世界各个著名的旅游城市，都有发达的交通运输系统，尤其是航空、铁道和城市交通系统。例如，我国的北京、上海、广州、西安等城市，既是旅游城市，又是交通枢纽，且有较发达的国际民航线路和机场。

4. 交通运输业能促进土地升值和国土资源开发

随着交通运输业的发展，原来荒芜的土地变成良田，沉睡千百年的资源（矿、煤、油）得以开发，人烟稀少的边陲小镇成为人口聚集的繁华大都市。这些变化都将加速城市化的进程，促进土地升值，使社会和人民群众从中受益。

四、交通运输的有害影响

交通运输在给我们带来便利的同时，对环境所造成的污染和自然资源的消耗也日益增加，这些问题越来越引起人们的重视。

交通运输与环境问题是指交通运输给环境带来的影响。如汽车、火车、飞机、轮船等运输工具的排气、发出的噪声和振动等对环境造成的影响，船舶排水和事故造成的水域污染，水陆运输线路和运输设施对生态环境的破坏，特别是油气管道的泄漏事故，对环境的危害更为严重。在交通运输对环境的影响中，有益的甚少，有害的却很多。这些有害影响构成了交通公害，主要有以下几个方面：

1. 大气污染

大气中由空气以外的物质对人体健康和生活环境造成危害的状态叫大气污染。汽车、火车、飞机、船舶等运输工具的排气中有许多有害成分，它们严重污染了大气，给广大人民的健康和正常生活带来了极大的危害。在美国的空气污染物总量中，交通运输所产生的污染占16.7%，其中3/4来自汽车，特别是汽油车。飞机、铁路机车和船舶的污染影响则比较小。

2. 交通噪声

噪声，即吵闹之声或嘈杂之声，是所有不愉快声音的统称。它会使人或动物感到不适，同时也会伤害听觉系统。交通噪声主要由飞机、火车、公路机动车等运输工具产生。在城市中，交通噪声主要由汽车产生。

3. 交通振动

由机动车和火车运行而引起的地面振动，称为交通振动。交通振动是由于地面不平、轨道有接缝、运输工具运行时冲击地面或轨道而发生的，它沿着地面有衰减地向四周传播。

4. 交通水体污染

交通水体污染源主要是指船舶的排污水、油轮的漏油和事故，其次是指港区排到水域内的工业废水和生活污水。在内河污染的情况下，一段河流受到污染，可以影响到整个河道的生态环境；同时河水中的污染物还可以通过饮水、食物链和河水灌溉的农产品危害动物和人类的健康。污染的海水通过海洋生物食物链来影响人体的健康。水体污染后，治理将十分困难。

5. 交通事故

交通运输最令人头疼的是发生人身伤亡事故的问题。全世界每年死于交通事故的人数高达数十万人。美国是世界上公认的交通管理较好、事故率较低的国家，但其每年交通运输中死亡人数都在 4 万以上，其中 91% 是公路车辆事故造成的。

6. 其他影响

其他影响包括危险品运输事故产生的土壤污染，环卫运输和牲畜运输中的恶臭，核动力运输工具造成的放射性辐射，油气管道泄漏事故造成的火灾、爆炸、污染和中毒等。

复习思考题

1. 何谓运输、交通和交通运输？
2. 现代交通运输有哪几种方式？
3. 交通运输的构成要素有哪些？
4. 交通运输的生产具有哪些特点？
5. 世界铁路发展分为哪些阶段？新发展时期有哪些主要标志？
6. 我国公路发展大致分为哪些时期？新时期发展的概况如何？
7. 船舶、港口现代化的内涵包括哪些？
8. 简述我国航空、管道运输发展概况。
9. 交通运输具有哪些经济意义、国家意义和社会意义？
10. 交通运输有哪些有害影响？

第二章　运输需求与运量预测

交通运输的发展是以满足全社会运输需求与运量为目的的。只有交通运输能力与运输需求与运量相适应，才能发挥其最大的社会效益和经济效益，为社会发展和进步起到积极的促进作用。

第一节　运输需求的概念及其特征

一、运输需求的概念

运输需求是指在一定时期内，一定价格水平下，社会经济活动在货物与旅客位移方面具有支付能力的需要。需求与需要是两个不同的概念，从经济上讲，有支付能力的需要，构成对商品或服务的需求。显然，具有实现位移的愿望和支付能力是运输需求的两个必要条件。下面我们可以用一个简单的例子来说明运输需求与运输条件和社会经济活动的关系。

A、B 两地被群山相隔，其间只有崎岖的山路相连，A 地是一个农产品生产和加工中心，有过剩的农产品，B 地是一个工业城市，本身不生产农产品。显然，对于 A 地来说，如果能花费一定的费用，把农产品运到城市 B，则 B 是一个很好的销售市场。

第一种情况，少数商人不辞劳苦，肩扛背驮地将农产品运到城市 B。毫无疑问，这些农产品的价格肯定要比 A 地贵得多，因为运输条件极其艰难，人力物力的消耗很大。其结果是，在城市 B 只有极少数人能买得起这种外来的高价农产品。

第二种情况，在 A、B 两地之间修一条小路，可以走马车。用马车运送农产品比用马驮的费用和时间减少了很多。这样，农产品在城市 B 的售价降低，较多的居民愿意购买，因而 A、B 之间的运输需求也增加了。

第三种情况，在 A、B 两地之间修一条简易公路，可以通汽车，这使得运输费用更为下降。商人有可能以相对较低的费用，将大批农产品运到城市 B，价格进一步下降，使更多的人消费得起。可以想象，如果 A、B 之间的运输条件进一步改善，则运输费用会进一步下降，两地间的运输需求也会相应增加。

从这个例子中可以看出两点：第一，随着交通运输条件的不断改善，运输需求不断增加，运输需求与运输条件的关系，如图 2-1 所示。第二，随着运输费用的降低，运输需求也不断增加，运输需求与运输费用的关系，如图 2-2 所示。

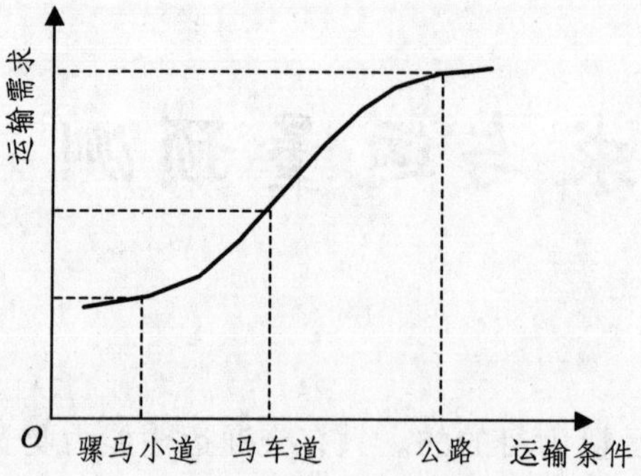

图 2-1 运输条件对运输需求影响示意图

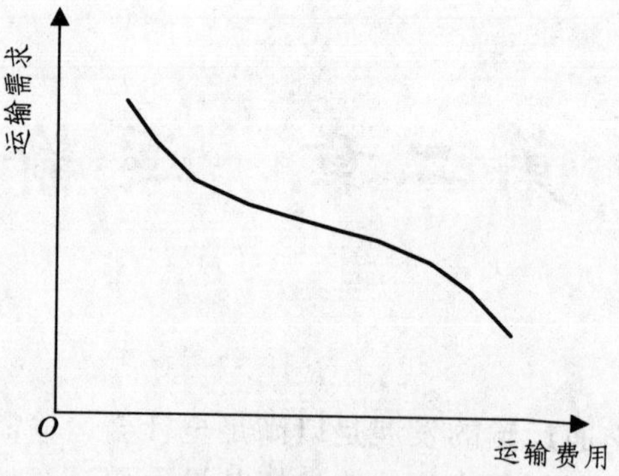

图 2-2 运输费用对运输需求影响示意图

当然，A、B 之间的运输需求除了受运输条件或运输费用的影响之外，还受城市 B 农产品市场需求的制约。如果城市 B 对这类农产品的需求根本不存在，那么不论城市 A、B 间运输条件如何改善，运输费用如何降低，A、B 间根本谈不上对这类农产品的运输需求。因此，A、B 之间的运输需求在某种程度上取决于城市 B 对产于 A 地农产品的需求。

二、运输需求的特征

运输需求与其他商品需求相比具有以下几方面的特殊性：

1. 广泛性

运输需求产生于人类生活和社会生产的各个角落，运输业作为一个独立的产业部门，任何社会活动都不能脱离它而独立存在，因此与其他商品和服务的需求相比，运输需求具有广泛性，是一种带有普遍性的需求。

2. 多样性

货物运输面对的是种类繁多的货物，承运的货物由于质量、体积、形状、性质、包装各有不同，因而对运输条件的要求也不同，在运输过程中，必须采取不同的技术措施。旅客运输面对的是旅行目的、收入水平、职业、年龄等各不相同的旅客，因此对运输服务方面的需求必然具有多样性。

3. 派生性

运输需求是由国民经济相关产业活动及人们的社会活动派生出来的。货主或旅客提出位移要求的最终目的往往不是位移本身，而是为了实现其生产生活中的其他需求。例如，货主对货物运输的需求是为实现生产、销售的目的而派生的；旅客对运输的需求是为实现旅游、探亲、出差、进城务工等目的而派生的。

4. 空间特定性

运输需求是对位移的要求，而且这种位移是运输消费者指定的两点之间带有方向性的位移，也就是说，运输需求具有空间特定性。如前所示，市场需求在城市 B，而农产品产地在 A 地，这就决定了运输需求必然是从 A 地到 B 地。旅客购买车、船、飞机票，货主托运货物，都有明确的发站和到站，都带有确定的空间特定性。

5. 时间特定性

客、货运输需求在发生的时间上有一定的规律。例如，周末和重要节日前后的客运需求明显高于其他时间，市内交通的高峰期是上下班时间，蔬菜和瓜果的收获季节也是这些货物的运输繁忙期，这些都是运输需求的时间特定性。时间特定性的另一层含义是对运输速度的要求。客、货运输需求带有很强的时间限制，即运输消费者对运输服务的起运和到达时间有各自特定的要求。从货物运输需求来看，由于商品市场千变万化，货主对起止的时间要求各有不同，各种货物对运输速度的要求相差很大；对于旅客运输来说，每个人的旅行目的和对旅行时间的要求也是不同的。

6. 部分可替代性

不同的运输需求之间一般来说是不能替代的。例如，人的位移显然不能替代货物位移，由北京到兰州的位移不能替代北京到广州的位移，运水泥也不能替代运水果。但是，在另外一些情况下，人们却可以对某些不同的物质位移做出替代性的安排。例如，煤炭的运输可以被长距离的高压输电线路的输电替代；在工业方面，当原料产地和产品市场分离时，人们可以通过生产力布局，确定在运送原料还是运送生产成品或半成品之间做出选择；人员的流动在某种情况下也可以被现代通信手段所替代。

第二节　运输需求的产生及其影响因素

一、运输需求的产生

运输需求包括旅客运输需求和货物运输需求，且这两种需求产生的来源存在明显的差异。

1. 旅客运输需求的产生

旅客运输需求来源于生产和消费两个不同的领域。

（1）生产性旅行需求。与人类生产、交换、销售等活动有关的运输需求称为生产性旅行需求。

（2）消费性旅行需求。以消费性需求为旅行目的的运输需求称为消费性旅行需求。

从经济意义上讲，这两种旅行需求的性质是不同的：生产性旅行需求是生产活动在运输领域的继续，其运输费用进入产品或劳务成本；消费性旅行需求是一种消费活动，其费用来源于个人消费基金。

2. 货物运输需求的产生

货物运输需求产生的来源主要有以下3个方面：

（1）自然资源的地区分布不均衡，生产力布局与资源产地分离。如我国煤炭探明储量集中在西部和北方，占87%，其中山西、内蒙古、陕西三省区就占68%；铁矿石集中在河北、辽宁、四川三省，储量合计占全国探明储量的52%。生产力布局不能完全与自然资源相配合，这就必然产生运输需求。

（2）生产力布局与消费群体的分离。由于自然地理和社会经济基础的差异，各地区间经济发展水平和产业结构的差异，决定了生产地点和消费地点分离的存在。随着生产社会化、专业化的发展，生产与消费在空间上日益分离，也就必然产生运输需求的不断增加。

（3）地区间商品品种、质量、性能、价格上的差异。地区之间、国家之间，自然资源、技术水平、产业优势不同，产品的质量、品种、价格等方面就会存在很大差异，这就会引起货物在空间上的流动，从而产生运输需求。

二、影响旅客运输需求的因素

1. 经济发展水平

生产发展水平的高低，生产发展速度的快慢直接影响着生产性旅行需求；经济发展水平的高低，直接影响人们的收入，必将影响消费性旅行需求。

2. 居民消费水平

根据马斯洛的需求层次理论，吃、住、穿、医疗只能算是人们起码的生存和安全需要。这些需要满足后，就会产生友谊和社交的需要，即“行”的需要。所以，人们生活水平的提高，必将使探亲、休养、旅游、访友等消费性旅行需求增长。

3. 人口数量及城市化程度

旅客运输的对象是人，人口数量的变化必然引起旅行需求的变化，尤其是城市人口数量的增加，必将引起旅客运输需求的增加。

4. 旅行费用

旅行费用即运输服务价格，它的变动对旅行需求的影响较大，尤其是对消费性旅行需求影响更大。例如，飞机票打折后，双飞旅游的需求明显增加。2008年，武汉市轻轨一号线的票价由3元调整为2元后，客流量由每日7 000人次上升到1.2万人次。

5. 运输服务的质量

安全、迅速、方便的运输服务将刺激旅客旅行需求，反之则抑制旅行需求。尤其是安全，是旅客出行首先考虑的问题。

6. 其他运输方式的竞争

其他运输方式的开通、运价水平和服务质量将直接影响对某种运输方式的旅行需求。例如，英法两国之间跨越英吉利海峡的交通，原来主要是利用轮渡。英吉利海峡隧道及海底铁路的开通，以其更加方便和快速的优势，吸引了大批原来的轮渡运量，同时也同英国与欧洲大陆之间的中近程航空展开竞争，大大影响了旧的运输格局。

7. 经济体制

在计划经济体制下，国家实行严格的户籍管理和就业制度，人员流动量小；而在市场经济体制下，人们在就业方面有较大自由，人口流动相对频繁，因此客运需求量也更大。如我国自改革开放以来，随着市场经济的发展和人们收入水平的提高，人口的流动性大大增加，客运量出现了强劲的增长势头，仅民工流动，一年就超过 1 亿人次。

三、影响货物运输需求的因素

1. 工农业生产发展水平

货物运输需求的大小取决于经济发展水平。实践表明，生产发展，产品产量增加，运输量也相应增加。

各国在不同经济发展阶段对运输的需求在数量和质量上有很大差别。从西方发达国家的交通运输发展过程来看，工业化初期，开采业和原材料对大宗、散装货物的运输需求急剧增加；到了机械加工工业时期，原材料运输继续增长，但增长速度已不如前一时期，而运输需求开始多样化，对运输速度和运输质量方面的要求有所提高；进入精加工工业时期，经济增长对原材料的依赖明显减少，运输需求在数量方面的增长速度放慢，但运输需求越发多样化，在方便、及时、低损耗等运输质量方面的需求越来越高。

2. 国民经济产业结构和产品结构

产业结构的变动对运量有明显的影响。首先，生产不同产品所引起的厂外运量（包括所有原材料、辅料、能源、半成品和产成品等的运量）差别很大。例如，生产 1 t 棉纱引起的厂外运量约 2.5 t，生产 1 t 水泥引起的厂外运量为 4 ~ 5 t，生产 1 t 钢引起的厂外运量为 7 ~ 8 t，生产 1 t 铜会引起 50 ~ 100 t 的厂外运量。其次，不同产品利用某种运输方式的产运系数（或称运输系数）不同。例如，煤炭和基础原料工业对铁路的依赖比较大，而其他产品则可能更多地利用别的运输方式。近年来，我国煤炭的铁路运输系数约为 0.58，金属矿石为 0.48，钢铁为 0.65，而粮食仅为 0.12，可见相差很大。再次，不同的产业构成，对运输需求的量与质要求不同。一般来说，重工业的货运强度大于轻工业，轻工业的货运强度大于服务业，电子、信息产业对运输的需求数量较小，但质量要求较高。总之，随着产业结构层次的提高，货运强度会逐渐下降。

3. 运输网的数量和质量

交通运输网的布局和质量，直接影响着交通线路货物的吸引范围和各线路的通过能力及需求的适应程度。滞后的交通运输业会影响生产发展，抑制货物运输需求。

4. 运价水平的变动

运输需求对运价水平的变动是有弹性的，尽管不同旅客和货物的需求价格弹性有差别，但总的来说，运价水平下降时运输需求上升，而运价水平上涨时运输需求会受到一定抑制。

5. 国家的经济政策和经济体制

我国经济在改革开放以前是高度集中的计划经济体制，社会经济中的产品交流主要是通过计划分配来实现的。而经济体制改革以来，国民经济运行中的市场机制的作用日益扩大，市场调节的比重大幅度增加。在竞争和追求效益机制的作用下，产品在市场上相对自由地流动，商品交换的范围迅速扩大，交换频率大大增加，因此运输需求也必然相对膨胀。在市场经济下，一些过去不合理的运输或违反流向的观念也在发生变化，特别明显的是，随着商品市场半径的扩大，货物平均运距增长很快。例如，1952—1980年，我国铁路的货物平均运距从452 km延长到526 km，28年间仅延长了74 km；而到了2003年，货物平均运距增加到780 km，从1981—2003年的23年间延长了254 km。2012年，我国铁路的货物平均运距为748 km，比前几年有所下降。而公路运输的货物平均运距则由2010年的177 km延长到了2012年的186 km。

2012年全国货物运输总量为412.1亿t，比上年增长11.5%；货物周转量为173 145.1亿t · km，比上年增长8.7%。2018年全国货物运输总量为506.29亿t，比上年增长7.2%；货物周转量为199 385.00亿t · km，比上年增长3.5%。

第三节　几种常用的客、货运量预测方法

需求预测是运输需求分析中的一项重要内容。在与运输有关的各项经济分析、研究和决策中，运输需求预测往往是一项基础性的重要工作，要真正做好需求预测难度是很大的。

运输需求与运输量是两个不同概念。如前所述，运输需求是社会经济生活在人与货物空间位移方面所提出的有支付能力的需要，而运输量则是指一定的运输供给条件下所能实现的人与货物的空间位移量。运输量的大小当然与运输需求的水平有十分密切的关系，但它们不是一回事，运输量本身并不能完全代表社会对运输的需求。运输需求能否实现主要取决于运输供给的状况。在运输能力完全满足需求的情况下，运输量可以基本上反映运输需求。但有时候，特别是在某些国家或地区运输供给严重不足的情况下，运输业完成的运输量仅是运输需求的一部分，如果增加运输设施、扩大运输能力，被不正常抑制的运输需求就会迅速变成实际的运输量，并形成诱发运输量。

预测客、货运量的方法主要有以下几种：

一、直接归纳法

直接归纳法也称为经济调查法，这是我国运输企业曾经长期使用的主要运量预测方法。例如货运发送量，每年安排专门时间到运输企业所在吸引区的政府计划委员会、各有关行业主管部门和重点厂矿进行调查，了解下年或以后数年主要货物发送量的预计情况，并根据调查获得的资料加以归纳汇总，在考虑其他有关因素的影响后，做出本企业的货物发送量预测。又如旅客发送人数，根据调查资料可以掌握通勤、通学人数，职工每年探亲人数，大中专学生寒暑假返家人数，或者疗养区床位数及由周转次数决定的疗养旅客返程人数，加上其他方面的考虑，就可以进行旅客发送人数的归纳预测。

通过一定时间的资料积累和周到细致的调查工作，可以掌握吸引区内客、货运量变化的大体趋势，直接归纳法能够得出比较符合实际的预测结果。但如果吸引区范围较大，经济调查的工作量就会过于繁重，遗漏和调查数据偏大偏小的情况也难以避免。此外，这种方法在严格的计划经济体制下效果较好，当市场因素在经济活动中所占比重越来越大时，无论客、货运量都会受很多不确定因素的影响，直接归纳法的局限性就比较明显。然而，直接归纳法仍然不失为一种相当有效的预测方法，与其他适用的方法相结合，仍能发挥重要的作用。

二、递增率法

递增率法是根据客、货运量的预计增长速度进行预测的方法。一般的做法是，先分析历年客、货运量增长率的变化规律，然后根据对今后经济增长的估计确定预测期客、货运量的递增率，再预测未来的客、货运量。用递增率法计算运量的公式为：

$$Q_t = Q_0(1+\alpha)^t \tag{2-1}$$

式中　Q_t——预测期运量；

Q_0——基期运量；

t——预测期的年限；

α——确定的运量递增率；

其中，下标 t 代表预测年份。

递增率法的关键是确定增长速度（递增率），一般用于运量递增率变化不大，或预计过去的增长趋势在预测期内仍将继续的情况，也常用于综合性运量的预测。递增率法计算简单，但预测结果比较粗略。

三、乘车系数法

乘车系数法是以总人口与平均每人乘车次数来预测旅客发送量的方法。乘车系数是指一定范围内旅客发送量和人口数的比值。在全国范围内，乘车系数为总客运量与全国人口的比值。例如，2004 年铁路发送旅客 11.17 亿人次，全国总人口 12.5 亿人，当年乘车系数为 0.893 6。2012 年铁路发送旅客 18.93 亿人次，全国总人口 13.7 亿人，当年乘车系数为 1.381 7。

在运输企业或车站范围内，乘车系数为吸引范围内总客运量与其总人口的比值，计算公式为：

$$Q_t = M_t \times \beta \tag{2-2}$$

式中 Q_t——预测期总运量；

M_t——预测期总人口；

β——乘车系数。

乘车系数可以根据历年资料和今后可能发生的变化进行确定。乘车系数法的局限性在于该系数本身的变化有时难以预料，不同运输工具运价比例的变动、休假制度的改变、经济紧缩对就业的影响等，都会使乘车系数出现较大变动。此外，总人口在考虑到间接吸引区时也比仅考虑直接吸引区要复杂得多，不容易精确计算。

四、产值系数法

产值系数是国民生产总值或国民收入每万元所引起的货运量（t）或客运量（人）。产值系数法是根据预测期国民经济的总量指标（如工农业总产值、社会总产值、国民生产总值或国民收入等）和每单位产值所引起的货运量或客运量去预测总运量的方法，所采用的公式为：

$$Q_t = M_t \times \beta \tag{2-3}$$

式中 Q_t——预测期总运量；

M_t——预测期产值指标；

β——产值系数。

产值系数法可以用来预测全国的总运量，也可以预测地区的总运量，但全国与地区、地区与地区之间，不同总量指标之间以及不同运输方式之间，不同时间之间的产值系数可能存在很大的差别。因此，该方法的关键是要在长期的变化中把握住具体的产值系数及其变化趋势，其一般规律为，物价上涨，产值系数下降。例如，1962 年我国产值系数为 23.4，1990 年下降为 4.8，2000 年又上升为 15.85。

五、产运系数法

产运系数法是根据某种货物的运量随其生产总量发生变化的规律来预测货运量的方法。无论从全国还是从地区看，一些主要货物的发送量与其生产总值的比值（即产运系数）总是相对比较稳定的，这些货物包括煤炭、石油、钢铁、金属矿石、水泥、木材、粮食、化肥、盐等，这就可以根据它们的未来产量预计未来运量。产运系数的计算公式为：

$$\alpha = \frac{Q}{M} \tag{2-4}$$

式中 α——某年产运系数；

Q——某种货物的年发送量；

M——某种货物的年总产量。

在α值比较稳定的前提下，按产运系数法计算该货物预测发送量的公式为：

$$Q_t = M_t \times \alpha$$

运用产运系数法的关键在于分析掌握各大类货物产运系数变化的原因。一般来说，生产布局的改变，大中小型企业产量构成的变化，基建投资结构的改变，进出口量的多少，产、供、运、销关系的变化和各种运输方式分工结构的变化，都可能引起货物产运系数的变化。

六、产销平衡法

产销平衡法是指在一定范围内，把用途相同的某种物资的生产量、消费量和运输量之间进行平衡的方法。通过产销平衡计算，可推算出该种物资在一个车站、一个枢纽、一条线路或一个地区的发送量和到达量（输出量和输入量）。对于产量大于当地消费量的地区，物资是输出的；对于消费量大于当地产量的地区，物资则是输入的，其关系式为：

$$\begin{aligned} Q_t &= Q_s - Q_c \\ Q_d &= Q_c - Q_s \end{aligned} \tag{2-5}$$

式中　Q_t——该种物资的当地发送量；

Q_d——当地到达量；

Q_s——该种物资的当地生产量；

Q_c——该种物资的当地消费量。

产销平衡法是一种细致的运量预测方法，从理论上讲它可以达到相当的精确度，而且还可以为下一步继续研究地区间物流打下基础。但该方法的使用也受到一定限制。首先，预测者必须掌握各种物资产、供、销的全面情况和资料，不仅要有主要产品的生产量、消费量及其分布的资料，还需要掌握进出口量、生产企业自用量，以及各生产单位库存量的变化等资料。其次，同一品名但用途不同的货物，不能混在一起进行产销平衡计算。不同种类的物资用途各异，因而不能随意地相互代替，需要对其中的每一种都单独进行产销平衡计算，这又几乎是不可能做到的。另外，有些品名不同的货物在使用中又具备某种可替代性，如渣油和动力煤之间、钢材与木材之间等，可以在一起进行换算平衡，这又增加了使用该方法的复杂性。由此看来，产销平衡法所要求的条件比较严格，必须占有非常详细的资料，而且只能对用途一致的少数几种物资进行详尽的分析预测。

复习思考题

1. 何谓运输需求？运输需求与运输条件、运输费用间有什么关系？
2. 运输需求具有哪些特殊性？
3. 旅客运输需求、货物运输需求的产生来源于哪几个方面？
4. 影响旅客运输需求的因素有哪些？
5. 影响货物运输需求的因素有哪些？
6. 常用的客、货运量预测方法有哪几种？各有何特点？
7. 何谓乘车系数、产值系数、产运系数？如何利用乘车系数、产值系数、产运系数预测运量？

第三章 运 输 布 局

运输布局包括交通线网的布局和客、货流的布局两个相互有密切联系的部分，是一个国家生产布局的有机组成部分。通过合理的运输布局，可以实现运输合理化，获得最大的经济效益和社会效益。

第一节 概 述

一、运输布局及其任务

运输布局是交通运输系统的宏观布局，是指铁路、公路、水路、航空和管道5种现代化运输方式的通路、场站等技术设备和运输工具组成的综合运输网的地区分布。运输布局取决于运输需求，即工农业生产的特点、水平和布局，当地的自然条件，各种运输业的技术经济特征，城镇居民点分布和国防要求等。

运输如何布局才能适应国民经济发展的需要，不仅是一个投资比例多少和建设多少条运输线路和里程的问题，还是一个根据国家或区域的自然条件、资源分布、生产力布局、城市化水平、人口分布、消费地点设置、农业现代化情况等来配置运输的问题。

运输布局的任务是快速、准确、经济地为国民经济发展提供运输服务。运输系统担负着国民经济发展的运输任务，并要适应国民经济的发展；不仅要在发展的规模、结构、速度上相适应，而且要在空间地域的分布上（即布局上）相适应。在运输体系中，各种运输方式都有其具体的技术经济特征，且担负着不同的运输任务，其中包括干线运输、支线运输、长途运输（跨区域）及短途运输。为使交通运输网畅通，以便担负起国家和地区的旅客、货物运输任务，5种交通方式必须形成系统的综合能力。运输布局是实现各种运输方式相互协调、相互合作的手段和方法。

二、运输布局的原则

（1）运输布局要满足国民经济发展的要求，促进国民经济各部门及对外贸易的发展，与社会环境、工农业布局和人口分布相适应。

（2）运输布局要以科学的客、货运量预测为基础。各种交通方式担当的客、货运量的多少，是国民经济和人民生活对该种交通运输需求的尺度，搞好近期、中期、远期客货运量的预测，是做好运输布局的基础。

由于运输的生产过程与运输产品的消费过程同时进行，无法储存和调拨，因此要求交通运输设备保持一定的能力储备。但能力储备既要避免因标准过高，造成积压和浪费，也要防止因标准过低，造成再改造的浪费。

（3）运输布局要因地制宜，充分考虑各地区的自然条件和特点。地形、地质、气候、水文等都有可能影响交通线路、站港的位置、走向和技术标准，根据当地自然条件和特点，因地制宜确定采用何种运输方式、怎样的技术标准，是运输布局的重要原则。

（4）运输布局要综合利用各种运输方式。运输布局要充分发挥各自的特点，扬长避短，加速运输网的形成。

在交通运输体系中，铁路、公路、水路、航空、管道运输各有其不同的技术和经济特点，适应不同的自然条件和各种运输要求。在交通运输布局中，要结合各地区具体条件实行合理分工，以充分发挥各种运输方式的优势，完成社会运输的需要。首先，要组成合理的交通运输结构，使各种交通线的布局相互衔接和适应，运输网内的干线、支线、长途、短途相互衔接畅通。其次，安排好运输网中不同运输方式连接的运输枢纽的布局和建设。第三，使运输网中的点、线在布局、能力规模、建成时间等方面相互协调和适应。

（5）运输布局要尽量少占耕地，减小对环境的影响。我国人多地少，土地资源非常宝贵。因此，在满足运输需要的前提下，应尽量做到节约用地，少占农田，不占良田。各种交通方式对环境均有不同程度的污染，对自然环境也有不同程度的影响，合理的运输布局，要使其影响程度达到最小。

（6）运输布局要与城市建设规划相结合。交通运输是城市建设和发展的基本条件，交通运输条件的变化必然影响到城市的兴衰，而城市的建设和发展反过来又促进了交通运输业的发展。因此，运输布局应与城市建设（交通）规划相结合，促进共同发展。

（7）运输布局要做到点、线、面合理分布和结合。一般来说，旅客从始发地到目的地，货物从产地到消费地，往往要由几种运输工具分段完成。综合运输布局要做到点（站、港）、线（线路、航线）、面（运输网络）的结合，做到整体和局部相协调，近期和远期相结合，从而形成综合运输能力。

（8）运输布局要适应国防的需要。运输布局对实现全国政治稳定，巩固国防有着重要的作用。无论是新线建设或是旧线改造，都要满足国防建设的需要，处理好国防需求和经济建设需求的关系。

第二节 影响运输布局的因素

影响运输布局的因素很多，概括起来，主要有以下几个方面：

一、自然环境

自然环境是人类生活、生产及其发展的自然基础，也是交通建设与发展的必要条件。交通运输的基本设施，如线路、车站、港口和机场等，都修建在一定的自然环境之中，而火车、汽车、轮船、飞机和管道等运输工具，在其间运行。所以，自然环境的状况如何，必然影响到交通运输的发展与分布，并且其影响的性质和程度总是随着人类社会的进步和生产力的发展而不断发生变化。

1. 幅员范围

我国既是一个陆上大国，也是一个海洋大国。因此，它不仅为我国交通运输业的发展提供了很大的潜在需要和可能，并且还必须尽量发展各具特色与适用范围的各种运输方式，建立起统一的交通运输体系，才能适应各种类型、各个地区和各个方面的交通运输需求。

2. 地理位置

我国地处欧亚大陆东部、太平洋西岸。我国东部和东南部，可通过海上方便地与世界各主要国家相联系，从而也成为我国对外经济联系与交往的主要门户和通道。此外，我国领土东西横跨经线距离达 60 多度，与东亚各山地相连，可同中亚、南亚和欧洲各国沟通。因此，我国又是建立欧亚大陆桥的理想通道。随着上述这些对外主要通道的开拓与逐步发展，在客观上已经或将要对我国交通干线的分布格局产生明显的影响。

3. 自然条件

自然条件影响交通运输的利用方式、交通路线的走向、投资规模和分布状况。当然，不同的自然要素对各种运输方式的影响不同。主要表现在以下几个方面：

（1）海运的发展离不开海洋，作为海上航线起讫点与水陆交通枢纽的海港，也在一定程度上受到海岸线形态、沿岸水深、附近泥沙移动及工程地质等条件的影响。河运的发展及其规模与等级标准，除需具备起码的河、湖等水域条件外，尚要视其水深、流量及其季节分配、流速、含沙量等而定。而水深、流量、含沙量等各个自然因素在各地的差别又甚大，因此也就影响到交通网的构成。例如，秦岭、淮河以南地区的河流流量一般都较大且稳定，含沙量也少，十分有利于发展内河运输；而在秦岭、淮河以北，除东北黑龙江水系外，一般河流流量既小且不稳定，含沙量也较多，发展内河水运难度较大，因而也就形成了历史上“南船北马”和如今南北方内河通航里程的巨大差别（南方占全国的 90%）。

（2）自然条件对陆上交通网的结构也有影响。陆上各种运输方式线路技术标准的要求是互不相同的。如限制坡度，Ⅲ级铁路为 25‰，二级公路为 70‰，四级公路为 90‰，管道可达 160‰；再如最小曲线半径，Ⅲ级铁路为 400 m，二级公路为 25 m。因而，当运量和其他方面无特别要求时，在山丘等不利自然地理条件地区修建交通线，往往都优先选择技术标准要求相对较低和投资较少的那些运输方式，如公路、索道等。

（3）自然条件对路线的走向与径路也有很大影响。路线的大致走向，一般是由产品的产销地理分布及其相应的运输联系所决定的，但它们的具体走向和径路又经常受到各地自然条件的影响。

（4）自然条件对线网密度和分布格局有很大影响。由于不同地形单元甚至同一地形单元的地形部位高差不一样，所以线路建设所需的工程量与造价也有很大差别。以修建 1 km 铁路为例，丘陵与山地的土石方量分别比平原多 1 倍和 1.5 ~ 2 倍，所要修建的桥梁和隧道总长度（延米）也要比平原分别增加 3 ~ 4 倍和 6 ~ 10 倍，造价也分别比平原多 50% ~ 80% 和 1.2 ~ 2 倍。因此，在没有特别需要的情况下，线路往往都选建在自然条件较为有利和便于修建的地形单元和部位上。而这些地方又大多适合于人们的生活和从事各种生产活动，人口较为密集，经济发展水平相对较高，对交通运输的需求也较大，因而交通运输网的密度也较大。

二、自然资源

自然资源是社会生产发展的物质基础，它对交通运输的影响是潜在的。自然资源经开发利用，除部分就地加工消费外，其余均将形成外运量，从而也对社会运输提出需求，甚至还对交通新线的兴建与布局产生影响。对交通运输具有重要意义的是那些可形成大的或较大运量的自然资源，如煤炭、石油、天然气、铁矿、磷矿、铝土矿、钾盐矿、硫铁矿和森林等。

1. 资源的保证程度对外贸运量和对外交通发展的影响

资源的保证程度是指资源满足经济发展的需要程度，它的余缺，通常都将影响到外贸的进出口量以及对外交通线的相应建设与布局，因此两者存在着某种潜在的内在联系。近些年来，随着我国经济的飞速发展，我国对煤炭、石油、铁矿石、大豆、玉米等资源的需求急剧增加，而国内的储量和产量不能满足实际需求。同时，我国的机电产品、轻工产品又产能过剩，需要销往国际市场。由于这些资源和产品的余缺，形成了目前的实际外贸进出口运量。2018 年，我国通过沿海港口的外贸运量已达到 37.44 亿 t，占全年全国沿海港口吞吐总量的 39.56%，其中属于资源方面的外贸运量占有相当大的比重。

2. 资源的分布特点对运量和交通干线网分布格局的影响

我国幅员辽阔，自然资源非常丰富，但自然资源的分布具有明显的相对集中性。例如，铁矿主要分布在鞍山—本溪、冀北和山西、四川地区，约占全国一半以上的储量；煤炭的分布特点是东少西多、北丰南贫，有近 7/10 的储量分布在晋、陕、内蒙古 3 个省区；磷矿有 4/5 储量集中在云、贵、川、湘、鄂；钨矿主要分布在江西、湖南、广东；石油的资源量虽然很大，但探明程度较低，陆上探明石油储量仅占全部资源的 1/5，已探明储量的多在东北、渤海及其周围，以及新疆等地，海上大于 10 万 km^2 的 14 个盆地的石油资源量占全国的 73%；森林资源，主要分布在东北大小兴安岭与长白山、西南的横断山脉与西藏东南，以及东南丘陵等地，人口稠密、经济发达的东部平原，以及辽阔的西北地区森林很稀少；钾盐矿则集中在青海的察尔汗等地；中部和西部地区的天然气资源量超过全国总量的一半。与这种资源分布的高度集中性相比，其消费或加工地的地理分布却相当广泛，工业布局又相对集中在我国东部和南部沿海一带，因而势必形成潜在的大量货运量，并对我国交通干线网的布局产生重大的影响。

三、人口与城市

1. 人口对旅客运输的影响

人口是客运形成的基本条件。当然，客运规模并不完全取决于人口的多少，它同商品经济的发展、交通区位、生活水平、城镇化程度等其他因素的关系也很密切。但人口数量又是一个最重要的因素，特别是在温饱问题解决之后，其影响更为显著。此外，人既是消费者，又是生产者，从而也产生一定的货运量。人口数量及其年龄、职业结构和收入水平等特征，都将对交通运输的发展水平及结构产生明显影响。

2. 城市对交通运输的影响

城市是非农业人口为主体的居民点，第二、第三产业发达，人口密度也大，同时它往往又是一定地域范围内政治、经济及文化的中心，与周边地区的联系、交往密切，因而它对交通运输的影响能力也大于非城市地区。从交通网上来看，城市往往是多条交通线路的交汇处，是不同层次交通节点和枢纽所在地，也是运输路线的起讫点。

四、工业发展与布局

现代的各种运输方式是随着近代西方工业革命和蒸汽机的出现才逐渐形成与发展起来的。现代工业生产又是机器大生产，规模大、商品率高，故工业的原料、燃料和产品的运输量都很大。在我国，这部分运量占全国货运量的85%左右，成为我国交通运输发展与布局的主要依据。

1. 工业发展规模对交通运输总体发展水平的影响

由于工业品货运量占全部货运总量的绝大部分，所以工业发展规模对交通运输的总体发展水平就有着举足轻重的影响。

2. 工业分布及其产品的产销联系对交通运输网分布格局的影响

我国各地工业的发展条件各不相同，工业的发展水平和结构也有很大差异，所以工业在各地的分布也不平衡。在社会化大生产时期，工业分布的特点及其产品产销的地理格局，对交通运输网的分布具有相当大的影响。如前所述，我国矿产和森林等自然资源大多分布在北部和西部，受其制约，采矿业和采伐业及在其基础上发展起来的能源与原材料工业，也多集中在北部和西部。而加工工业，特别是轻纺工业、机械与电子工业，因人口、历史和交通区位等原因，又大多分布在东部和南部。于是，能源和原材料工业品便大量从西部流向东部，由北部流向南部，而加工工业品的主要流向则大体与此相反。在这种背景下，就要求修建走向与能力同上述这些主导流向及其流量相近似的一些交通运输线。

3. 工业结构与生产组织形式对交通运输规模的影响

一定工业产值所形成的货运量，随着工业部门和工业产品的不同是有很大差别的。如同样为 1 亿元的电子工业产值和煤炭工业产值，它们所产生的货运量就有巨大的差别。因此，工业结构不同的地区，对交通运输的影响也不一样。

工业生产的组织形式，对交通运输的影响同样也很明显。一般来说，工业生产专业化程度愈高的地区或企业，需要外运的产品数量相对也愈多；工业生产联合化和综合化程度愈高的地区或企业，需要外运的产品数量则相对愈少。

五、科学技术与产业政策

1. 科学技术对交通运输发展的影响

随着科学技术的不断进步，对交通运输发展进程的影响更加重要和明显。科技进步不仅大大促进了交通运输的总体发展水平和规模，同时也对交通运输的组成结构和分布产生了重大影响，这可以从交通运输的发展历史中体现出来。

2. 交通运输产业政策对运输布局的影响

交通运输产业政策是国家和地方各级政府部门为了对交通运输业的发展速度、部门结构和空间布局进行合理的控制和引导，以期促进地区和整个国家经济顺利发展而采取的产业政策。

经济发达国家的经验证明，在工业化过程中，为发展包括能源与原材料等基础工业在内的整个工业，用于发展交通运输业的投资比重都比较大，一般应占 20% 以上，而且采取特殊的财税和信贷政策予以扶持，如无偿拨给土地、授予土地使用权、提供低息或无息贷款、减免税收、予以大量财政补贴等一系列优惠政策。

中华人民共和国成立以来，我国的交通运输业，无论是路线里程、装备技术水平，还是完成的客、货运输量等，都有了很大的发展。

第三节 我国交通运输的布局

一、交通运输网络的总体布局

中华人民共和国成立后，特别是近几十年来，我国交通运输网在总长度、技术装备与总体布局等方面，取得了重大发展与显著进步。截至 2018 年年底，全国陆地及内河交通网总长度已超过 500 万 km。我国交通运输网络在总体布局上具有以下特征：

（一）总体分布上的特征

我国交通运输网的总体分布具有十分明显的特征，大致以黑龙江省的呼玛至云南省的腾冲一线为界。在该线的西北侧，国土面积虽占全国的 54% 左右，但交通线长度仅约占全国的 15%；与此相反，在该线的东南侧，尽管国土面积只占全国的 46%，但交通线长度却占全国的 85% 左右。

从各种运输方式交通线的分布情况看，其特点又有所不同。铁路方面，即大致为东北、华北两大区域及其以南的河南、山东等地，其面积仅占全国的 27.4%，铁路长度则占全国的 53% 左右；内河航道方面，大都分布在长江及其以南各地，这里内河航道总长度约占全国的 87.3%；公路方面，绝大部分线路也分布在呼玛—腾冲一线东南侧各地；管道方面，则主要分布在各大油田、气田至各石油加工中心和石化厂所在地之间。

（二）密度分布上的特征

据粗略估算，我国交通路网的密度目前大约为 5 190 km/万 km^2 左右。其中，东部地区路网密度已达 11 800 km/万 km^2，中部地区路网密度为 11 600 km/万 km^2，东北地区路网密度 4 700 km/万 km^2，而西部地区路网密度仅为 2 700 km/万 km^2。东部地区路网密度是西部地区路网密度的 4.3 倍。

我国交通运输网分布的总体特征是：以呼玛—腾冲一线为界，越往东南越密集，越往西北越稀疏，同时由东南到西北，还存在着交通密度等级逐步递减的特征。

（三）运输方式的组合类型与分布

以铁路、公路和内河航道的分布里程数为主要依据，并辅以某些海上航线与港口状况资料进行分析，可将我国各地交通运输网的组成结构类型划分为 3 大类和 7 小类。

（1）铁路占主导地位的组合结构。该类型铁路线的密度为全国平均值的 2 ~ 9 倍，主要集中分布在东北和华北一带。其中，又可细分为铁路-公路组合，即水运不发达而以铁路为主、公路为辅；铁路-水路（公路）-公路-水路组合，其水运条件相对较好。

（2）水运具有突出地位的组合结构。该类型的特点是水运发展条件十分优越，已有一些水运干线和铁路干线一起成为沟通区内外的大通道。其内河航道密度分别为全国的 3 ~ 40 倍，它们集中分布在我国东南沿海和长江中下游一带。该类型亦可细分为两小类，即水路-铁路-公路组合和水路-公路-铁路组合。

（3）以公路为主体的组合结构类型。该类型的特点是铁路和水路均欠发达，一些地区甚至无铁路和水运，公路在该地区的交通网中处于绝对的主导地位。我国广大西北和西南地区以及海南省的交通网均属此类。它又可分为公路-水路（铁路）-铁路（水路）、公路-铁路和公路 3 小类。

二、铁路运输网的布局

（一）铁路网分布

截至 2018 年年底，我国铁路营业总里程为 13.1 万 km，路网密度 136.9 km/万 km²。其中，高铁营业里程 2.9 万 km，复线里程 7.6 万 km，复线率 58.0%；电气化铁路里程 9.2 万 km，电化率 70.0%；西部地区铁路营业里程达到 5.3 万 km。

我国铁路主要分布在东南沿海的 11 个省、自治区、直辖市（辽、冀、津、京、鲁、苏、沪、浙、闽、粤、桂）和东半部，即东北地区、华北地区（内蒙古自治区除外）、华东地区、中南地区的 19 个省、自治区、市。铁路营业里程在六大地区的分布是：东北地区占 19.5%，华北地区占 29.9%，中南地区占 24.2%，华东地区占 22.8%，西南地区占 15.1%，西北地区占 12.6%。总的来说，华中和中南的运输负担重，且多年来这种格局无明显的变化。

我国现有的近 300 条干支线铁路中有 50 多条属于重要铁路干线，合计长度占全国铁路总长度的 60%。其中，“八纵、八横”等 20 多条、约长 34 000 km 的主干线组成沟通全国的区际纵横主通道。在全国铁路相互联结和交汇处已形成网络节点 170 多个，其中干线与干线的节点 66 个，在节点处已形成 46 个铁路枢纽。

（二）“八纵、八横”铁路主通道

目前，我国铁路主通道可以归纳为“八纵、八横”。

“八纵”（南北方向）系指：

（1）京哈通道：北京—沈阳—哈尔滨，含京秦线。

（2）京沪通道：北京—天津—济南—徐州—南京—上海。

（3）京广通道：北京—郑州—武汉—长沙—广州。

（4）京九通道：北京—商丘—阜阳—九江—南昌—深圳—九龙，含广深线。

（5）包宁通道：包头—西安—安康—重庆—贵阳—南宁。

（6）兰昆通道：兰州—宝鸡—成都—昆明。

（7）大湛通道：大同—太原—焦作—枝城—柳州—湛江，如通过粤海轮渡可至海南的海口—八所—三亚。

（8）沿海通道：沈阳—大连—烟台—临沂—日照—新沂（连云港）—泰州—启东—上海—杭州—宁波—温州—福州—厦门—汕头—深圳。

“八横”（东西方向）系指：

（1）京兰通道：北京—包头—兰州—西宁—拉萨。

（2）运煤北通道：大同—秦皇岛、神木—朔州—黄骅港。

（3）运煤南通道：太原—石家庄—德州、侯马—新乡—菏泽—日照。

（4）陆桥通道：连云港—郑州—西安—兰州—乌鲁木齐—阿拉山口。

（5）沪昆通道：上海—株洲—怀化—贵阳—昆明。

（6）西南出海通道：昆明—南宁—湛江（北海）。

（7）宁西通道：西安—合肥—启东。

（8）沿江通道：重庆—宜昌—武汉—九江—南京—上海。

（三）路网建设的原则

1. 路网建设的基本思路

在未来一段时间内我国铁路路网建设的基本思路是：东部地区重点调整结构，繁忙干线逐步实行客、货分线，建设客运专线与高速铁路，补充必要的支线与联络线，加大既有线技术改造，特别是电气化改造的力度。中部地区，配合西部大开发战略，以加快承东启西运输干线和能源外运干线建设为重点，扩展网络，形成大能力的运输通道。西部地区，重点建设连接中部、东部地区的运输通道，完善内部运输网络，开辟新的国际运输通道，从根本上解决西南、西北地区对外通道能力受限制的问题。

2. 路网建设的原则

路网建设的原则是数量与质量兼顾，大力修建新线，不断扩大路网规模，2020 年全国铁路营业里程达到 12 万 km。优化路网结构和提高路网质量，逐步建成四通八达、安全可靠、方便快捷的现代铁路网。运输能力满足国民经济和社会发展需要，主要技术装备达到或接近国际先进水平。

3. 既有线路改造的重点

既有线路技术改造的重点是提高主要干线的装备水平，形成通畅的大能力主通道。抓紧建成一批电气化改造项目，不断提高双线、自动闭塞、电气化铁路、集中联锁车站所占比重和现代化、自动化水平。东北地区的重要铁路干线应围绕提速、安全、降低运营成本等要求，改善线路技术条件，整治路基、桥隧等病害。华北、华东、中南地区铁路干线应按照客运提速要求，改造、提高线路质量，更换提速道岔，完成道口平交改立交工程等。西南、西北地区应加强线路病害整治，围绕保障行车安全、适度提高行车速度等进行系统改造。

（四）完善铁路快速客运网

经过几十年来的努力，当前我国铁路运能紧张状况基本缓解，瓶颈制约基本消除，基本适应经济社会发展需要。但铁路与国民经济发展的新形势新要求相比，仍然存在路网布局尚不完善、运行效率有待提高、结构性矛盾较突出等不足。为满足快速增长的旅客运输需求，近些年来，我国铁路一直在加速建设和完善省会城市及大中城市间的快速客运通道。2016 年 7 月，国家发展改革委、交通运输部、中国铁路总公司联合发布了《中长期铁路网规划》，规划了新时期“八纵、八横”高速铁路网的宏大蓝图。

“八纵”是指沿海通道（大连—秦皇岛—天津—东营—潍坊—青岛—连云港—盐城—南通—上海—宁波—福州—厦门—深圳—湛江—北海）、京沪通道（北京—天津—济南—南京—上海—杭州）、京港通道（北京—衡水—菏泽—商丘—阜阳—合肥—安庆—黄梅—九江—南昌—赣州—深圳—香港九龙）、京哈、京港澳通道（哈尔滨—长春—沈阳—北京—石家庄—郑州

—武汉—长沙—广州—深圳—香港)、呼南通道(呼和浩特—大同—太原—长治—晋城—焦作—郑州—襄阳—常德—益阳—娄底—邵阳—永州—桂林—南宁)、京昆通道(北京—石家庄—太原—西安—成都、重庆—昆明)、包海通道(包头—延安—西安—重庆—贵阳—南宁—湛江—海口—三亚)、兰(西)广通道(兰州、西宁—临夏—合作—绵阳—广汉—成都—眉山—乐山—宜宾—毕节—贵阳—都匀—桂林市~贺州—佛山—广州)。

“八横”指绥满通道(绥芬河—牡丹江—哈尔滨—齐齐哈尔—海拉尔—满洲里)、京兰通道(北京—呼和浩特—银川—兰州)、青银通道(青岛—济南—石家庄—太原—银川)、陆桥通道(连云港—徐州—郑州—西安—兰州—西宁—乌鲁木齐)、沿江通道(上海—南京—合肥—武汉—重庆—成都)、沪昆通道(上海—杭州—南昌—长沙—贵阳—昆明)、厦渝通道(厦门—龙岩—赣州—长沙—常德—张家界—黔江—重庆)、广昆通道(广州—南宁—昆明)。

快速客运通道指长三角、珠三角、环渤海地区及其他城市密集地区等城际快速客运系统。

客运专线网的建成，将为我国铁路现代化奠定最核心、最根本的基础。一方面，可以实现我国铁路主要通道的客货分线，从根本上解决繁忙干线运输能力紧张问题。另一方面，以此为主体，配合既有线提速线路，我国铁路快速客运网将基本形成，能够辐射我国 70% 的 50 万人口以上的城市，覆盖人口达 7 亿多。

根据《中长期铁路网规划》，到 2025 年，我国铁路网规模将达到 17.5 万 km 左右，其中高速铁路 3.8 万 km 左右，网络覆盖进一步扩大，路网结构更加优化，骨干作用更加显著，更好发挥铁路对经济社会发展的保障作用。

到 2030 年，基本实现内外互联互通、区际多路畅通、省会高铁连通、地市快速通达、县域基本覆盖。铁路网规模将达到 20 万 km 左右，其中高速铁路 4.5 万 km 左右。全国铁路网全面连接 20 万人口以上城市，高速铁路网基本连接省会城市和其他 50 万人口以上大中城市，实现相邻大中城市间 1 ~ 4 h 交通圈、城市群内 0.5 ~ 2 h 交通圈。届时，以北京为中心的 1 h 交通圈涵盖天津、石家庄、唐山、秦皇岛、张家口、承德等城市；2 h 经济圈涵盖郑州、济南、沈阳、太原等；3 h 交通圈涵盖南京、合肥、呼和浩特、包头、长春、大连等；4 h 交通圈涵盖上海、杭州、武汉、西安、哈尔滨等；5 h 交通圈涵盖南昌、长沙、重庆、成都、兰州、宁波等；6 ~ 7 h 交通圈涵盖广州、深圳、福州、厦门、贵阳、银川、西宁等。北京、上海、郑州、武汉、广州、西安、成都、沈阳等中心城市，与周边城市形成 0.5 ~ 1 h 的交通圈，与邻近省会城市将形成 1 ~ 2 h 的交通圈；各大中心城市间的时空距离也将大幅缩短，1 000 km 左右可实现“朝发夕归”，2 000 km 左右可实现“夕发朝至”，人民群众将享受到更加安全、快捷、方便、优质的运输服务。

三、公路运输网的布局

公路线路里程逐年增加。2006 年，全国公路总里程达 345.7 万 km。2007 年全国公路总里程达 358.37 万 km。2008 年，全国公路总里程达 373.09 万 km。2012 年，全国公路总里程 423.75 万 km。2013 年，全国公路总里程达到 430 万 km。2018 年年底，全国公路总里程 484.65 万 km，比上年增加 7.31 万 km。

全国公路网分为干线网和地区网两种：

（一）公路干线网布局（含国道、高速公路）

全国等级公路里程 446.59 万 km，等级公路占公路总里程 92.1%。其中，二级及以上等级公路里程 64.78 万 km，占公路总里程 13.4%；高速公路里程 14.26 万 km，国家高速公路 10.55 万 km。

公路干线网的布局可以归纳为“五纵、七横”，全长 3.65 万 km。

“五纵”（南北方向的 5 条干线公路）为：

（1）同江至三亚国道主干线：同江—哈尔滨—长春—宁波—温州—福州—开平—三亚。

（2）北京至珠海国道主干线：北京—武汉—长沙—广州—珠海。

（3）北京至福州国道主干线：北京—徐州—上海—南昌—福州。

（4）二连浩特至河口国道主干线：二连浩特—包头—西安—南宁—河口。

（5）重庆至湛江国道主干线：重庆—遵义—贵阳—湛江。

“七横”（东西方向的七条干线公路）为：

（1）绥芬河至满洲里国道主干线：绥芬河—哈尔滨—满洲里。

（2）丹东至拉萨国道主干线：丹东—沈阳—北京—呼和浩特—兰州—西宁—拉萨。

（3）上海至拉萨国道主干线：上海—武汉—重庆—成都—拉萨。

（4）青岛至银川国道主干线：青岛—济南—太原—银川。

（5）连云港至霍尔果斯国道主干线：连云港—郑州—西安—兰州—乌鲁木齐—霍尔果斯。

（6）上海至瑞丽国道主干线：上海—杭州—长沙—昆明—瑞丽。

（7）衡阳至昆明国道主干线：衡阳—怀化—贵阳—昆明。

我国国道采用数字编号，每条公路干线常采用 3 位数字作编号来表示。分为 4 种编号方式，第一类是以北京为中心的首都放射状公路，这些公路排序都是“1”字开头；第二类是南北向的公路，以“2”字开头；第三类是东西向的公路，以“3”字开头，第四类是“五纵七横”主干线，以“0”字开头。

（二）公路区域网布局

1. 公路密度继续提高，通达水平显著提升

2008 年，全国公路密度为 38.86 km/100 km^2，比上年末提高 1.53 km/100 km^2。全国通公路的乡（镇）占全国乡（镇）总数的 99.24%，通公路的建制村占全国建制村总数的 92.86%，分别比上年末提高 0.28% 和 4.62%。

2018 年，全国公路密度 50.48 km/100 km^2，比上年增加 0.76 km/100 km^2。全国通公路的乡（镇）占全国乡（镇）总数的 99.99%，通公路的建制村占全国建制村总数的 99.98%。

2. 各区域公路网布局的特点

以省级区域而论，由于各省的国土面积、经济发展类型与水平不同，其公路网的规模和等级结构也不同。各地区公路网分布大多以省会城市为中心，但还有一些自身的特点：

（1）东北区和华北区是我国铁路网较发达的地区，又有一定规模的管道、水路和民航交通线，公路运输主要承担城乡联系和铁路、港口的集散运输，因此公路的分布多以城市和主

要港、站为中心。

（2）华东区和中南区铁路网密度低,但内河水运和海运均为我国最发达地区，公路除为城乡联系、车站和港口集散服务外，还承担一定的地区间运输任务，其干线公路作用较大。

（3）西南、西北地区地形复杂、地域广阔、沙漠戈壁和山地占有较大比重，铁路、水运网的密度低，公路在大部分地区起主要作用。公路比重较人口、工农业所占比重要多得多。

3. 省（自治区）高速公路里程

截至 2018 年初，全国高速公路里程突破 7 000 km 的省有 2 个，分别是：广东（8 338km）、湖北（7 193 km）。突破 6 000 km 的省有 6 个，分别是：四川（6 820 km）、河南（6 523 km）、河北（6 502 km）、湖南（6 419 km）、内蒙古（6 340 km）、江西（6 300 km）。突破 5 000 km 的省区有 7 个，贵州（5 833 km）、山东（5 821 km）、山西（5 335km）、陕西（5 279 km）、福建（5 228 km）、广西（5 176km）、云南（5 000 km）。

四、水路运输网的布局

（一）海上运输网

1. 沿海航运

我国的沿海运输集中在东南沿海一线，自北而南，把沿海各个重要港口城市和大陆主要东西方向运输干线联系起来，成为我国东部的一条纵向运输线，是我国交通运输网中的重要组成部分。

我国沿海运输分为南、北两个航区：厦门以北至鸭绿江口为北方沿海航区（由上海海运局负责管理），厦门以南至北仑河口为南方沿海航区（由广州海运局负责管理）。前者以上海、大连为中心，开辟有上海—青岛—大连线、上海—烟台—天津线、上海—秦皇岛线、上海—连云港线、大连—天津线等。南方沿海航区以广州为中心，开辟有广州—汕头线、广州—北海线、广州—湛江线等。此外，在沿海的中小港口间，尚有许多地方性航线，主要为大港转运和集散物资服务，并担负部分客运。

我国沿海运输在担负货运方面，如果按航区来分析，则北方沿海货运量占压倒优势。从货运量的构成来看，北方以石油、煤炭的运量为最大，其次为钢铁、木材（由北而南），金属矿石、粮食、工业产品（由南而北）。南方沿海以农产品比重为最大，其次是食盐、矿石和煤炭，除煤炭外，大部分由各中小港口向广州、湛江集散转运。

2. 远洋运输

随着我国对外贸易的迅速增长和远洋运输船队的壮大，我国已开辟了 90 多条通往亚、非、欧、美、大洋洲 150 多个国家和地区的 600 多个港口的远洋航线。这些航线大部分以上海、大连、天津、秦皇岛、广州、湛江、青岛等港口为起点，包括了东、西、南、北 4 条主要远洋航线：

（1）东行航线。由我国沿海各港口东行，经日本横渡太平洋可抵美国、加拿大和拉美各国。随着我国同日本、北美、拉美各国经济往来的日趋频繁，这条航线的地位已日益提高，货运量也急剧增加，成为我国对外贸易的一条重要航线。

（2）西行航线。由我国沿海各港南行，至新加坡折向西行，穿越马六甲海峡进入印度洋，出苏伊士运河，过地中海，进入大西洋；或绕南非好望角，进入大西洋。沿途可达南亚、西亚、非洲、欧洲一些国家或地区港口。这条航线是我国最繁忙的远洋航线。

（3）南行航线。由我国沿海各港南行，通往大洋洲、东南亚等地。随着我国与东南亚各国贸易的发展，这条航线的货运量在不断增长。

（4）北行航线。由我国沿海各港北行，可到朝鲜、韩国和俄罗斯符拉迪沃斯托克等港口。

（二）内河交通运输网

内河交通运输网主要由内河航道和内河港口组成。我国天然河流有 5 000 多条，流域面积在 1 000 km^2 以上的河流有 1 500 多条，河流总长约 43 万 km；长度在 1 000 km 以上的大河有 15 条；湖泊面积在 1 000 km^2 以上的有 12 个，湖泊总面积超过 8 万 km^2。但由于自然地理条件（如河床、流量、流速及冰封等）的影响，我国内河交通网基本上由长江、珠江、黑龙江、淮河和京杭运河（即三江两河）所组成。2018 年年末我国内河航道通航总里程 12.71 万 km。其中等级航道 6.64 万 km，占总里程的 52.3%，三级及以上航道 1.35 万 km，占总里程的 10.6%。内河港口生产用码头泊位 18 185 个，其中万吨级及以上泊位 437 个。

1. 内河交通网分布的特点

（1）在我国内河运输网组成中，由于我国陆地地形西高东低，所以东西方向横向干线较多，南北方向纵向干线较少。这一分布特点与我国资源和经济的分布格局在空间上有较好的呼应关系，因而具有很大的发展潜力。

（2）受自然条件、水系分布及水文特征的影响，我国绝大部分航道网都分布在秦岭以南地区。

（3）通航条件较好的航道主要集中在“三江两河”水系。

2. 河港的地理分布

全国内河港口主要集中在长江及其以南各省区，尤以长江中下游居多，约占全国的 3/4 以上。长江货运量主要集中在下游的南京、南通、镇江、张家港，客运集中在上游的重庆、涪陵和万州。

3. 主要内河航道

（1）长江。长江是我国最重要的河运干线，从源头到入海口，先后流经青海、西藏、四川、云南、湖南、湖北、江西、安徽、江苏和上海等 10 个省、市、自治区，全长约 6 300 km，是我国第一大河，也是世界四大河流之一。长江两岸支流密布，在上游先后汇入岷江、沱江、嘉陵江、乌江等主要支流；在中游地区联系汉江和洞庭湖两大水系；下游联系鄱阳湖水系、淮河水系和长江三角洲水网，到上海附近入海。长江不仅有发展航运的自然条件，而且中下游地区又是我国人口众多、经济较发达的地区。长江干、支流通航水道有700多条，总长度近8万km，占全国内河航线的3/5以上。长江干流自四川宜宾到达入海口，全长2 800 km，是全年昼夜通行的深水干线航道，其中由长江口到武汉的航道，可通行5 000 t级的船舶。汉口至重庆可通行3 000 t级的船舶，重庆至宜宾可通行1 000 t级的船舶。沿线主要港口有重庆、涪陵、万州、宜昌、沙市、武汉、黄石、九江、安庆、芜湖、马鞍山、南京、镇江、张家港、南通、上海等。长江自古以来就是我国东西交通的大动脉，具有悠久的水运历史，素有“黄金水道”之称。目前长江干线年货运量已超过3亿t。

（2）珠江。珠江是华南地区以广州为中心的最大水系、水运大动脉，它由东江、北江、西江汇合而成。东江、北江是粤东、粤北连接广州的水运干线，西江横贯粤、桂两省，通航价值仅次于长江。西江是珠江水系主要的内河航运干线，梧州至广州段可常年通行轮船，百色以下可通小型轮船，木帆船可上溯至云南境内。北江韶关以下可通行轮船，韶关以上及各支流可通行木帆船。东江除龙川以上至合河口只能通行木船外，龙川以下400 km均可通行轮船。

（3）黄河。黄河全长5 464 km，是我国第二大河。它发源于青海省，流经青海、四川、甘肃、宁夏、内蒙古、陕西、山西、河南、山东九省区，于山东流入渤海。黄河的航运价值远不如长江、珠江。贵德以上基本不能通航，贵德到中卫之间只能通皮筏，中卫到银川、西小召到河口、龙门到孟津、孟津到陶城埠之间可通木船，陶城埠到垦利之间可通小轮，垦利以下航道水浅不能通航。

（4）黑龙江。黑龙江为中俄界河，经漠河、呼玛、爱辉、逊克、嘉荫、萝北至同江纳入松花江后，朝偏东北方向流至伯力，汇入乌苏里江入俄境出海。在我国境内的干流长1 800 km有余，是我国第三大河流。松花江是黑龙江最大支流，可通航里程达1 500 km，可通航千吨级轮船。黑龙江、松花江全年有冰封期5～6个月，冰封期间虽不能通航船只，但可发展东北地区特有的运输方式——冰上运输。

（5）淮河。淮河自古即为重要通航河流，发源于河南桐柏山东麓，流经河南、安徽，在江苏龟山入洪泽湖，干流全长1 050 km。通航主要集中在安徽和苏北地区，航运条件较好。

（6）京杭运河。京杭运河北起北京，南达杭州，全长1 747 km。京杭运河跨冀、鲁、苏、浙四省及北京、天津两市，连接海河、黄河、淮河、长江、钱塘江水系，是我国沿海地区唯一的一条南北河运干线。经过多年来不断地整治，季节性通航里程已可达1 100 km，自邳州市以南660 km可以终年通航，在全国运输网中占有重要的地位。

五、航空运输网的布局

民航运输是交通运输体系的有机组成部分。截至2018年年底，我国全国民用航空机场共有235个，其中定期航班通航机场233个，定期航班通航城市230个。共有定期航班航线4 418条，按重复距离计算的航线里程为1 082.9万km，按不重复距离计算的航线里程为748.3万km。我国的航空运输网主要由国际航线、地区航线和国内航线组成。

1. 国际航线

国际航线是对外交往中为外交、外贸、旅游等服务的重要通道。在已有的运输航线中，按我国与所通航国家的相对地理位置，还可分为东部、南部和西部航线。东部国际航线主要通往朝鲜、韩国、俄罗斯、日本、美国和加拿大等国；南部国际航线通往泰国、缅甸、新加坡、菲律宾、马来西亚和澳大利亚等国；西部国际航线则通往亚、欧、非三大洲。

我国国际航线的分布有以下特点：

（1）中国的国际航线以北京为中心，通过上海、广州、乌鲁木齐、大连、昆明、厦门等航空口岸向东、西、南三面辐射。

（2）国际航线的主流呈东西向。向东连接日本、北美，向西连接中东、欧洲。它是北半球航空圈带的重要组成部分。

（3）中国的国际航线是亚太地区航空运输网的重要组成部分。它与南亚、东南亚、澳大利亚等地有密切的联系。

2. 地区航线

地区航线主要是指我国各大城市开辟的至我国香港的航线。

3. 国内航线

国内航线是指国内各大城市之间的航线。国内航线的分布有以下特征：

（1）我国国内航线集中分布于哈尔滨—北京—西安—成都—昆明一线以东的地区，其中又以北京、上海、广州的三角地带最为密集。从整体上看，航线密度由东向西逐渐减小。

（2）航线多以城市对飞为主，以大、中城市辐射为辅。

（3）国内主要航线多呈南北向分布，在此基础上，又有部分航线从沿海向内陆延伸，呈东西向分布。

六、管道运输网的布局

目前，我国已形成由西气东输一线和二线、陕京线、川气东送为骨架的横跨东西、纵贯南北、连通海外的全国性供气网络。“西气东输、海气登陆、就近外供”的供气格局已经形成，并形成较完善的区域性天然气管网。中哈、中俄、西部、石兰、惠银等原油管道构筑起区域性输油管网。以兰成渝、兰郑长等为代表的成品油管道，作为骨干输油管道，形成了“西油东送、北油南下”的格局。

目前，我国96%以上的陆上长输油气管道为中国石油、中国石化两大集团所有。由于历史原因及掌握资源的不同，中国石油目前拥有我国70%以上的原油管道、90%以上的天然气管道，在我国已建成的成品油管道中，绝大多数亦为中国石油所拥有。

根据所输送介质的不同，我国的油气管道主要包括原油管道、成品油管道、输气管道等；按管道所经过地理环境的不同，又可分为陆上管道、海底管道等。

（一）原油管道

1. 东北管网

东北管网是指以辽宁铁岭为枢纽，将大庆油田与东北、华北地区大型炼油厂连接起来的庆抚线（大庆—抚顺）、庆秦线（大庆—秦皇岛）、庆大线（大庆—大连）。这 3 大管道干线总长 2 181 km，并有多条复线、支线。中俄原油管道起自俄罗斯远东原油管道斯科沃罗季诺分输站，穿越中俄边境，途经中国黑龙江省和内蒙古自治区，终点是黑龙江省大庆市。

2. 华北管网

华北管网多为短距离管线，主要有：秦京线（秦皇岛—北京）、任沧线（任丘—沧州）、任京线（任丘—北京）、沧河线（沧州—河间）、河石线（河间—石家庄）、阿赛线（阿拉善—赛汉塔拉）、沧津线（沧州—天津）、津燕线（天津—北京燕山）及大港油田外输管道等。

3. 西北管网

西北管网的管线主要有：克独线（克拉玛依—独山子）、克乌线（克拉玛依—乌鲁木齐）、塔轮线（塔中—轮南）、轮库线（轮南—库尔勒）、库鄯线（库尔勒—鄯善）、花格线（花土沟—格尔木）、马惠宁线（马岭—惠安堡—中宁）等。西北油气进口通道包括中哈原油管道、中亚天然气管道，资源来自哈萨克斯坦、土库曼基坦、乌兹别克斯坦。其中中哈原油管道一期和中亚天然气管道一期已建成投产，是我国成功实施的第一条陆上进口石油和天然气项目。这些管道的建成，不仅使我国摆脱资源引进单一的不利处境，增加了进口资源安全性，还为中亚资源东流打开了通道。

4. 华东、华中管网

华东管网是指以山东临邑为枢纽，将胜利油田与华东地区大型炼油厂、石化厂相连接的东临线（东营—临邑）、鲁宁线（山东临邑—江苏仪征）。其中鲁宁线全长 667 km，是华东管网的主干线。

华中管网主要有中洛线（河南濮阳中原油田—洛阳）、魏荆线（河南魏岗—湖北荆门）等。

（二）成品油管道

成品油管道建设在我国起步较晚，我国的第一条长距离成品油管道是 1973 年开工建设、1977 年建成的格拉线（格尔木—拉萨），全长 1 080 km，年输送能力 25 万 t。格拉线是我国海拔最高的输油管道，也是我国首条采用顺序输送工艺的管线，可顺序输送汽油、柴油、航空煤油和照明煤油等不同品种的油品，供军民两用。

成品油管道还有中朝线（辽宁丹东—朝鲜新义州）、克乌线（新疆克拉玛依—乌鲁木齐）、津京线（天津塘沽—天津国际机场—北京首都国际机场）等。

2002 年建成并投入使用的兰成渝线（兰州—成都—重庆），干线全长 1 250 km，是目前我国已建成的最长的成品油管道。目前，我国主干成品油管道包括西部成品油管道、兰成渝成品油管道、兰郑长成品油管道、茂昆成品油管道等，管道总里程 2 万 km，管输能力 1.9 亿 t/年。

（三）输气管道

我国长距离输气管道主要包括输送天然气、液化石油气、煤气等气体的管道。输气管道在我国起步较晚，但发展速度却很快，特别是天然气管道，近年来发展势头极其强劲。

我国天然气管道经过几十年的发展，特别是西气东输一线投产后管道建设的加速发展，全国性输气管网已基本形成。目前，已形成了由西气东输系统、陕京线、秦沈线、忠武线、涩宁兰及复线、长宁线、兰银线、淮武线、川气东送、榆济线等管道为骨架的横跨东西、纵贯南北、连通海外的全国性供气网络，已建成管道总里程 4 万 km，干线管网总输气能力超过 1 000 亿 m^3/年，并已在西南、环渤海、长三角、中南及西北地区形成了比较完善的区域性天然气管道。

1996 年开工、1997 年建成的陕京线，全长 918 km，是我国第一条长距离、大口径和高度自动化的输气管道。2000 年开工、2001 年建成的涩宁兰线，全长 953 km，是我国在青藏高原上建设的第一条长距离、大口径输气管道。最引人注目的是西气东输线（新疆轮南—上海），这条管线全长 4 000 多 km，横贯了我国从西到东的 9 个省份，于 2001 年年底开工建设，2004 年年底全线贯通，是我国和亚洲最长的天然气管线。全长 900 km 的陕京二线、干线全长 719 km 的忠武线（重庆忠县—湖北武汉）等，均为中国石油投资建设。

（四）其他陆上管道

陆上管道除了上述的输油、输气管道外，还有输送化工原料、煤浆、水等其他介质的管道。如中国石化建设已于 2003 年投入使用的南京金陵石化—扬子石化间互相供应石油、分子筛料等化工原料的管线。

（五）海底管道

除了陆上管道外，我国的海底管道建设也取得了一定成绩。我国已建成的海底管道，总长约 2 000 多 km，主要用途是将从海上油气田开采的油气资源输往陆上。

我国第一条海底输油管道，是中日合作开发、1985 年建成投产的渤海埕北油田内部海底管道。目前，我国已建成的比较大的海底输油气管道主要有：

（1）锦州 20-2 凝析气田至陆上海底管道，全长 48 km。它将天然气和凝析油进行混输，是我国第一条油气混输海底管道。

（2）渤西气田至天津海底管道，全长 46 km。

（3）渤海绥中 36-1 海上油田至陆上海底管道，全长 70 km。

（4）东海平湖油气田至上海的两条海底管道，其中，输天然气的管道长 367 km，输原油的管道长 303 km。

（5）南海崖城 13-1 气田至香港的海底输气管道，全长 778 km，每年向香港供气 29 亿 m^3。

它是我国和亚洲最长的海底管道，也是世界第二长的海底输气管道。

海底原油管道中，中国石化甬沪宁管网中的杭州湾海底原油管线全长 53.5 km，管径 711 mm，是目前我国已建成的口径最大的长距离海底原油管线，也是我国在强潮流区海湾建成的第一条大口径、长距离海底输油管线。

复习思考题

1. 什么是运输布局？其任务是什么？
2. 运输布局应遵循哪些原则？
3. 影响运输布局的因素有哪些？
4. 举例说明我国自然资源分布和工业布局对交通运输布局的影响。
5. 我国交通运输网在总体分布和密度上有何特征？
6. 我国铁路客、货运输大通道的“八纵、八横”是指哪些？
7. 我国公路国道干线网的“五纵、七横”是指哪些？
8. 简述我国沿海、内河交通运输网的布局情况。
9. 简述我国民航运输网的布局情况。
10. 简述我国管道运输网的布局情况。

第四章 铁路运输

第一节 铁路运输的特点

铁路是用机车牵引车辆，行驶于铺设着钢轨的线路上的一种运输方式。纵观铁路的发展与人类的科技文明，可以发现两者是互为因果关系的：一方面，由于铁路的铺设使得人类可以开发更多的资源，利用这些开发出来的资源可以丰富人类的生活，同时也促进科学技术的发展；另一方面，由于科技的发展而改善了铁路运输的技术层次，使铁路在行车控制与能源利用方面都更加趋于完善。

铁路运输已有近两百年的历史，从其发展过程可以看出，铁路运输所具有的一些特性，不是其他现代运输工具所能取代的。这些特性有些是不可取代的优点，有些却可能在时代变迁中，成为经营上致命的缺点。

一、铁路运输的优点

1. 运输能力大

铁路运输因为采用大功率机车牵引列车运行，因而可承担长距离、大运输量的运输任务。2012 年，我国铁路发送货物（含行包运量）39.04 亿 t，发送旅客 18.93 亿人次，完成换算周转量 38 999.42 亿 t · km，平均每千米铁路完成换算周转量 3 979.5 万 t · km。2018 年，全国铁路发送货物 40.26 亿 t，发送旅客 33.75 亿人次，完成货运总周转量 28 820.55 亿 t · km，旅客周转量 14 146.58 亿人 · km。其中国家铁路旅客发送量 33.17 亿人次，旅客周转量 14 063.99 亿人 · km；货运总发送量 31.91 亿 t，货运总周转量 25 800.96 亿 t · km。大秦重载运输线 2018 年货物运输量完成 4.51 亿 t，日均开行重车 81.5 列，其中，2 万 t 58.2 列，1.5 万 t 8.5 列，单元万吨 4.1 列，组合万吨 12.8 列。是世界上运输最繁忙、负担最重、能力最大的铁路。

2. 行驶具有自动控制性

铁路运输由于具有专用路权，而且在行驶上具有高度导向性，因此可以采用自动控制方式控制列车运行，以期达到车辆自动驾驶的目的。目前最先进的列车已经可以通过计算机的控制，使列车的运行达到全面自动化，甚至是无人驾驶的地步，从而大大提高了运输安全，减轻了司机的劳动强度。

3. 节省土地

铁路运输因为是以客、货车组成的列车为基本运输单元，故可以在有限的土地上做大量的运输。其较公路运输可以节省大量的土地，使土地资源得到最有效的利用。

4. 污染性低、能耗少、运价低

铁路的污染性比公路和航空低，尤其是电力机车不烧煤、不燃油、不污染空气。在噪声方面，铁路所带来的噪声污染，不仅较航空和公路低，而且是间断性的；在空气污染方面，据美国 1980 年所做的测量，内燃牵引铁路每吨·千米的落尘量大约为公路的 75%。由于列车运行阻力小，列车质量大，能源消耗量低，故铁路运输价格较低。

5. 受气候限制小

铁路运输由于具有高度导向性，所以只要行车设施无损坏，在任何气候条件下，不论大雾、暴风雨等，列车均可安全行驶，是营运最可靠、最准时的运输方式。

6. 安全程度高

随着先进技术的逐步采用和发展，铁路运输的安全程度越来越高。特别是近一二十年来，许多国家的铁路广泛采用了电子计算机管理和自动控制等高新技术，安装了列车自动停车、列车自动控制、自动操纵、设备故障和道口故障报警、灾害防护报警等装置，有效防止了列车冲突、颠覆和旅客伤亡事故。最有说服力的是，日本国营铁路从 1964 年开通运营新干线以来，几乎从未发生过旅客伤亡和重大行车事故。在各种现代化的运输方式中，按所完成的旅客人·km 和货物 t·km 计算的事故率，铁路运输是最低的。

二、铁路运输的缺点

1. 固定资产投资大，回报率低，难以吸引投资

铁路的投资大多属于固定设备的沉没成本，难以移作他用，故其固定资产比例较其他运输方式高出许多，因而投资风险也就比较高。而一般高风险的事业需要高回报率才能吸引业者投资，然而，长期以来铁路运输效益较差，投资铁路的回报率较低，难以吸引投资。

2. 设备庞大，不易维修

铁路运输设备十分庞大，机车、车辆、线路、站场、信号、信息、供电等设备结构复杂，类型繁多，标准不同，不易维修；许多设备布置在露天，风吹雨打，经常受到高速重载的激烈振动，容易损坏；除机车、车辆外，主要设备没有备用，且又无固定的检修时间，加之近

年来铁路效益不佳，维修费用紧缺，故维修难以达到完善的程度。

3. 运达速度慢，货损较高

铁路与公路相比，货物运输过程复杂，要经过车辆的装卸、列车编解、中转作业等许多环节，很难实现门到门运输，往往需要与公路、水运配合，所以运达速度慢。另外，铁路由于列车行驶时的振动与货物装卸不当，容易造成所承载货物的损坏，并且货物在运输过程需经多次中转，容易导致货物遗失。据统计，美国铁路运输的货损比例高达3%，远高于公路运输，这就使得货主不敢将高价值的货物交付铁路承运。

4. 营运缺乏弹性

公路运输一般可以随货源或客源所在地而变更营运路线，而铁路则不行。由于产销地之间的货流量不平衡，铁路容易产生空车回送现象，从而造成营运成本的增加。

三、铁路运输的适用范围

（1）在国土幅员辽阔的大陆国家，铁路运输是陆地交通运输的主力，它比其他运输方式有更多的优越性。在铁路建设比较发达的国家，全国铁路线路联结成网，四通八达，再加上主要厂、矿、港、林都有专用线或专用铁道与铁路线路相通，易于实现门到门运输，因而铁路运输对大陆国家有较大的吸引力。

（2）适用于稳定的大宗货物运输，中长距离的一般货物运输。

（3）适用于中长距离和短距离的大中城市间、旅游城市间的旅客运输，能适应节假日大量旅客出行的需要。

（4）现代快速市郊旅客列车能够满足大城市周围通勤、通学和日常交通的迫切要求。

应该指出，以上列举的铁路运输的适用范围并不是绝对的。由于各国社会经济状况和科学技术水平不同，各种运输方式的发展水平和经营状况各异，各个铁路的技术装备和经营管理也不一样，完全有可能出现偏离上述适用范围的情况。显然，发展中国家铁路运输的使用范围比工业发达国家可能更为宽阔，而大陆国家比岛屿国家也必然对铁路运输的适用范围更为倚重。因此，在研究和评估铁路运输的适用范围时，不能满足于一般的定性结论，还必须根据铁路运输的技术经济特点，结合具体的国情、路情进行定量分析。

第二节　铁路运输的基本设备

铁路运输的各种基础设施是组织运输生产的基础，它可分为固定设备和活动设备两种。固定设备主要包括：线路，车站，通信信号设备，机车车辆的检修、整备，给水设备以及电气化铁路的供电设施等。活动设备主要有：机车、客车、货车等。此外还有为客、货运输服务和保证行车安全的各种设施。

一、线　路

线路是列车运行的基础设施，由轨道、路基和桥隧建筑物等组成。

（一）轨　道

轨道又称为线路上部建筑，由道床、轨枕、钢轨、道岔、联结零件和防爬器等组成。道床是铺设在路基面上的道砟层，在道床上铺设轨枕，在轨枕上架设钢轨。相邻两节钢轨的端部以及钢轨和轨枕之间用联结零件互相扣连，在一条线路和另一条线路的连接处铺设道岔予以联结，在钢轨和轨枕上安设必要的防爬设备。由这些部分组成的整体就是轨道，它直接承受机车车辆的重力和冲击力并将载荷传给路基。轨道组成示意图如图 4-1 所示。

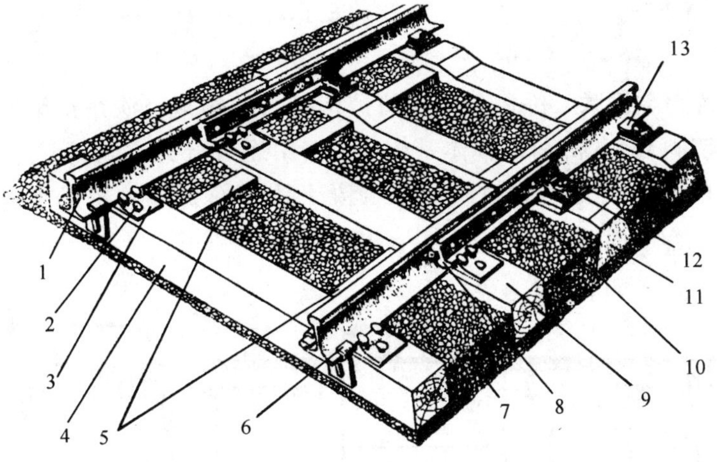

图 4-1　轨道组成示意图

1—钢轨；2—普通道钉；3—垫板；4，9—木枕；5—防爬撑；6—防爬器；7—道床；8—鱼尾板；10—螺栓；11—钢筋混凝土轨枕；12—扣板式中间联结零件；13—弹片式中间联结零件

（二）路　基

路基是轨道的基础，它承受轨道传来的机车车辆及其负荷的压力。路基按横断面形式可分为两种：① 经填筑而成的路基；② 经开挖而成的路堑。路基必须坚实而稳固才能承受沉重的压力，而破坏路基坚实稳固的主要原因往往是由于水的危害。因此，为了排泄地面水和拦截地下水，路基要设置排水沟、截水沟或渗沟、渗管等排水设备。为了防止路基本身和路堑坡顶土壤的坍塌，路基的边坡都应呈一定的坡度。为防止路基边坡坍塌，必要时还应进行

防护和加固。路基组成示意图如图 4-2 所示。

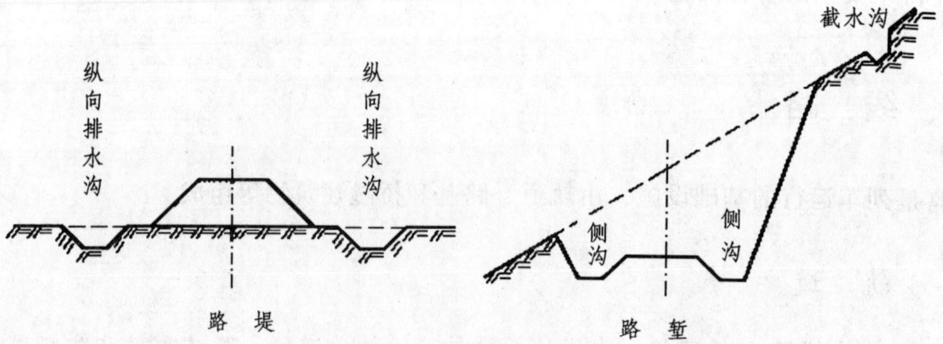

图 4-2 路基组成示意图

（三）桥 隧

当铁路线通过江河、溪沟、谷地和山岭等天然障碍或跨过公路和其他铁路线时，需要修建各种桥隧建筑物。桥隧建筑物包括桥梁、涵洞、隧道等。

1. 桥 梁

桥梁主要由桥跨、桥墩、桥台和桥梁防护构筑物等组成。铁路桥梁按桥跨结构可分为梁桥、拱桥、刚架桥、悬索桥和组合体系桥等；按用途可分为铁路桥、公路铁路两用桥等；按桥跨所用材料的不同可分为钢桥、钢筋混凝土桥、石桥等。桥梁组成示意图如图 4-3 所示。

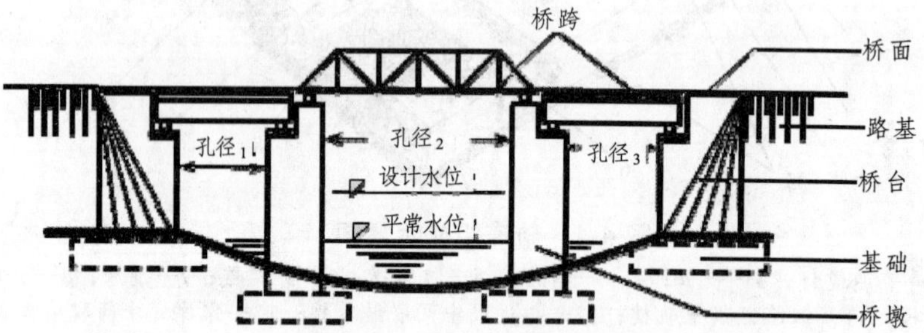

图 4-3 桥梁组成示意图

2. 涵 洞

涵洞是设在路基或路基下部填土中的一种小型泄水或排灌的建筑物。有的涵洞可作农田灌溉小渠的通道，有的涵洞还兼作立交桥，作为人、畜或车辆的通道。涵洞主要由洞身、基础和端墙（或翼墙）所组成。按建筑材料的不同，涵洞有石涵、混凝土涵、钢筋混凝土涵、铁涵等多种。涵洞组成示意图如图 4-4 所示。

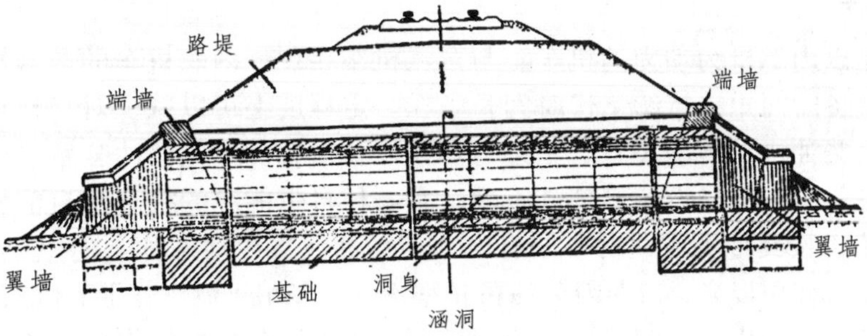

图 4-4 涵洞组成示意图

3. 隧 道

隧道是修建在地下、山中或水下并供列车通过的建筑物。按其所在位置可分为山岭隧道、水下隧道和城市隧道三大类。这三类隧道中修建最多的是山岭隧道。在隧道中，除了通过特别坚硬的石层外，一般还要用砖、石、混凝土或钢筋混凝土等材料作内部衬砌，以防四周岩石塌落、变形、涌水或渗水。在隧道口应修筑洞门，以便保持洞口上方的仰坡和两侧边坡的稳定。洞顶要修筑截水沟，用以拦截从山坡上下来的流水以保护洞口。隧道及其洞门如图 4-5 所示。

图 4-5 隧道及其洞门

为了提高线路的输送能力和行车的稳定性，除了需要对线路进行经常的养护维修，防止和整治线路的各种病害外，许多国家的铁路特别重视轨道结构的更新改造。主要措施是：采用重型钢轨、铺设新型高速道岔和无缝线路，采用新型轨下基础，如预应力混凝土轨枕、宽轨枕、弹性扣件和弹簧垫板等。许多国家的铁路还采用全长淬火合金钢轨，大大提高了钢轨的耐磨性和使用寿命。

二、机 车

机车是牵引或推送车辆运行于铁路线上，且本身不装载营业载荷的车辆，俗称火车头。机车是铁路运输的基本动力，客、货列车的牵引和车站上的调车工作，都要由机车来完成。

1. 蒸汽机车

蒸汽机车是以蒸汽为原动力的机车。1829 年英国制造的“火箭”号机车，奠定了现代蒸汽机车的基本形式。后来在构造和效率方面做了不断改进，向大功率、大牵引力和高速度发展，到 20 世纪三四十年代达到高峰。蒸汽机车结构比较简单、造价低廉，但由于其热效率低、经济效益不高和排烟污染环境，已经逐步基本淘汰，被内燃机车和电力机车所取代。

2. 内燃机车

内燃机车是以内燃机为动力的机车。与蒸汽机车相比，内燃机车的热效率较高，不需要频繁加燃料，整备时间短，持续工作时间长，在一定程度上可以减少对环境的污染。

内燃机车由柴油机、传动装置、车架、车体、转向架、车钩缓冲装置、辅助装置、制动装置、控制设备、机车信号设备等部分组成，是一种自带能源的机车。目前在铁路上运行的大功率内燃机车，按其传动方式的不同有电力传动和液力传动两种。内燃机车自 1925 年在美国开始正式投入使用以来，初期因柴油机功率不大，多用于调车作业；以后有了 1 000 kW 及其以上的机车用柴油机，才制造成干线用机车。由于运营特性的优越和机车功率的增大，到了 20 世纪 50 年代内燃机车开始迅速推广开来。2018 年年底，全国铁路拥有内燃机车 8 100 多台，其中国家铁路拥有 8 000 台。货运机车型号主要有 DF_4(货),客运机车型号主要有 DF_{11}、DF_4（客），调车机车型号主要有 DF_7。近年来，和谐型 HXN3、HXN5 型内燃机车也越来越多地得到应用。DF_4 型、和谐型内燃机车如图 4-6 所示。

图 4-6　DF_4 型内燃机车及和谐型内燃机车

3. 电力机车

电力机车和蒸汽机车、内燃机车不同，它本身不带能源，而是依靠从沿线接触网上接收的电能，通过牵引电动机驱动车轮，将电能转变为机械能，使机车运行。电力机车的特点是功率大、效率高、具有较大的过载能力、运营费用低、环境污染轻微。它的不足之处是对通信干扰大、修建电气化铁道一次投资较高。SS_7 型、和谐型电力机车如图 4-7 所示。

图 4-7　SS_7 型、和谐型电力机车

电力机车由车体、车架、走行部、电气设备、控制设备、空气管路系统、车钩缓冲装置、制动装置和机车信号设备等组成。1879 年，德国西门子和哈尔斯克公司试制成功世界上第一台电力机车，最初采用直流供电制，后改为单相低频供电制。20 世纪 50 年代的大功率引燃管式整流器和 60 年代的大功率半导体整流器件问世后，工频交流电力机车得以迅速发展。这种机车功率增大，性能显著改善，适用于高速、重载、运输繁忙的干线铁路和坡度大、隧道多的山区铁路。截至 2018 年年底，我国电气化铁路里程 8.7 万 km，位居世界第一，拥有电力机车 12 900 台，主要型号有韶山系列 SS_3、SS_4、SS_6、SS_7、SS_8、SS_9，和谐型大功率机车 HXD1、HXD2、HXD3 等型号。

4. 牵引供电系统

采用电力牵引的铁路称为电气化铁道。由于电力机车本身不带动力装置，因此，在电气化铁道沿线必须设置一套完善的、不间断地向电力机车供电的设备。通常把这种设备构成的工作系统叫作牵引供电系统，如图 4-8 所示。

牵引供电系统包括牵引变电所和接触网两部分。牵引供电系统将供电部门送来的三相高压交流电，转变为适合于电力机车工作的单相高压交流电，再通过电力机车的受电弓与接触网的接触导线滑动接触，将单相交流电引入至电力机车主变压器的高压线圈，工作后的电流通过车体、轮对、轨道经由回流线回到牵引变电所。

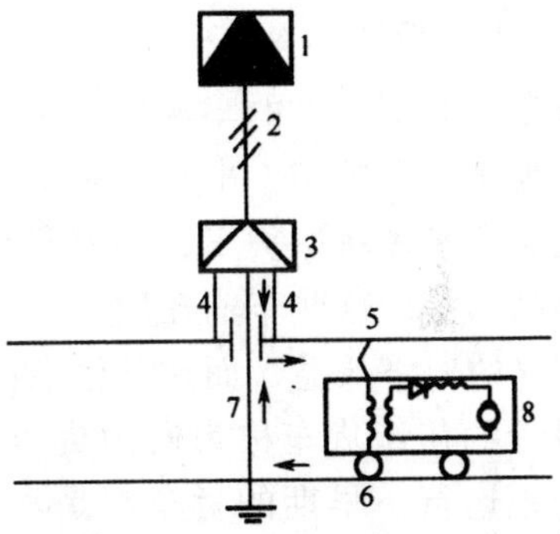

图 4-8 牵引供电系统示意图

1—区域变电所；2—三相高压输电线；3—牵引变电所；4—单相馈电线；5—接触网；6—钢轨；7—回流线；8—电力机车

三、车 辆

车辆中的客车和货车是由机车牵引运行的铁路运输的基本载运工具，由车体、走行部、车钩缓冲装置、制动装置和车辆设备 5 部分组成。

1. 客 车

客车是运送旅客和为旅客途中服务的车辆。供旅客乘坐的客车有硬座车、硬卧车、软座车、软卧车；为旅客服务的有餐车、行李车，以及特殊用途的邮政车、公务车、空调发电车等。图 4-9 所示为普通的铁路客车。

客车的构造必须保证旅客的旅途安全和具备舒适条件。早期的客车是木质的，长度小，容量不大，设备简陋，而且转向架、制动装置和车钩缓冲装置的性能也较差，行车速度不高，旅客舒适条件较差。现代的客车则有很多改进，钢骨架加外包板的全金属结构已成为各国铁路客车车体的标准结构，其材质已由普通钢发展为低合金钢、不锈钢以及铝合金。车体的内部装饰和设备采用了新的材料和结构。空气调节装置的采用日益普遍。有些国家的铁路致力于提高旅客列车运行速度，达到 250 ~ 280 km/h，这就对客车的强度、动力学性能和运行可靠性提出了更高的要求。2018 年年底，我国铁路客车总数为 7.2 万辆，其中动车组 3 256 标准组、25 776 辆。动车组速度可达 200 ~ 350 km/h。图 4-10 所示为和谐号动车组。

图 4-9 铁路客车

图 4-10 和谐号动车组

2. 货　车

货车是装运货物的车辆，且必须保证所装货物在运输途中完好无损和装卸方便。传统的货车分为棚车、敞车、平车、罐车和保温车等五大类。随着社会生产的发展，在传统的基础上又发展出多种新型货车，如家畜车、长大货物车、水泥车、粮食车、自卸漏斗车、集装箱车和毒品车等。这些车辆在用于运输某一种或数种特定货物，或者在某种条件下使用时，可获得明显的经济效益，而在其他条件下则效益不高，因而称为专用货车。按装运多种货物的要求设计的传统货车称为通用货车。该种货车应具有坚固而稳定的结构，以保证列车安全而平稳地运行。早期的货车都是木质车体的二轴车，载重量只有几吨。而现代货车有性能良好的走行部和全金属结构的车体，车上广泛使用高强度耐腐蚀低合金钢，有的还使用铝合金。近年来，货车发展的基本趋势是增加载重、减少自重、提高速度以及改进结构。据 2018 年年底统计，我国铁路各类货车共计 83.0 万辆，敞车、棚车、平车居多数，车种结构日趋合理。铁路棚车如图 4-11 所示，铁路敞车如图 4-12 所示。

图 4-11 铁路棚车

图 4-12 铁路敞车

四、通信信号设备

通信信号设备是铁路运输生产不可缺少的设备，为了保证运输安全和提高运输效率，必须设有完备的通信和信号设备。

1. 通信设备

通信设备是铁路各部门之间、各环节之间、上下级之间信息交换的媒介。铁路运输是一个点多、线长、分布地域很广的企业，运输作业分散在铁路沿线的各个站段上，为了统一调度指挥列车运行，组织运输生产，需要有一个迅速可靠、四通八达的铁路通信系统。铁路通信按沟通、交流信息的形式分为电话通信、数据通信、电视电话会议通信三大类。电话通信按传输方式分为有线通信和无线通信两种；铁路通信按用途分为长途通信、地区通信、专用通信等。随着通信技术的不断发展，各种大容量、多迂回的通信设备，光缆、电缆和微波通道已取代架空明线，站内和列车上的超短波无线通信日益普遍，计算机通信、卫星通信、TMIS、DMIS 信息系统等新技术也逐步应用于铁路运输。

2. 信号设备

信号设备是一个总称，它包括信号、联锁、闭塞，以及调度集中闭塞等部分。

（1）信号。信号是用特定物体（包括灯光）的颜色、形状、位置，或用音响设备等向铁路行车人员传达有关列车运行条件、行车设备状态以及行车的指令信息。铁路上的信号可以分为视觉信号和听觉信号两大类，如用号角、口笛、响墩发出的音响和机车、轨道车的鸣笛，都是听觉信号；如用信号机、信号旗（灯）、信号牌、火炬等显示的信号，都是视觉信号。手拿信号灯、信号旗或直接用手臂发出的信号，叫作手信号；在地面上临时设置的信号牌，叫作移动信号；而在大多数情况下，都是将信号设备（如信号机、信号表示器等）固定安装在一定的位置，这种信号叫固定信号。固定信号主要有：进站信号机、出站信号机、预告信号机、通过信号机、进路信号机、调车信号机、机车信号机等。铁路信号机按结构还可分为臂板信号机和色灯信号机。色灯信号机昼夜均用灯光显示，臂板信号机白天用臂板、夜间用灯光显示。臂板信号机现已逐渐被色灯信号机所取代。

图 4-13　铁路色灯信号机

（2）联锁。联锁设备是为了保证车站范围内行车和调车的安全，并提高车站通过能力，改善有关行车人员的劳动条件。在车站内股道很多，进路交叉复杂，指挥机车、列车运行的信号机必须同有关股道、进路之间有一定的操作顺序和制约关系，这种关系称为联锁。铁路联锁设备有两种：一种是非集中电锁器联锁，另一种是电气集中、计算机集中联锁。目前，我国绝大多数车站均采用集中联锁。

（3）闭塞。为了防止列车在运行中发生对向冲撞或顺向追尾冲撞，列车之间需要保持一定的安全空间，为此需采取各种区间闭塞方式。闭塞设备的任务，就是保证列车在区间的运行安全，并提高区间的通过能力。我国铁路基本闭塞设备有半自动闭塞、自动闭塞和自动站间闭塞3种。单线多采用半自动闭塞设备，双线多采用自动闭塞或自动站间闭塞设备。当基本闭塞不能使用时，可根据列车调度命令，使用电话闭塞法行车。

（4）调度集中。随着遥控技术的发展，在区间自动闭塞和车站集中联锁的基础上发展为调度集中。使用调度集中设备，可以在一个调度所内集中控制数百千米内或某一枢纽范围内各车站的到发线和信号机，有效地指挥行车。一些国家已将电子计算机和调度集中设备结合起来，形成行车指挥自动化系统。

五、车　站

车站是铁路运输生产的基地，是办理旅客和货物运输业务，编组和解体列车，组织列车出发、到达、交会、越行和通过等作业的铁路基层生产单位。车辆的技术检查、货运检查、机车换挂、乘务组换班、机车和客车上水等作业一般也在车站完成。因此，车站对外直接与铁路的服务对象（旅客和收发货人）发生关系，对内是铁路运输机车、车辆、线路、通信、信号、牵引供电等各部门协调配合的结合点。车站的技术设备水平和工作组织水平对整个铁路的运输安全与效率影响极大。

车站按业务性质可分为客运站、货运站和客货运站，按技术作业又可分为中间站（包括会让站、越行站）、区段站和编组站。各种不同的车站承担着不同的任务，拥有相应的技术设备。

（一）车站按业务性质分类

1. 客运站

专门或主要办理客运业务的车站，称为客运站。主要办理售票、行李包裹运送、旅客候车服务和组织上下车等客运业务，以及旅客列车的始发、终到、技术检查等行车工作和客车整备等作业。主要设备有：站房、站台、到发线等。大的客运站还设有天桥和地道。办理大量始发、终到旅客列车的客运站，还设置有供客车检修、清洗等作业用的客车整备场。

2. 货运站

专门或主要办理货运业务的车站，称为货运站。主要办理货物承运、保管、交付、装卸以及货物列车的到发、解体、编组，车辆取送等作业。主要设备有：货物列车到发线、编组线、牵出线、货物线、仓库、堆场和装卸机具等。

3. 客货运站

既办理客运业务，又办理货运业务的车站，称为客货运站。可视其业务量大小和技术作业的范围，配置相应的设备。铁路上的车站绝大多数都是客货运站。

（二）车站按技术作业分类

1. 编组站

编组站是专门办理大量货物列车的编组、解体和列车、车辆技术作业的车站。主要设备有到发线（场）、调车线（场）、驼峰、牵出线以及相关的机务段、车辆段等。

2. 区段站

区段站是设在铁路机车牵引区段分界处的车站。主要办理列车机车的换挂、技术检查以及区段摘挂列车、小运转列车的改编作业。主要设备有：到发线、调车线、牵出线、机务段、车辆检修所等。

编组站和区段站统称为技术站。

3. 中间站

位于两技术站之间的车站称为中间站。主要办理列车的接发、会让、越行以及零担摘挂列车的调车作业。主要设备有：到发线、货物线、牵出线和旅客站房、站台设备等。车站平面示意图如图 4-14 所示。

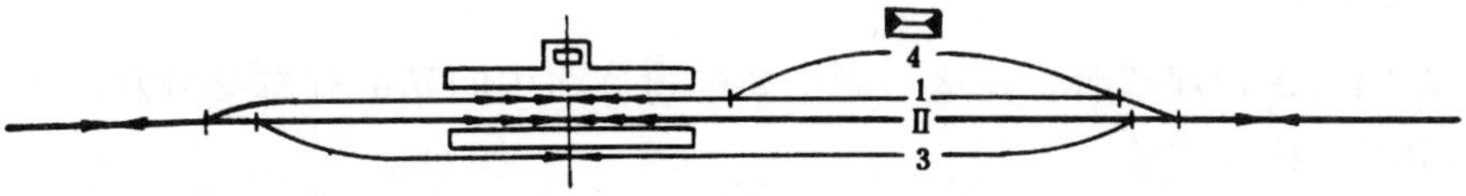

图 4-14　车站平面示意图

第三节　铁路运输的组织管理

铁路运输和其他交通运输方式一样，主要任务是运送旅客和货物，满足国民经济发展、人民群众出行和国防建设的需要。铁路运输生产过程复杂，它和公路（汽车）、水运（船舶）、航空（飞机）运输又有所不同，铁路客、货车辆本身不带动力，必须编成列车才能运行。例如，从西安西站运送一批货物至上海北郊站，要经过货物承运、装车、车辆取送、列车编解、列车技术作业和沿途各站的接发列车作业、卸车、交付等环节，要由运输、车辆、机车、工务、电务等部门各工种职工的共同参与才能完成全部运输生产过程。

一、铁路运输生产过程

（一）旅客运输生产过程

1. 始发作业

旅客上车前须购买客票，凭票托运行李，凭票进站上车。由于旅客列车车厢的数量和编组顺序是固定不变的，旅客可以按票面规定的车厢、席位对号入座。始发作业还包括旅客候车服务、客车车底调入、通过列车的技术作业等。

2. 运送途中服务

运送途中服务包括旅客列车上的服务，中转旅客在中转站的签证或购票，以及候车服务。

3. 终到作业

旅客到达目的地下车后，在终到站交票出站，托运行李的旅客还需到行包房凭票领取行李。终到作业主要是组织旅客下车、出站和客车车底调移等作业。

（二）货物运输生产过程

1. 始发作业

货物运输的始发作业包括：货主托运→铁路承运→进货、验货、检斤、保管→送空车→装车→取重车→编组列车→列车出发。

2. 运行途中作业

货物装车编入货物列车后，在运行途中要经过许多中间站的列车接发和技术站的列车到达、始发和中转的技术作业。

3. 终到作业

货物随列车到达终点站后，办理的作业包括：列车到达→列车解体→送车→卸车→保管→交付。

（三）列车分类及运行

铁路运送旅客和货物的生产过程是通过列车运行来完成的。列车运行是铁路运输生产过程不可缺少的组成部分。

1. 列车分类

（1）旅客列车。专门运送旅客的列车，分为：动车组、直达特快、特快、快速、普快、普慢和临时旅客列车、旅游列车等。

（2）行邮、行包列车。专门运送行李包裹的列车。可分为特快行邮、快速行邮和行包列车3种。

（3）军用列车。运送军队和军用物资的列车。

（4）货物列车。运送货物的列车。分为：快运货物列车、“五定”班列、始发直达、技术直达、直通、区段、摘挂、小运转列车等，如图4-15所示。

（5）路用列车。专门运送铁路自用物资的列车。

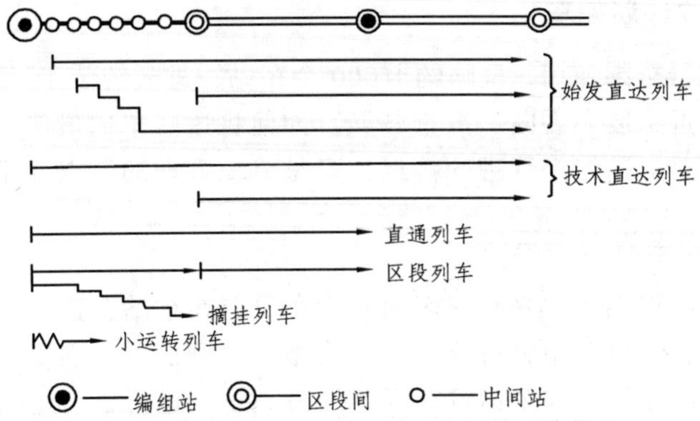

图 4-15 货物列车分类示意图

2. 列车运行途中作业

（1）接发列车作业。

（2）中转列车技术作业。

（3）到达解体列车作业。

（4）自编出发列车技术作业。

二、铁路运输组织管理

（一）铁路运输组织管理的意义

先进的技术设施和科学的组织管理是提高铁路运输能力、运输效率、服务质量和经济效益的两个基本因素。

铁路运输具有生产环节多、专业分工细、分布地域广、设备和人员流动性大的特点。只有各环节、各工种、各部门高度的协调一致，互相配合，才能安全、迅速、准确、便利、经济地实现旅客和货物运输。

铁路运输不仅需要管理好线路、机车、车辆、通信、信号、站场等各种技术设备，保证其性能良好，而且更重要的是要综合利用这些技术设备，正确协调各个生产环节、各个专业部门，形成生产力，才能提供有效的客、货运输业务服务。

因此，科学地组织管理铁路运输生产活动，对保证铁路运输安全，提高生产效率和经济效益，乃至对整个社会经济都有特别重大的意义。

（二）组织管理的特点

铁路运输与其他交通运输方式相比，在组织管理上具有以下主要特点：

1. 计划管理

各站要按计划组织装车，以保证国家重点物资运送，保证各方向、各区段通过能力负担均衡。

2. 货物列车要按计划编车

我国铁路货车实行全国通用，全路约8 000个车站，每天约装16万辆货车，发往全国各地，运送距离有远有近，装车去向、数量各异。如何将这些车辆最快、最省地编入各种不同的货物列车，既是铁路运输组织管理的特点，又是组织管理的重点和难点。

3. 按列车运行图组织列车运行

列车运行离不开两根钢轨，除双线区间，列车只能在车站会让；一趟列车运行晚点，将影响许多列车的正点；一个车站出事故，一段线路、一辆机车车辆发生故障，将影响全线列车运行。因此，列车必须按照列车运行图规定的时刻正点运行，与运输有关的各部门职工都必须按照列车运行图规定的时间安排工作，按时且质量良好地完成规定的作业，只有这样，才能保证列车运行的安全正点。

4. 统一管理，集中指挥

铁路运输生产工作需由车、机、工、电等部门的许多职工参与，必须有一个部门统一管理，集中指挥，才能步调一致，协调配合，才能保证列车运行正点。全国的铁路运输工作，由中国国家铁路集团有限公司调度指挥中心统一指挥；各铁路局（公司）管辖范围内的运输工作，由铁路局（公司）总调度室统一指挥；站段的运输工作由站段调度室统一指挥。参与铁路运输的有关部门、有关职工必须服从调度指挥。

（三）铁路运输经营管理的模式

铁路运输生产的组织管理包括两个层次的内容，一是从宏观上，即从社会和国家的角度上，加强对铁路运输的监督管理；二是从微观上，即从铁路运输本身运营的角度上，加强对运营活动的组织管理。同时，这两者又与铁路运输的性质、特点密切相关。

世界各国对铁路运输的监督管理有一个逐步演变发展的过程，其中首先是铁路运输经营方式的改变。在资本主义国家，早期的铁路运输都是由私人公司所有和经营，国家通过法律和政策，一方面给予支持和鼓励，如对铁路用地的征购、营业税收等；另一方面也加以监督和限制，如行车安全和运价的制定等。随着铁路运输业务的增长、营业里程的扩展以及公司间竞争造成的兼并加快，使得铁路运输在社会生活中的作用和影响越来越大。铁路运输公司广泛联系着亿万货主和旅客，不仅对政治经济生活，而且对人民群众的生命财产都具有最直接、最迅速的影响。可以设想，当某一铁路干线运输中断或者某次旅客列车发生重大伤亡事故时，往往就会直接妨碍千百个企业的正常生产或者造成人民生命财产的损失。在这一点上是其他任何行业所不能比拟的。铁路运输的社会性、垄断性，必然导致各国政府加强对其的监督控制，从而促成了铁路国有化的出现。

在实行铁路国有的国家中，一般在政府机构中都设有专门管理铁路运输的部门，根据铁路营业里程长短、运输业务大小及其他因素，或设立铁道部，或在交通部下面设立铁路总局（总公司），直接统一管理，集中指挥运输。

铁路国有化，一方面固然可以由国家集中提供维持和发展铁路所必需的财源，便于制定和实行长期发展规划，并在全国范围内集中统一指挥运输。但是，另一方面也并没有完全排除经营上和财政上的风险，特别是在运输市场竞争激烈的资本主义国家里，由于经营管理不善和国家财政资助有限等问题，也使得一些国营铁路出现了经济效益不高甚至长期亏损的现象。曾一度负有盛名的日本国营铁路公司，正是由于长期财政亏损被迫于 1987 年重新转为私营，改组为 6 个客运公司和 1 个货运公司。

铁路运输企业本身的组织管理，与铁路运输生产过程的特点密不可分。由于铁路运输企业是一个庞大而复杂的现代化企业，运输生产过程又是在长距离的连续空间带上进行，运输产品的形成，不仅需要各个生产环节、各个专业部门的协调配合，协同动作，而且往往还要经由或依靠若干运输管理单位的通力协作并共同完成。因此，无论是国营铁路，还是私营铁路，在运营组织管理上基本上是采用“统一管理、集中指挥”的管理模式，即由中国国家铁路集团有限公司统一管理所辖范围内的铁路，并对行车和运输业务进行集中统一的指挥。

我国铁路运输在中国国家铁路集团有限公司的集中领导和统一指挥下，有以下 4 种经营管理模式：

（1）国营铁路由铁路局（集团公司）经营管理。目前，我国国营铁路由北京、上海、哈尔滨、沈阳等 18 个铁路局（集团公司）经营管理。

（2）合资铁路由总公司经营管理。如广深铁路股份总公司、西延铁路总公司、三茂铁路总公司、北疆铁路总公司等。虽然合资铁路营业里程长达近 1 万 km，但由于布局比较分散，因此在调度指挥上，分别归属有关铁路局（集团公司）。

（3）地方铁路由各省（市）、自治区地方铁路局（公司）经营管理。根据中国国家铁路集团有限公司规定，由所在地铁路局（集团公司）统一指挥。

（4）企业专用铁路由各企业经营管理。我国许多大型工矿企业都有专用铁路，有的大型冶金企业专用铁路长达数百千米。

（四）铁路运输组织管理的运营方式

各国铁路为了适应本国社会生产发展需要和经济特征，逐步形成了不同的铁路运营特点。从列车重量、列车速度和行车密度三者的相互匹配关系，可以将各国不同的铁路运营特点归纳为以下 3 种不同的运营方式：

一种是以北美铁路为代表的列车质量大、行车密度小的运营方式，简称为长、大、重的运营组织方式，也称为以货物运输为主的运营方式。美国铁路承担的客运量很小，主要承担煤、矿石、粮食、木材等大宗货物运输，批量大，运距长。为了满足货主需求，发挥铁路运输优势，采取了不断提高列车重量、努力减少列车对数的方法，特别是大量开行重量在万吨以上的单元列车，以达到降低支出，增加运量，适应竞争的目的。

另一种是以西欧、日本为代表的列车质量小、行车速度高的运行方式，简称为短、轻、快的运营组织方式，也称为以旅客运输为主的运营方式。日本和西欧各国国土面积小，运距短，客运量较大，因此对列车采取的是短编组、小质量，以便于提高列车速度和增强铁路运输的灵活性和适应能力。日本、法国等国家还重点发展客运高速铁路。

第三种是以俄罗斯、中国为代表的列车质量大、行车密度大的运营方式（客货并重、强化能力的运营组织方式）。俄罗斯、中国是大陆国家，铁路客、货运量都很大，线路通过能力也很紧张，因而采取了列车质量和列车密度并重、适当提高速度的方针。从 20 世纪 50 年代开始，通过不断对旧线进行强化技术改造、采用内燃和电力机车、制造大型车辆、改用先进的信联闭设备和不断改善运输组织，来提高铁路综合运输能力，取得了明显的运营效果。俄罗斯、中国铁路的线路负荷水平、运输能力利用率和运输密度均居世界铁路前列。

与这些运营方式相适应，各国铁路先后出现了一些现代化的运输方式，例如，重载运输、直达运输、集装箱运输、集装化运输、快速货物运输、客运高速、城际快速、公交化、直达化旅客运输等。

第四节　城市轨道交通

一、城市轨道交通概述

城市轨道交通系统是指服务于城市旅客运输，通常以电力牵引为动力、轮轨运行方式为特征的车辆或列车与轨道等各种相关设施的总和。或者说，一般将城市中使用车辆在固定导轨上运行并主要用于城市客运的交通系统，称为城市轨道交通系统。它包括：地下铁道、轻轨铁路、单轨铁路、现代有轨电车和磁悬浮铁路等。

（一）地下铁道

地下铁道是指修建在地下隧道中的铁路。然而，现代地下铁道并不要求所有的线路必须全部修建在地下隧道内，一般都是在市区内修建地下铁道，有一些地段还可以修建高架线路，避免与地面各种交通交叉干扰和拥堵，在市区边缘和市郊也可以将铁道修建在地面上。修建在地下隧道内的地铁如图 4-16 所示。

图 4-16　地下铁道

地下铁道可分为重型地铁、轻型地铁与微型地铁 3 种类型。重型地铁就是传统的普通地铁，轨道基本采用干线铁路技术标准，线路以地下隧道和高架线为主，仅在郊区地段采用地面线路，路权专用，运能最大；轻型地铁是一种在轻轨线路、车辆等技术设备的基础上发展起来的地铁类型，路权专用，运能较大，通常采用高站台；微型地铁，又称小断面地铁，隧道断面、车辆轮径和电动机尺寸均小于普通地铁，路权专用，运能中等，行车自动化程度较高。各型地铁的共同特点是路权专用，市区内与地面交通完全隔离，以解决城市交通拥挤、堵塞和汽车尾气、噪声污染问题。

地铁已成为大城市人口稠密地区的主要客运交通方式。当今世界上，建造地下铁道是一个国家或城市经济繁荣、社会进步的象征，是现代化城市的标志，更是解决城市交通拥堵和环境污染的有效途径。目前，世界各国修建地铁线路较多的城市有：伦敦 408 km，莫斯科 275 km，东京 282 km，首尔 233 km，墨西哥城 178 km。我国修建地铁线路较多的城市有上海、北京、广州、南京、武汉、重庆、深圳、成都等城市。

（二）轻轨铁路

轻轨铁路的显著特点是：将轨道修建在街道的隔离带上，有纵向专用的交通用地，如图 4-17 所示。这种交通工具是由电力牵引的 1 ~ 3 辆车厢组成的列车。它的运载能力较大，速度较高。轻轨铁路的运营性能和运营费用介于有轨电车和地下铁道之间。与有轨电车相比，轻轨铁路对街道上的其他车辆干扰少，安全性较高，车辆容量大，噪声较低，乘车舒适度高，速度也较快。而在这些方面，轻轨铁路又不如市郊铁路和地下铁道。

我国武汉、长春等地在近年建成了新型轻轨线路，上海、天津在建成地铁以后，又修建了一些轻轨铁路。长春轻轨所使用的车辆，由湘潭电机股份有限公司生产，可载员 300 人，低地板部分离地面只有 350 mm，极大地方便了乘客上下车。

图 4-17　轻轨铁路

轻轨的含义是指车辆对轨道施加的载荷较轻，钢轨和车辆的质量与市郊铁路或地下铁道比较相对较轻。多修建在高架线上（如武汉、上海）、街道中间隔离带内（如长春），个别地带也可修在地下。根据其技术标准分为高技术标准、中技术标准和低技术标准轻轨铁路 3 种。高技术标准的轻轨接近于轻型地铁，低技术标准的轻轨接近于现代有轨电车。

（三）单轨铁路

单轨铁路是一种把单轨铺设在高架桥上的新型铁路。事实上，在一根轨上行驶火车的单轨铁路已经有相当悠久的历史。它通常分为跨座式和悬挂式两种，如图 4-18、图 4-19 所示。

跨座式是车辆“骑坐”在轨道梁上行驶；悬挂式是车辆悬挂在轨道梁下方行驶。单轨车的走行轮采用特制的橡胶车轮，以减少振动的噪声。单轨车的两侧还装有导向轮和稳定轮，控制列车转弯，保证列车运行稳定可靠。这种高速、舒适的交通工具，具有占地少、造价低、噪声小、无废气污染等优点。高架单轨结构简单，易于建造，建设工期短，它的工程建筑费用只有地下铁道建筑费用的1/3。单轨铁路在我国已开花结果，我国著名山城重庆市有2条跨座式单轨铁路已通车（2号线、3号线）。

图4-18　跨座式单轨铁路

图4-19　悬挂式单轨铁路

（四）现代有轨电车

有轨电车在20世纪初曾风光一时。旧式有轨电车行驶在道路中间，与其他车辆混合运行，又受路口红绿灯的控制，运行速度很慢，而且噪声大，加减速性能较差。20世纪50年代开始，世界上除了为数不多的一些城市外，有轨电车轨道都相继被拆除。然而，随着城市经济的繁荣，生活水平的提高，人们对生活质量要求越来越高，新一代的有轨电车又悄然兴起。现代有轨电车（见图4-20）在街道隔离带内修建专用车道，在繁忙道路交叉处，进入半地下或高架交叉，与其他车辆运行互不影响。对速度要求不高的线路，也可与道路平齐，与汽车混合运行。现代有轨电车与性能较差的轻轨交通已经很接近，只是车辆尺寸稍小些，运营速度接近20 km/h。

图4-20　现代有轨电车

近年来，美国的波士顿，澳大利亚的墨尔本，欧洲的曼彻斯特、汉诺威、罗马、斯图加特等几十个城市的街上都行驶着新一代有轨电车，它的科技含量很高，起动快，载客多，可根据客流的需求调整列车的编组，目前在欧洲一些城市中运营的这种有轨电车的速度已接近地铁水平。我国大连、长春、天津等城市也正在修建或计划修建现代有轨电车。

（五）磁悬浮铁路

磁悬浮铁路是一种新型的交通运输系统，它与轮轨方式的传统铁路截然不同。磁悬浮列车是介于轮轨高速铁路速度为 300 km/h 和航空运输速度为 1 000 km/h 之间的一种高速、安全、舒适、无公害的新一代地面交通工具。上海浦东修建了一条正式用于营业的磁悬浮铁路，全长 30 km，设计速度 500 km/h，运行速度 430 km/h。上海—杭州间拟修建磁悬浮铁路。磁悬浮列车如图 4-21 所示。

图 4-21 磁悬浮列车

磁悬浮列车主要依靠电磁力来实现传统铁路中的支承、导向、牵引和制动功能。列车在运行过程中，用电磁力将列车浮起，与轨道保持一定的距离，因而取消了轮轨直接接触的方式；采用长定子同步直流电机将电供至地面线圈，驱动列车高速行驶，从而取消了受电弓。由于避免了与轨道的直接接触，行驶速度也大大提高。世界上第一列磁悬浮列车小型模型 1969 年在德国出现，3 年后日本也研制成功。根据磁悬浮列车上电磁铁使用方式不同，磁悬浮铁路的制式分为常导磁吸式和超导磁斥式两大类。

1. 常导磁吸式

常导磁吸式利用装在车辆转向架上的常导电磁铁（悬浮电磁铁）和铺设在线路导向轨上的磁铁，在磁场作用下产生的吸引力使车辆浮起，使车体与导向轨之间保持 10 ~ 15 mm 的间隙。车辆和轨面之间的间隙与吸引力的大小成反比。为了保证这种悬浮的可靠性和列车运行的平稳性以及使直线电机有较高的功率，必须控制电磁铁中的电流，才能使磁场保持稳定的强度和悬浮力。

2. 超导磁斥式

超导磁斥式是在车辆底部安装超导磁体，在轨道两侧装有按一定规律分布排列的铝环线圈，当超导线圈接通电源时就产生强磁场。若车以一定速度前进时，该磁场就在铝环内产生感应电流，感应电流产生的磁场与车上超导磁体的磁场方向相反，两个磁场产生排斥力。速度愈大排斥力就愈大。当排斥力大于列车重量时，车辆就浮起来。可使车辆浮起 100 ~ 150 mm，并能使列车运行保持平稳。列车在低速运行或静止时，地上线圈感应电流减少，浮力减少以至浮力消失，列车便依靠辅助车轮支持在轨道上。

磁悬浮列车由于悬浮起一定高度，使车轮与钢轨脱离，故不能依靠它们之间的摩擦力产生牵引力使车辆前进，而是采用一种叫作直线电机的推进装置作为列车的牵引动力。

磁悬浮铁路与传统的轮轨黏着式铁路相比较，具有以下特点：

（1）列车运行速度高。磁悬浮实现了列车与地面轨道间的无机械接触，能从根本上克服轮轨列车黏着限制,其运行速度可达 500 km/h 以上。

（2）安全性好。磁悬浮铁路采用导轨结构，列车运行平稳，不会发生车辆脱轨和列车颠覆事故，提高了列车运行的安全性和可靠性。

（3）能耗低。磁悬浮列车属于电力驱动，与其速度相对而言，其能耗费用比较经济。磁悬浮铁路的运行单位能耗比飞机低 10%。

（4）无污染。磁悬浮列车由于采用橡胶轮支撑和悬浮运行，无噪声、无振动、无废气排放，对环境无污染。

（5）维修费用低。磁悬浮铁路的主要部件比较单一和牢固，故障少，维修费用比高速铁路和传统铁路低许多。

在实际应用时，磁悬浮列车的速度可分为普速、中速、高速几个档次。普速的磁悬浮列车的速度在 120 km/h 左右，主要用于市内公共交通；中速的磁悬浮列车的速度在 250 km/h 左右，主要用于区域性交通；高速磁悬浮列车的速度在 500 km/h 以上，主要用于远程交通。

城市轨道交通的诞生和发展已有 100 多年历史。早在 19 世纪中叶，世界上先后出现了城市地下铁道与有轨电车。1863 年 1 月，世界上第一条地下铁道在英国伦敦建成并投入运营，到 1899 年，世界上有 7 个城市修建了地下铁道。但重视和大规模修建城市轨道交通系统则是在第二次世界大战结束以后。20 世纪下半叶以来，伴随着世界范围内的城市化进程，世界各国的城市区域逐渐扩大，城市经济日益发展，城市人口也逐渐上升。由于流动人口以及道路车辆的增加，城市交通量呈急骤增长的态势，机动车辆增长尤快；城市道路的相对有限性带来了交通阻塞、车速下降、事故频繁等一系列问题。行车难、乘车难，不仅成为市民工作和生活的一个突出问题，而且制约着城市经济的发展。另外，道路上汽车排放废气、产生噪声等环境污染问题也愈来愈引起人们的重视。在这样的背景下，世界各国纷纷开始采用立体化的快速轨道交通来解决日益恶化的城市交通拥挤和安全问题，用以电力牵引为特征的城市轨道交通来解决城市环境污染问题。大城市逐步形成了目前以地下铁道为主体，多种轨道交通类型并存的现代城市轨道交通新格局。

目前，世界上修建城市轨道交通线路较多的城市有：伦敦 1 160 km，巴黎 849 km，纽约 577 km，东京 488 km，莫斯科 275 km，首尔 223 km，墨西哥城 178 km，芝加哥 173 km，旧金山 152 km。

我国城市轨道交通发展较晚，自 1965 年北京修建第一条地铁到 2018 年年底，全国已有上海、北京、广州、南京、深圳、天津、长春、成都、武汉、重庆、西安等 37 个城市开通城市轨道交通并投入运营，开通线路 171 条，运营线路长度达到 5 295.1 km。其中，地铁线路 143 条、4 726.5 km，占比 89.26%；其他制式城轨交通运营线路长度约 568.6 km，占比 10.74%。在轨道交通投入运营的城市中，上海运营线路长度 750.8 km、北京运营线路长度 638.69 km 大幅领先全国；广州、南京运营线路长度超过 400 km；武汉、重庆运营线路长度超过 300 km；成都、深圳、天津运营线路长度超过 200 km。15 个城市形成 100 km 以上线网规模，城轨交通网络化运营已逐步实现。此外，另有将近 30 个城市正在建设或规划建设城市轨道交通。在未来一段时间内，城市轨道交通发展重点是：加快轨道交通的规划建设，强化轨道交通在城市交通中的地位和作用，注重轨道交通新技术的应用，在大城市逐步实现以地面常规公交为主体向以城市轨道交通为骨干的城市交通体系过渡。预计到 2020 年全国将有超过 50 个城市开通轨道交通，轨道交通里程将超过 6 000 km。

二、城市轨道交通的特点

城市轨道交通主要是为城市区域内的居民通勤、通学、购物、观光等出行服务，解决城市交通拥挤和环境污染问题。因而在修建、运营等方面都与干线铁路有所不同，具有自身的特点和优缺点。

（一）城市轨道交通的修建特点

1. 多为地下或高架线路

城市轨道交通为了避免与地面其他交通工具发生交叉、干扰，解决城市交通拥挤问题，地铁线路多深埋或浅埋在地下隧道内，轻轨和单轨多修建成高架线路，现代有轨电车也在繁忙路口采用地下或高架线路。

我们可以设想，如果城市轨道线路修建在地面，不仅修成后不能有效解决城市交通拥堵，而且施工期间对城市交通的影响十分严重，地面建筑物需要大量拆迁。因此，城市轨道在市区大多修建在地下或采用高架线路，只有在郊区才多考虑修建在地面。

2. 路权专用

地铁、轻轨、单轨的地下线路或高架线路，磁悬浮的地面线路均需具有专用权，其他交通工具既不能进入也不允许进入该线路运行。即使现代有轨电车的大部分地面线路修建在街道中间，由于设置有隔离带，同样具有专用权，同样不准其他交通工具进入。

为什么城市轨道交通的线路要具有专用权？因为城市轨道交通的运行速度要求比其他交通工具高，而且要求安全、准时。如果没有线路专用权，而是同其他交通工具同在一条线路上运行，不仅运营速度很低，交通安全更是难以保证。

3. 站间距离短

城市轨道交通主要为城市内大量居民的出行服务，因而车站之间的距离不宜太远，也不宜过近。如果太近，列车停站频繁，其运行速度将降低；车站之间的距离过远，乘客由出发点至车站以及由车站至目的地的步行距离将增加。一般情况下，在市中心和居民密集地区，站间距离为 0.8 ~ 1.2 km；在城市边缘地区，居民密度较小，站间距离为 2.2 ~ 2.5 km。城市轨道交通车站应布置在能吸引附近主要客流的地方，靠近公共汽车站和无轨电车站，并且应设置自行车存放站，使城市轨道交通能与公共汽车等市内交通工具衔接，方便乘客换乘。

4. 自动化程度高

城市轨道交通为了保证列车安全、正点、高速运行，不仅线路、车辆（列车）、信号的设备采用现代先进技术，而且在运营管理上大量采用电子计算机技术，逐步实现了自动化。例如，车站自动售票、检票，实现票务管理自动化；列车运行自动控制，列车运行调整、调度指挥自动化等。

（二）城市轨道交通的运营特点

城市轨道交通在功能、服务对象、运行方式、建设标准上与干线铁路有所不同。城市轨道交通主要提供大能力、大众化、全天候的公交式服务；服务对象主要为城市内部的公交客流；速度目标值一般为 80 km/h 左右；行车密度要求高，高峰期 1 ~ 2 min 就要开行一趟列车；在站停留时间短，多数为 40 ~ 90 s；对运行的环境、安全保障以及自动化程度要求较高。

因此，城市轨道交通在运营中具有以下的特点：

1. 系统的联动性

现代轨道交通自动化程度相当高，高技术的发展将计算机带入了城市轨道交通的各个设备系统。在通信、信号、供电、自动售检票、环控、消防报警、车辆各个系统中，计算机均起了核心作用，相当程度上替代了机电甚至人的功能，可以无人驾驶。

要想快速、安全、准时、舒适、便利地使乘客到达目的地，就必须使列车安全、正点地按设定的列车运行图运行，并为乘客提供良好的服务。而安全运行和优质服务的基础则是城市轨道交通正常、协调地运行，从而实现系统的联动性。任何一项设备、工作环节出现问题，必然影响该系统正常运行，进而影响其他系统。

2. 时空关联性

现代城市轨道交通要求高速度、高密度的列车运行，这就要求城市轨道交通运营企业具有和一般的企业明显不同的时间和空间的概念。在其运营过程中，时间和空间的概念变得尤为重要。时间和其相对应的空间在轨道交通运营中必须相互协调，一旦失去协调，轻则造成列车运行晚点，严重时就会发生事故。

例如，某地铁检修单位接报，某区间隧道内供水管道漏水，负责检修的单位派人员在甲站登记后进入隧道检修，登记的检查区间是甲—乙站，检查时间为 6:00 ~ 6:30。该人员在甲—乙区间内检查后未发现漏水管道，出于责任心继续前往乙—丙区间内检查，直到 7:30 时才在丙站出隧道。在一般企业，该员工可能会因为责任心强而受到表扬，但在地铁企业不但不会受到表扬反而要受到批评或处分。因为由于他时空观念淡漠，晚出隧道 1 h，致使行车中断时间增加 1 h，造成列车晚点或停开，打乱了行车秩序。所以时空概念在地铁运营企业是十分重要的。

3. 调度指挥的特殊性和集中性

城市轨道交通运营系统是多专业、多工种联合运行，需要严格的高效率的统一指挥。

OCC（调度中心）就是为此而设置的。与干线铁路调度所有所不同的是，现代城市轨道交通是每一条完整交路运行的线路均设一个 OCC（调度中心）。调度中心一般设于本线路上适当的车站附近。信号系统（ATS）、供电系统（SCADA）、环控系统（FAS、BAS）、主机及显示屏均设于调度中心内。通信系统及自动售检票（AFC）系统一般也设于此。列车运行时由行车调度员、供电调度员、环控调度员分别担任行车系统、供电系统、环控系统的调度指挥。

城市轨道交通除了交路两端的起、终点站和列车中途折返站外，其他车站只设两条正线，不设站线，双线间也未设道岔，列车只能单方向追踪运行；列车运行速度基本相同，不需要也不可能发生越行和会让问题。正常情况下，现代城市轨道交通的上述 3 个自动化系统均由系统主机按调度员设定的列车运行图、供电及环控模式自动控制信号、供电及环控系统正常运行，列车也在司机的监护及必要的操作下正常行驶。同时，列车位置、列车间的间隔及是否偏离设定的运行图、供电及环控系统运行状态等运行信息均在显示屏上实时显示，调度员可随时监视、掌握列车及有关系统的运行状况。调度员还可以利用有线及无线通信系统随时和列车驾驶员，行车、供电、环控、自动售检票等系统运行值班人员通话，了解有关情况。

如果发生列车晚点、供电设备故障等一般事故，调度员人工介入转换局部运行模式，系统设备自动赶点运行或自动进行设备切换运行。一旦遇有重大事故，如列车故障停运或牵引供电设备故障停运等，则由各专业调度员按照预案或紧急抢修方案有步骤地统一指挥有关的列车驾驶员、车站行车值班员、牵引变电所值班员、环控值班人员、事故现场抢修人员等进行必要的操作，采取必要的安全措施和迅速进行抢修。在确保乘客安全的前提下，尽快恢复设备和列车的正常运行。必要时一边抢修，一边组织小交路行车，以缩小事故影响范围，疏散滞留的乘客。这一切操作的顺序及内容均须以带编号的调度命令下达指挥执行。

当然，无论是列车运行图、各设备系统正常运行模式，还是事故处理预案等文件，都是运营公司决策机构经过市场调查及服务水平的要求，阶段性地研究制定的。除极特殊的情况外，调度中心是无权改变的。

4. 管理的严格性

现代城市轨道交通的设备技术含量比 20 世纪中后期传统的设备技术有质的飞跃。信息技术的采用，使传统技术时代许多人工操作的设备被现代技术设备自动化所取代，从而在更加安全的基础上提高了效率。如列车的自动驾驶、信号设备的自动化、售检票系统的自动化以及其他设备的远程控制等。为了能够将系统的各个技术环节有机地联系起来，使得整个系统有效地运转，从而达到这个系统预期的功能，城市轨道交通运输必须实施严格的管理。

（1）严格制定各项规章制度及规范。

城市轨道交通运营企业的管理是以技术管理为基础的综合管理。首先，应制定出具有“企业宪法”性质的《技术管理规程》（简称《技规》），以规范列车运行、客运服务、检修保障三大系统的生产活动；其次，在《技规》原则的指导下，在各系统设备技术基础上制定《行车组织规则》《客运组织规则》《调度规则》《安全规则》《事故处理规则》以及设备、设施的《运行检修规则》等，以规范各系统的日常生产活动。

（2）在运营过程中严格执行各项规章制度。

对城市轨道交通运营企业而言，技术管理的核心是规章制度，它是规范人员生产活动中的行为准则，各岗位人员只有严格执行规章制度才能使得规模庞大而技术复杂的系统有序、安全、高效地运转。反之，系统运转就会受到阻碍，从而降低效率，甚至发生事故，造成严重后果。

一系列的规章制度系统地涵盖了运营系统的每一个技术角落，使得日常的运营和故障的处理均有章可循，从而保证了城市轨道交通运营这一庞大的联动运输机构的正常运行，更好地保证“城市动脉”的畅通。

5. 服务的短暂性和高频率性

城市轨道交通系统每天要面对数十万乃至数百万的乘客，并负责将他们从其出发站输送到目的地。这些乘客大多行程短、人均乘车次数多，需要在较短的时间内在轨道交通系统中汇聚和疏解，有着很强的时效性。而乘客的基本要求是在短暂的移动过程中充分享受到轨道交通所提供的优质服务。为此，城市轨道交通运营企业必须在短暂的服务过程中的每一个环节上为乘客提供优质的服务。

首先是根据市场需求和客流规律及其变化，制定不同的运行图，使运能适应运量的需求。和干线铁路客流规律不同，城市客流明显的规律是上下班时间比较固定，不定期的大型公共活动时段及双休日、节假日客流集中。城市轨道交通运营企业应据此制定不同的运行图以满足需要。

其次是在线运行的列车必须按照运行图的规定时刻，安全、准时运行，以保证乘客顺利地出行。这是列车运行系统从调度员的指挥到列车驾驶员的操作应该完成的任务。也可以说这是优质服务的一个重要环节。

再次，适宜的、乘客能接受的票价和票制也是优良服务的关键。票价是否合理是城市轨道交通能否吸引乘客的重要因素之一。如果票价很高使很多乘客放弃乘车造成运能虚糜，那就说明乘客的承受能力不足，票价需要调低以吸引更多乘客。而票价过低则有可能造成既有运能无法满足乘客要求，列车因为过于拥挤而不能保证安全、正点地运行，而短时期内又无法增加运能，此时也只能通过调高票价的手段分流乘客以保持优良的服务。当然设计和管理城市轨道交通，必须对远期（30年甚至100年）的客流需求做科学的预测并及时提前储备适当运能以适应客流的需求。

灵活多样的票制也是城市轨道交通吸引乘客的有效手段之一。城市轨道交通应该提供多种票制以满足不同乘车群体的需求。自动售检票系统（AFC）的使用大大提高了多种票制在城市轨道交通中使用的可能性及方便性。使用储值IC卡乘客可以一次购票多次使用，大大节省了购票时间；一卡通在一定程度上实现了城市公共交通“一体化”；分段计程票价制使乘客的负担更加合理；单程票可以满足零星旅客的临时乘车。同时随着城市轨道交通网络建设的不断完善，乘客的出行往往要换乘，乘客出行的起讫点遍布网络内的每一座车站，那么各种车票就应该各站通用，制式统一，否则就明显地降低了优质服务的水平。

换乘问题是城市轨道交通从单线运营发展到网络运营必须解决的问题。从规划建设城市第一条轨道交通线路开始，就应该从网络规划、运营组织的角度，特别是从乘客感受的角度来考虑换乘问题。尽量采用方便的平行换乘方式，建设列车交叉运行的同站台换乘的枢纽车站，使大量的换乘乘客能在站台层消化，既方便了乘客又省去了站厅层客流换乘的面积和设施。

车站站厅内售、检票及查询服务设施，换乘方向等均应有明显的、不间断的乘客导向和指定标志，引导乘客顺利地进站、购票、检票或换乘出站。站厅、站台、列车内明显处还应有安全标示及本线线路图（图中应标明本站位置及换乘站、线）、城市轨道交通网络图、票价表、车站平面布置图乃至计算机查询系统等。在站台及列车上设置候车乘客视线可及的电子行车预告显示，及时预告后续列车及列车前方到站等信息，做到自助乘车旅行，乘兴而来，满意而去。当然不能忘记特殊的乘客群体：老人、儿童、残疾人等乘客的特殊服务设施，必要时还有服务人员温馨的指引和服务。

总之，城市轨道交通乘客的购票、候车、乘车的时间是短暂的，必须通过各种优质服务，保证乘客出行安全、准时、快捷、舒适，实现“安全第一，乘客至上”的宗旨。

（三）城市轨道交通的优缺点

与城市其他交通方式相比较，城市轨道交通具有以下优点：

（1）速度快。一般地铁线路最高运行速度为 80 km/h，旅行速度为 30 ~ 40 km/h。快速线路运行速度为 100 ~ 120 km/h，旅行速度可达 60 ~ 70 km/h。因此，能适应市内短途客流的需要。

（2）运量大。轨道交通的单向小时断面流量为 3 万 ~ 7 万人次，日客流量为数十万到百万人次以上。因此，在客运繁忙而地面交通又难以解决的客运走廊，修建地下或高架轨道交通是适宜的。它可以吸引大批乘客，减轻其他交通方式的压力，从而使地面道路交通更加畅通。

（3）安全。现代轨道交通一般采用封闭线路的专用通道运行方式，无其他车辆和行人干扰，发生交通事故的概率很低。运行系统车辆设备均有自动化的保护措施，安全性能好又不受气候等因素影响，故障率低。因此轨道交通事故率较其他交通方式大大降低。

（4）正点率高。现代城市轨道交通的列车一般是按事先安排好的运行图运行，效率比较高，列车的正点率一般均在 99% 以上。乘客可以准确计算在途时间，确保出行计划，因而广受乘客欢迎。

（5）服务好。城市轨道交通为乘客提供全过程的优良服务。除列车速度快、时间短、安全正点外，购票、检票、换乘、出站均提供一系列自动化服务，候车、乘车环境优美清洁，使乘车过程成为一种享受。

（6）污染少。现代城市轨道交通主要以电力作为其动力能源，和汽车相比消除了尾气排放，空气污染较少。

当然，我们也应该看到，城市轨道交通在建设和运营中也存在一定的问题，主要表现在以下几个方面：

1. 城市轨道交通的建设费用巨大

轨道交通是一项规模大、造价高、技术复杂的系统工程，工程投资动辄几十亿甚至上百亿。20 世纪 90 年代以来，我国城市轨道交通建设的成本始终居高不下，以北京、上海、广州在2000年左右建成的4条地铁线为例，综合平均造价高达5.32亿元/km，而20世纪90年代新加坡建成的3条城市轨道交通线，综合平均造价只有0.4亿美元/km，折合人民币3.32亿元/km，也就是说我国许多城市地铁建设的成本大大超过国外同类城市。

2. 城市轨道交通的建设难度大、工序多、工期长

为了避免与其他交通方式产生平面交叉，提高其安全性，城市轨道交通常常采用“上天入地”的修建方式。所以，建设难度很大，建设周期长，单线建设周期要4～5年，线网建设一般要30～50年。仍以地铁为例：地下铁道的修建方式有浅隧和深隧两种。浅层隧道一般距地面10～12 m，其结构比较简单，建设时沿街道开挖，将铁道埋设在街道下面；隧道断面多为矩形，修建双线时，中间用柱或墙隔离。浅层隧道的优点是乘客出入车站方便，无须设置升降设备，隧道及车站内通风比较容易；其缺点是地下铁道必须按照街道走向定线，施工时必须大量迁移地下管线设施，还需加固沿街建筑物的基础。深层隧道一般距地面25 m及其以上，施工时使用暗挖法修建隧道，开始先下沉竖井至设计高程，再向水平方向掘进，与相邻的竖井相沟通。深层隧道的优点是可以根据客流方向，按最短线路定线；施工时无须改变地下管线设施；隧道大多埋在城市建筑物的基础深度以下，因此可以保证建筑物基础稳固；可以选择有利的土质条件和水文地质条件的地点，使隧道从这些地点通过。深层隧道的缺点是：乘客出入车站的距离较长，必须安装电梯或升降机以便乘客出入车站，相应增加了工程费用和运营成本；施工复杂，施工难度较大，通风系统复杂等。

3. 城市轨道交通的运营成本较大

城市轨道交通的票价受政府约束和广大市民经济承受能力的双重限制，特别是在客流成长期，其客票收入一般不抵运营成本而形成亏损。据有关资料介绍，除香港地铁稍有赢利外，世界各国的地铁均处于亏损状态。因此，国际通行的做法是由当地政府对企业的亏损给予行政补贴，而考核企业的重要指标则是客运量。

三、城市轨道交通运营设备

城市轨道交通的设备大致分属以下三大系统：

（1）列车运行系统：包括隧道、车站、站台、线路、车辆、牵引供电、信号、通信、控制中心等。

（2）客运服务系统：包括车站及其照明、售检票及计算中心、导向及预告措施、消防、环控、自动扶梯、电梯等。

（3）检修保障系统：包括为保障上述设备性能良好，能随时启动重新投入运行而具备的检修手段及检修能力等。

城市轨道交通每天要办理大量的行车作业与客运作业。为此，根据城市轨道交通的运营

功能和客流量的不同，城市轨道交通应设置各种不同种类和容量的技术设备。城市轨道交通运营设备主要有：

1. 线　路

城市轨道交通线路包括正线、折返线和存车线。考虑到轨道交通线路的行车特点，同时为了降低工程投资，车站一般不设置配线。只在线路的终点站以及部分中间站上设置折返线和存车线。

2. 信号与通信设备

为保证行车作业安全和提高行车作业效率，在有道岔的车站上设置道岔防护信号机，在有折返线的车站设置调车信号机，以及在有道岔的车站设置具有自动排列进路和进路逐段解锁功能的微机联锁设备等。行车值班员可在控制台上对车站信联闭设备进行控制和监视。车站的通信设备包括调度电话、站间闭塞电话、行车自动电话、列车无线电话和广播设备等。地铁线路与信号设备如图 4-22 所示。

图 4-22　地铁线路与信号设备

3. 站　台

站台主要供列车停靠和乘客候车、上下车使用。站台按形式不同，有岛式站台、侧式站台、混合式站台和纵列式站台等形式，如图 4-23 所示。站台宽度由形式、楼梯位置、高峰客流量和行车间隔时间等因素决定，岛式站台宽度一般为 10 ~ 15 m，侧式站台宽度一般为 4 ~ 6 m。近些年来，为了保证站台乘车安全、改善候车环境、降低车站空调能耗，许多车站还在站台上设置了屏蔽门，如图 4-24 所示。

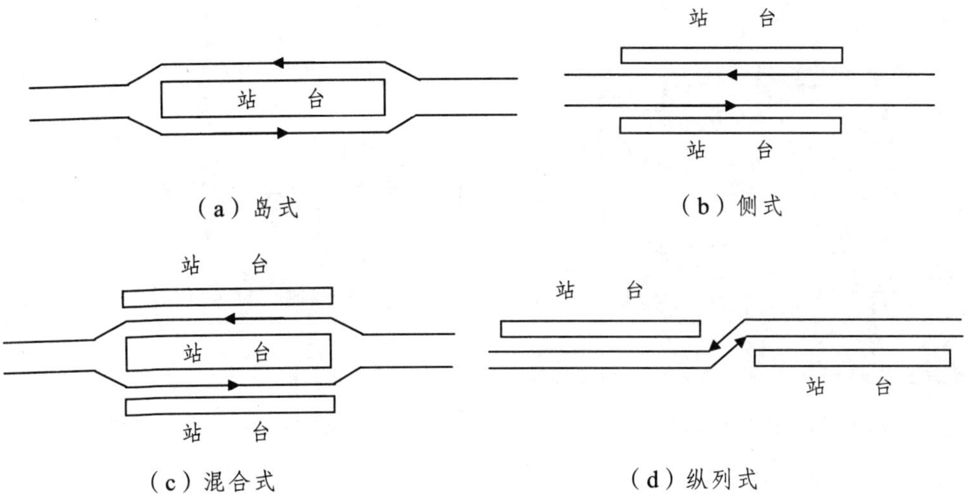

图 4-23　车站站台形式示意图

4. 站厅、通道和升降设备

站厅是乘客进出车站的咽喉，其规模的大小应与集散客流量匹配，其位置的选择应便利乘客进出站。此外，站厅一般还应有售检票、车站管理及小卖部等用房。通道把站台、站厅和出入口连接起来，通道一般有斜坡式和阶梯式两种。地下或高架车站还需设置楼梯和自动扶梯。站厅、通道如图 4-25 所示。

图 4-24 地铁站台及屏蔽门

图 4-25 站厅、通道

5. 售检票设备

轨道交通的售检票方式有人工售检票和计算机集中控制的自动售检票两种方式。自动售检票方式具有能缓解乘客进出站拥挤情况，推行吸引客流的计程、计时票价，以及统计客流信息，加强财务管理和杜绝无票乘车等优点。一般而言，自动售检票设备由自动售票机、半自动售票机、纸（硬）币兑换机、自动检票口和控制计算机等组成。从技术类型上分，自动售检票设备目前主要有磁卡自动售检票系统、接触式 IC 卡自动售检票系统和非接触式 IC 卡自动售检票系统 3 种。图 4-26 为自动售票机，图 4-27 为自动检票机。

图 4-26 自动售票机

图 4-27 自动检票机

6. 作业或设备用房

车站作业或设备用房主要分为行车、客运作业用房，车站管理用房和各种设备用房 3 类。行车、客运作业用房包括：行车值班室、售票处、广播室、问询处和站台休息室等；车站管理用房包括：车站控制室、站长室和仓库等；各种设备用房包括：牵引、变电、配电、环控和防灾报警等设备的用房。

四、城市轨道交通运营组织

城市轨道交通运营过程包括：客流预测与分析、制定运输计划、编制列车运行图、列车运行、车站组织等环节。

（一）客流预测与分析

城市轨道交通的客流是指单位时间内，线路上乘客流动人数和流动方向的总称。

轨道交通系统的客流是规划轨道交通网络、安排工程项目建设顺序、设计车站规模和选择车站设备容量的依据，也是轨道交通系统合理安排运力、编制运输计划、组织行车和分析运营效果的基础。

1. 客流预测

客流预测一般有以下几种模式：一是采用城市交通规划中的“四阶段”预测模式，分析和预测城市道路网和轨道交通系统的客流量；二是运用趋势外推的方法预测未来新建轨道交通线路的客流量；三是以车站确定的吸引区域来计算各站点、断面、线路的客流量。

轨道交通系统的客流预测结果应包括：站间方向别到发客流量，全日和高峰小时的客流量，总客流量，各站乘降量，全日客流的时段和断面分布，以及总客流量占全市总运量比重等。

2. 客流调查

轨道交通系统的客流是动态变化的，但这种动态变化是有规律的，可以在实践中了解它、掌握它，并根据客流的动态变化，及时配备与之相适应的运输能力，给乘客提供良好的公共交通服务。在轨道交通系统的运营过程中，要掌握客流在时间、空间上的动态变化规律，必须经常进行各种形式的客流调查。

轨道交通系统的客流调查可以根据不同的情况和需要，采取全面客流调查、乘客构成情况抽样调查、断面客流目测调查和节假日客流调查等方法进行。

3. 客流分析

在轨道交通系统运营过程中，对客流动态实行经常的监督和系统的分析，掌握客流现状与客流变化规律是轨道交通系统行车组织工作和客运组织工作得以顺利进行的前提。

（二）运输计划

运输计划是轨道交通系统运营组织的基础工作之一。从社会服务效益看，轨道交通系统应充分发挥运量大和服务有规律的特点，安全、迅速、正点和舒适地运送旅客。从企业经济效益看，轨道交通系统的运营应实现高效率和低成本。为了达到这个目标，轨道交通系统的运输组织必须以运输计划作为基础，即根据客流的特点，合理编制运输计划，合理调度指挥列车运行，实现计划运输。

1. 客流计划

客流计划是对运输计划期间轨道交通线路客流的规划。它是全日行车计划、车辆配备计划和列车交路计划编制的基础。在新线投入运营的情况下，客流计划根据客流预测资料进行编制；在既有运营线路的情况下，客流计划根据客流统计资料和客流调查资料进行编制。客流计划的主要内容包括站间到发客流量，各站方向别上下车人数，全日、高峰小时和低谷小时的断面客流量，全日分时最大断面客流量等。

2. 全日行车计划

全日行车计划是营业时间内各个小时开行的列车对数计划，它规定了轨道交通线路的日常作业任务，是科学地组织运送乘客的办法。它又是编制列车运行图，计算运营工作量和确定车辆配备数的基础资料。全日行车计划是根据营业时间内各个小时的最大断面客流量，列车定员人数和车辆满载率，以及希望达到的服务水平综合考虑编制的。

3. 车辆配备计划

车辆配备计划是为完成全日行车计划而制定的车辆保有数安排计划。

车辆配备计划推算运用车辆数、在修车辆数和备用车辆数，确定在一定类型的设备和行车组织方法条件下，为完成一定的运输任务而必须保有的车辆数。

4. 列车交路计划

在轨道交通线路的各个区段客流量不均衡的情况下，合理地安排列车交路是编制运输计划的一个重要部分。列车交路计划规定了列车的运行区段、折返车站和按不同列车交路运行的列车对数。

合理的列车交路能提高列车和车辆运用效率，降低运营成本，给予乘客较大的方便。因此，采用不同列车交路相结合的列车运行方式，能使行车组织做到经济合理。

列车交路可分为长交路、短交路和长短交路3种。长交路是指列车在线路上全线运行；短交路是指列车在线路的某一区段内运行，在指定的车站上折返；长短交路是指线路上两种交路并存的列车运行。

5. 列车折返方式

列车运行到终点站或中间折返站需要进行折返作业。列车折返方式根据折返线的布置不同，分为站前折返和站后折返两种方式。

（1）站前折返（见图4-28）。站前折返方式是列车经由站前渡线折返。图4-28（a）所示是列车在终点站经由站前渡线折返，图4-28（b）所示是短交路运行时列车在中间站经由站前渡线折返。采用站前折返方式的优点是：列车空车走行少，折返时间较短；上下车乘客能同时上下车，可以缩短停站时间；站线和折返线相结合，能节省投资费用。站前折返的缺点是出发列车与到达列车存在进路交叉，影响行车安全；上下车乘客同时上下车，在客流量大的情况下，站台秩序会受到影响。

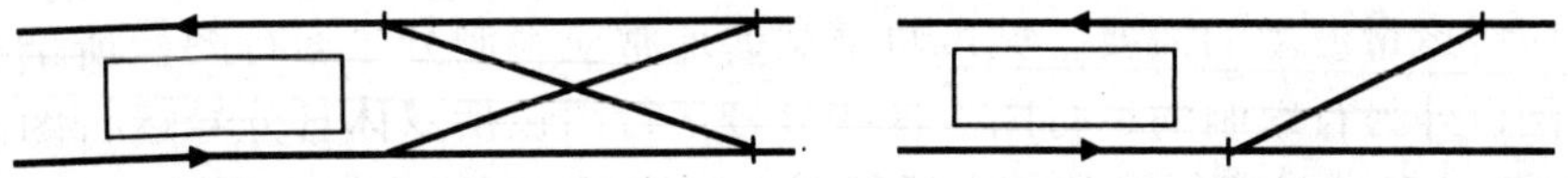

（a）（b）

图 4-28 站前折返方式时的折返线布置

列车到发作业产生交叉干扰的条件是进路有交叉，并且占用进路的时间相同，两个条件必须同时具备才构成真正的进路交叉。在行车密度很大的情况下，采用站前折返方式，要完全消除到发列车的交叉干扰难度很大。

（2）站后折返（见图 4-29）。图 4-29（a）所示是列车经由站后环形线折返，图 4-29（b）所示是列车经由站后渡线折返，常作为列车在中间站进行中途折返使用。图 4-29（c）所示是列车经由站后尽端折返线折返。

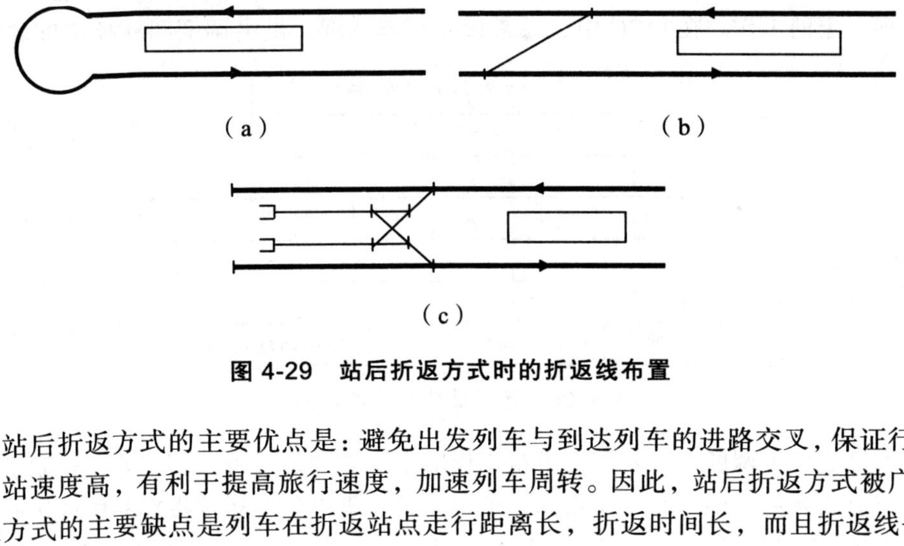

（a）（b）（c）

图 4-29 站后折返方式时的折返线布置

采用站后折返方式的主要优点是：避免出发列车与到达列车的进路交叉，保证行车安全；列车进出站速度高，有利于提高旅行速度，加速列车周转。因此，站后折返方式被广泛采用。站后折返方式的主要缺点是列车在折返站点走行距离长，折返时间长，而且折返线一般较站前折返线长，投资增加。

环形线折返设备能保证最大的通过能力，节约运营成本。但它也存在一些缺点，如由于列车在小半径曲线上运行造成单侧钢轨磨耗；折返线不能停放检修列车和难以进一步延长；若用明挖法施工增大了开挖范围等。所以在线路的终点站常采用尽端线折返设备。采用尽端线折返设备，列车既可以折返，也可以临时停留检修车辆。

（三）列车运行图

城市轨道交通列车运行图是行车组织工作的基础。与行车有关的部门都应该根据列车运行图规定的列车对数、到发时间、编组辆数等安排本部门工作，确保列车按图安全正点行车。

一般采用 1 分格或 2 分格运行图，其运行图特征一般为双线成对平行追踪运行图，即列车运行速度相同，运行线为平行线，无快慢之分，无越行现象，比干线铁路运行图简单，容易铺画。但是，行车密度大，列车运行间隔时间短，一般为 4 ~ 5 min，高峰期为 2 ~ 3 min。中间站停车时间短，一般为 30 ~ 90 s，最多不超过 2 min。

为了适应客运量波动的需要，城市轨道交通通常应编制分号运行图。所谓分号运行图是在基本运行图以外另行编制的运行图。这些分号运行图包括双休日分号运行图、节假日分号运行图等。如双休日分号运行图和基本运行图在客流量、高峰小时出现的时间上都有所不同。

列车运行图的编制步骤和方法与干线铁路相同，这里不再详述。

（四）列车运行调度指挥

1. 运输调度指挥系统

运输调度是轨道交通系统日常运输工作的指挥中枢，凡是与运输有关的各部门、各工种都必须在运输调度的统一指挥下，进行日常生产活动。

在日常运输工作中，为统一指挥、有序组织运输生产活动，轨道交通系统设立 OCC（调度中心），OCC 组成如图 4-30 所示。为对复杂的运输生产活动进行全面的指挥和监督，OCC 中实行分工管理原则，将整个运输生产活动按业务性质划分为若干部分，设置不同的调度工种分别管理一定的工作。在 OCC 中，通常设有行车调度、供电调度和环控调度等调度工种。

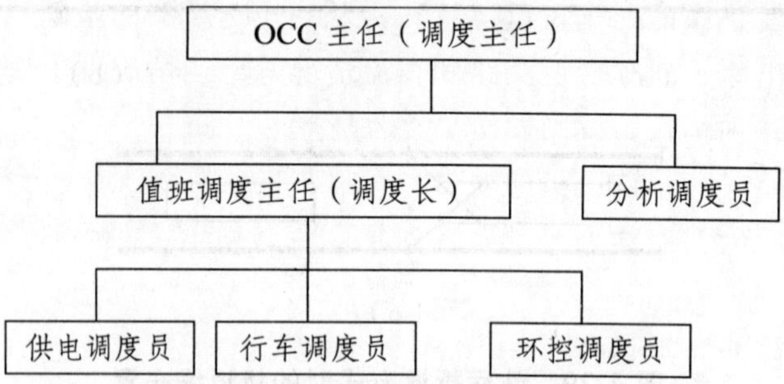

图 4-30　运输调度生产组织系统

值班调度主任（调度长）是调度班组工作的组织者和领导者，其主要工作职责是传达、贯彻和执行上级有关文件、命令及指示，负责完成本班组各项运输指标，主持接班会、布置有关注意事项，检查安全生产情况，掌握列车运行图执行情况，负责施工和救援工作的把关，主持事故分析会等。

2. 行车调度控制方式

轨道交通系统的行车调度控制方式主要有调度集中和行车指挥自动化两种。车站控制是在特殊情况下采用的辅助方式。

（1）调度集中。行车调度员通过操纵控制台上的按钮，集中控制管辖线路上的信号和道岔，直接办理各车站的接发车进路，指挥列车运行。行车调度员通过区间和车站线路表示盘，可以方便快捷地掌握线路上列车运行和分布情况，区间和站内线路占用情况，各种信号机的显示状态和道岔开通位置等。

（2）行车指挥自动化。行车指挥自动化是在调度集中的基础上，由列车自动监控（ATS）、列车自动保护（ATP）和列车自动运行（ATO）3 个子系统构成列车自动控制系统（ATC）。ATC 系统具有列车运行自动化和行车指挥自动化功能。在 ATC 子系统因故不能使用时，改为调度集中控制。

ATC 子系统的主要自动功能是跟踪正线列车运行，显示列车车次；根据储存的基本运行图或调整过的计划运行图，行车调度员可用人机对话方式生成当前使用的运行图；自动排列列车进路；自动进行列车运行调整；自动绘制实绩列车运行图和生成各种运行报告。

（3）接发列车工作。在实行行车指挥自动化的情况下，调度中心的计算机系统能根据计划列车运行图及列车运行实际情况，自动办理与实时控制车站上的列车接发工作，即与接发列车有关的进路办理和信号开放工作均能由计算机控制完成。在调度集中控制的情况下，由列车调度员直接指挥车站上的列车接发工作，列车调度员可在调度控制台上操纵车站的道岔和信号机。因此，在上述两种设备条件与控制条件方式时，车站行车值班员的职责是在车站控制台上监视进路办理、信号开放是否正确，列车状态是否正常。

3. 列车运行调整方法

组织列车正点始发是保证列车正点运行和实现列车运行图的基础。对始发列车，行车调度员应具体掌握列车出库、列车折返交路和客流情况等，当情况发生变化时，应精心组织，以保证列车正点发车，列车在始发站发车早点不应超过 1 min。

在列车运行晚点时，行车调度员应根据列车运行的实际情况，按规定的列车等级顺序进行调整。列车等级顺序为：专运列车、旅客列车、调试列车、回空列车、其他列车。在抢险救灾的情况下，优先放行救援列车。列车运行调整应注意列车运行安全，必须在保证行车安全的前提下，使列车恢复正点运行。

4. 特殊情况下列车运行组织

在采用 ATC 情况下，由 ATS 子系统完成列车运行的控制任务，行车调度员只起监控作用；列车根据 ATP 子系统提供的信息，由 ATO 子系统自动驾驶运行。

在 ATC 系统发生故障时，行车指挥方法和列车运行控制方式改变如下：

（1）ATS 子系统发生故障，改为调度集中控制，由行车调度员人工控制全线的信号与道岔、办理列车进路和调整运行秩序。

（2）ATP 地面设备发生故障，因 ATO 车载设备接收不到限速命令，无法按自动闭塞法行车。此时，如果只是小范围的设备故障，可由行车调度员确认故障区间空闲后，向司机发布命令，列车在故障区间限速运行；如果是大范围的设备故障，须停止使用自动闭塞法，改为车站控制，实行电话闭塞法行车。

（3）ATP 车载设备发生故障，因故障列车无法接收限速命令，该列车司机应按调度命令，人工驾驶限速运行。

（4）ATP 子系统和车站通信设备同时发生故障，采用时间间隔法行车。

（5）ATO 子系统发生故障，列车改为人工驾驶，在 ATP 车载设备的监护下，按车内速度信号显示运行。

第五节　城际轨道交通

一、城际轨道交通的概念

城际轨道交通在国外又称区域性轨道交通系统，指的是经济发达、人口稠密地区城市间便捷、快速、大运量且衔接合理的公交化客运轨道交通。城际轨道交通有别于城市轨道交通，它突破了一个城市的行政区划，可跨越省市。与干线铁路相比，城际轨道交通的跨度较小，采用“高密度、小编组、公交化”的运输组织模式；客流结构以“一日交流圈”内相对固定的通勤、通学、商务、公务、休闲、旅游客流为主，距离一般不超过 400 km，一次出行一般不超过 2 h 就可到达，当日可以返回。例如，北京—天津城际铁路全长 115 km，速度 300 km/h，30 min 即可到达；广州—深圳准高速铁路，全长 147 km，速度 200 km/h，50 min 到达。

城际轨道交通主要是在城市与城市之间的轨道交通形式，属于轨道交通的一个新兴类别。城际轨道交通介于干线铁路和城市轨道交通之间，较好地解决了经济发达、人口稠密地区的多个城市之间的交通问题，还可以解决城市空间发展问题。城际轨道交通由于建设成本比较低廉，建设费用可以由多个城市共同解决，可以利用现有的轨道线路等多种有利条件，今后将会成为我国经济发达地区城市群交通发展的首选方式。

二、城际轨道交通在区域交通体系中的作用

（1）改变区域交通结构，以节能、环保的轨道交通替代大巴、小汽车。

（2）完善交通供给，为核心地区中距离、中高收入人群出行提供快速、便捷舒适的交通工具。

（3）构筑区域公共交通体系的骨干系统。

（4）引导区域空间结构调整与优化——连接区域重要的产业与服务中心，培育新兴的区域职能中心。

（5）整合区域综合交通运输系统——连接空港、铁路港和城市交通枢纽。

三、城际轨道交通运输的主要特征

（1）出行距离：150 ~ 300 km。

（2）旅行速度：100 ~ 300 km/h，高于大巴，不低于小汽车。

（3）出行时间：1 ~ 2 h。

（4）便捷程度：直接联系区域最重要的功能地区，最低限度、最短距离地换乘。

（5）安全舒适性：比大巴、小汽车安全舒适，可以在旅行中安静地办公、休息。

四、我国城际轨道交通的发展概况

我国城际轨道交通建设已列入《中长期铁路网规划》，长三角、珠三角、京津冀环渤海地区城际轨道交通线在近年内相继开工建设。根据规划，我国将在未来 10 年内完成基本网络建设，30 ~ 50 年内完成远景网络建设。我国的城际轨道交通网络划分为 3 个层次，即城际干线（速度 200 ~ 300 km/h）、次干线（速度 160 ~ 200 km/h）和支线（速度 100 ~ 140 km/h）。

1. 环渤海京津冀地区城际客运系统

环渤海京津冀地区城际客运系统是指以北京为中心，以京津为主轴，以石家庄、秦皇岛为两翼的城际轨道交通网络。该网络覆盖京津冀地区的主要城市，基本形成以北京、天津为中心的“两小时交通圈”，主要包括北京—天津—塘沽城际轨道交通线，全长 160 km；北京—石家庄城际轨道交通线，全长 263 km；北京—唐山—秦皇岛城际轨道交通线，全长 287 km。到 2020 年，京津冀地区城际轨道交通总里程将达到 710 km。

京津城际轨道交通工程是《中长期铁路网规划》中的一条重要快速通道，也是环渤海地区城际轨道交通网的重要组成部分。该项目的建设，可以大大缩短两城市间的时空距离，形成京津间便捷快速的客运通道，为区域间资源共享和优势互补，加速京津地区一体化进程，促进环渤海地区经济快速、协调发展，提供良好的运输条件。

京津城际轨道交通工程由北京南站东端引出，沿既有京山铁路线南侧向东，经过亦庄工业园区、永乐新城至天津杨村后，再沿既有京山线北侧至天津站，营业里程全长 115 km。项目建设总投资 123.4 亿元，由中国国家铁路集团有限公司、天津市和北京市共同出资建设。

此线已于 2008 年 8 月北京奥运会前投入运营，最小行车间隔为 3 min，北京、天津间全程直达运行时间为 30 min。京津城际轨道交通走向示意图如图 4-31 所示。

图 4-31　京津城际轨道交通走向示意图

2. 长江三角洲地区城际客运系统

长三角城际轨道交通初步规划为，到 2020 年，长三角地区将建 5 条城际轨道交通线，总里程达 815 km，形成以上海、南京和杭州为中心的“1 ~ 2 h 快速交通圈”。

将建设的 5 条城际轨道是：南京—镇江—常州—无锡—苏州—上海城际轨道交通线，全长 295 km；上海—嘉兴—杭州城际轨道交通线，全长 160 km；杭州—绍兴—宁波城际轨道交通线，全长158 km；常州—江阴—常熟—苏州城际轨道交通线，全长124 km；苏州—嘉兴城际轨道交通线，全长78 km。

以5条城际轨道为基础，建设宁启（南京—启东）、海门—崇明—上海过江线、靖江—江阴—张家港—常熟—苏州—嘉兴—绍兴等构成的次干线；湖州—嘉兴、无锡—宜兴、常熟—太仓—上海、常州—江阴、杭州—黄山等构成的支线。由此编织的长三角城际轨道交通远景网络，全长达2 000 km，系统建成后，将有力地推动长三角地区经济社会的快速协调发展。

长三角城际轨道交通网建成后，铁路运输分工将更加合理和细化，实行客货分线。长三角城际轨道交通将全部是快速客运专线，主要开行江浙沪地区城市密集地区城际间的中短途快速旅客列车，兼顾借道开行的跨区域长途快速旅客列车；既有的沪宁、沪杭、杭甬线将以货车为主，同时开行少量的普速中长途直通客车。

长三角城际轨道交通列车速度在为250～300 km/h，并真正实现公交化运行，将推出小编组、高密度公交化列车，尤其是高峰时段密集到发。因此沪宁杭城际列车设计列车编组为初期6～8辆，远期12辆，列车运行最短间隔为3 min。沪宁城际直达列车旅行时分80 min，大站停列车旅行时分96 min；沪杭城际直达列车旅行时分 45 min，站站停列车旅行时分60 min以内，将大大缩短沿线城市间的时空距离。

3. 珠江三角洲地区城际客运系统

珠三角城际快速轨道网“A”字形主骨架，由广深、广珠两条主轴和小榄至虎门联络线组成，其广州始发点就在新广州客站，广州—惠州、广州—肇庆、广州—江门为发展轴，与港澳相衔接，形成放射与环状相结合的珠三角城际轨道交通线网架构，全长600 km。到2020年该系统建成后，包括港澳在内的大珠三角9个城市，可以在1 h内互相通达，形成真正意义上的“1 h商业圈”。

复习思考题

1. 铁路运输具有哪些优缺点？其适用范围如何？
2. 铁路运输的基本设备有哪些？铁路线路由哪些部分组成？
3. 我国铁路目前使用的机车主要有哪几种？主要有哪些型号？
4. 铁路客、货车辆如何分类？铁路信号、联锁、闭塞设备如何分类？
5. 铁路车站按业务性质可分为哪几种？按技术作业可分为哪几种？绘出单线中间站示意图。
6. 列车如何分类？绘图说明货物列车分类。
7. 简述铁路旅客和货物运输的生产过程。我国铁路运输有哪几种经营管理模式？
8. 简述铁路运输组织管理的特点。
9. 城市轨道交通分为哪几种？轻轨、单轨有何主要特征？
10. 深、浅层地铁各有何优缺点？
11. 城际轨道交通的概念、作用和特征是什么？

第五章　公 路 运 输

第一节　公路运输的特点

公路运输的含义有广义与狭义之分。从广义上来说，公路运输是指载运工具（人力车、畜力车、拖拉机、汽车等）利用公路实现旅客或货物的空间位移的过程。从狭义上来说，由于汽车已成为现代公路运输的主要运载工具，因此，现代公路运输即指汽车运输。

一、公路运输的优点

1. 机动灵活，适应性强

我国的公路运输里程比铁路、水路大二十几倍，且分布很广，几乎村村通公路，车辆可以“无处不到、无时不有”。公路运输车辆可随时调度、装运，各环节之间的衔接时间较短。尤其是公路运输对客、货运量的多少具有很强的适应性，汽车的载质量有小（0.25 ~ 1 t）、有大（200 ~ 300 t），既可以单车独立运输，也可以由若干车辆组成的车队同时运输。

2. 可实现“门到门”直达运输

由于汽车体积较小，可以进入市区、场库，中途一般不需要换装，除了可沿分布较广的路网运行外，还可离开路网深入到工矿企业、农村田间、城市居民住宅等地，实现“门到门”运输，这是其他运输方式无法与公路运输相比的。因此，在中、短途客货运输中，公路运输的在途时间较短，送达速度较高。

3. 投资回收期短

公路运输与铁路、水路、航空运输方式相比，所需固定设施简单，车辆购置费用一般比较低，因此，公路运输企业投资兴办容易，投资回收期短。

4. 车辆驾驶技术比较容易掌握

飞机、火车比汽车的构造复杂，飞行或运行速度较高，载质量较大，从火车司机或飞机驾驶员的培训来看，汽车驾驶技术比较容易掌握，对驾驶员各方面的素质要求相对较低。

二、公路运输的缺点

1. 载质量较小，运输成本较高

世界上最大的汽车是美国通用汽车公司生产的矿用自卸车，长 20 多 m，载质量 350 t 左右，但其载质量仍比铁路万吨列车、远洋数十万吨的轮船小得多。由于汽车载质量小，行驶阻力比铁路大 9～14 倍，所消耗的燃料又是价格较高的汽油和柴油，因此，除航空运输外，汽车的运输成本最高。

2. 运距较短，持续性较差

据有关统计资料表明，在各种现代运输方式中，公路的平均运距是最短的，运行持续性较差。

3. 安全性较低，污染环境较大

公路运输的事故发生率较高。据记载，自汽车诞生以来，汽车已经吞噬掉 3 000 多万人的生命，特别是 20 世纪 90 年代开始，死于汽车交通事故的人数急剧增加，平均每年达 50 多万人。这个数字超过艾滋病、战争和结核病每年的死亡人数。汽车所排放的尾气和引起的噪声也严重威胁着人类的健康，是大城市环境污染的最大污染源。

三、公路运输的适用范围

根据公路运输的优缺点，公路运输主要适用于短距离、小批量的旅客和货物运输；适用于铁路、水路运输欠发达地区作为干支线衔接、集疏运输。高速公路还适于鲜活易腐和高附加值货物 1 000 km 距离内的中、长途运输。

第二节　公路运输的基本设备

一、公路线路

（一）公路的构成

公路是一种线形工程构造物，主要由路基、路面、桥梁、隧道、涵洞等基本构造物和其他辅助构造物及设施组成。公路线路如图 5-1 所示。

图 5-1 公路线路

由于受到地形和地质等自然条件的限制，公路线形在平面上主要由直线、圆曲线、缓和曲线组成；在纵断面上由坡道和平坡道以及竖曲线组成。因公路主要承受车轮载荷的重复作用并经受各种自然因素的长期影响和破坏，因此公路不仅要有平顺的线形、缓和的纵坡，而且还要有坚实稳定的路基、平整和防滑性能好的路面、牢固耐用的桥涵和其他人工构造物，以及不可缺少的附属工程及设施，以满足交通的要求。

1. 公路路基

路基是路面的基础，并与路面共同承受车辆载荷的作用，同时抵御地表各种自然因素的危害。

路基宽度与公路横向的路幅宽度相同，而路幅宽度为中间的路基面宽度与两侧的路肩宽度之和。高速公路的路基宽度一般为 21.5 ~ 26.0 m。路基根据横断面的不同可分为路堤、路堑和半填、半挖 3 种基本形式。为了满足车辆和行人的通行要求，公路路基必须坚固和稳定。

2. 公路路面

公路路面是在路基上用坚硬材料铺筑，供汽车行驶的层状结构物，直接承受车辆的行驶作用力。一般分为面层、基层、垫层和土基。

路面按面层材料的不同，可分为沥青路面、水泥混凝土路面、块料路面和粒料路面。公路路面在整个道路造价中占主要部分，尤其是高级路面占有更高的比例。因此，合理地选用和设计路面能显著地降低公路的造价。路面的选用一般应根据公路的性质、任务、交通量，以及充分利用当地材料和结合施工条件等因素确定。为了保证车辆一定的行驶速度和安全等，公路路面应具有一定的强度、平整度和必要的粗糙度。

3. 桥隧与涵洞

当公路跨越河流、沟谷，或与铁路、其他公路立体交叉时，需要修建桥梁或涵洞；当线路翻越山岭时，则需修筑隧道。按照有关技术规定，桥涵单孔跨径小于 5 m 或多孔跨径之和小于 8 m 的称为涵洞，大于这一规定值的则称为桥梁。桥梁有梁式桥、拱桥、吊桥、刚构桥和斜拉桥之分。隧道内纵坡度应不小于 0.3%、不大于 3%，以利于隧道排水和行车安全。较长的公路隧道，还需有照明、通风、消防及报警等其他设施。

（二）公路的分级

我国公路工程技术标准规定，公路依据交通量、任务和性质主要分为下述5个等级：

（1）高速公路。一般设计为四车道以上，年平均昼夜汽车交通量为25 000辆以上，是专供汽车分向、分车道高速行驶，全封闭、全立交、全部控制出入的干线公路。

（2）一级公路。一般设计为四车道，年平均昼夜汽车交通量为10 000～25 000辆，是连接重要政治、经济中心，通往重点工矿区、港口、机场，专供汽车分道行驶，并部分控制出入的公路。

（3）二级公路。一般设计为二车道，又分为汽车专用二级和一般二级公路两种。汽车专用二级公路一般能适应年平均昼夜汽车交通量为4 500～7 000辆，是连接政治、经济中心和通往大工矿区、港口、机场，专供汽车分道行驶的公路。一般二级公路能适应年平均昼夜汽车交通量为2 000～5 000辆。

（4）三级公路。一般设计为二车道，能适应年平均昼夜交通量为2 000辆以下，是沟通县及县以上城市的公路。

（5）四级公路。一般设计为一或二车道，能适应年平均昼夜交通量为200辆以下，是沟通县、乡（镇）、村等支线的公路。

此外，我国又将公路按其行政管理及使用性质划分为国道、省道、县道、乡道和专用公路5个等级，实行分级管理。

（三）公路的平面与纵断面

汽车运输对公路有许多特定的要求，除了要求公路要有稳定坚实的路基和保证质量的路面外，还需要考虑公路的几何要素，设计出合理的平面线形和纵坡等，以保证车辆安全、迅速、舒适、经济地行驶。

公路的几何要素主要包括：平面、纵断面、横断面和视距等。

1. 平　面

直线是平面线形中的基本线形。直线路段的长度应根据线路所处地段的地形、地貌，并结合土地利用、驾驶员的视觉、心理状态以及保证行车安全等合理布设。

为了迅速排除道路表面的降水，将公路路面做成中间高两侧倾斜的拱形，称路拱，其倾斜度就是路面横坡度。

圆曲线是平面线形中最常用的线形，它在线路遇到障碍和地形需要改变方向时设置。各级公路不论转角大小，均应设置圆曲线。由于车辆以一定速度在圆曲线上行驶时会产生作用于车上的离心力，又由于路拱的作用，此离心力有使车辆向外倾斜的倾向，且离心力的大小与车速的平方成正比、与圆曲线的半径成反比。因而，可按照车辆不至于因该离心力作用而倾覆，以及该级道路设计车速的要求，确定该圆曲线半径的限制值，如表5-1所示。

表 5-1 各级公路平面、纵断面和视距主要指标的设计标准

公路等级		高速公路				一级公路		二级公路		三级公路		四级公路	
计算行车速度 /(km/h)		120	100	80	60	100	60	80	40	60	30	40	20
最小曲线半径/m	极限	650	400	250	125	400	125	250	60	125	30	60	15
	一般	1 000	700	400	200	700	200	400	100	200	65	100	30
	不设超高时	5 500	4 000	2 500	1 500	4 000	1 500	2 500	600	1 500	350	600	150
最大纵坡* /%		3	4	5	5	4	6	5	7	6	8	6	9
停车视距/m		210	160	110	75	160	75	110	40	75	30	40	20
超车视距/m		—	—	—	—	—	—	550	200	350	150	200	100

注：严重冰冻地区或高程超过 2 000 m 时，最大纵坡不得大于 8%。

表 5-1 列出了各级公路的最小曲线半径。一般情况下，应尽量采用大于或等于表列最小曲线半径的一般值，当受地形和其他条件限制时方可采用表列极限值。

车辆在曲线上行驶时，前后轮的轨迹半径亦不同，后轴内轮行驶的轨迹半径最小，前轴外轮行驶的轨迹半径最大。所以曲线半径等于或小于 250 m 时，路面需要适当加宽。

2. 纵断面

纵断面是指通过公路中线的竖向剖面，它随地形的起伏而变化，由直线坡度段和相邻坡段间插入的竖曲线所组成。

公路线路最大纵坡的确定是直接影响公路线路长短、使用质量、行车安全以及工程造价和运输成本的重要指标。其坡度值的确定应使车辆上坡时行驶顺利，下坡时不发生危险。各级公路所规定的最大纵坡度限值参见表 5-1。

若坡段过长，汽车在上坡行驶过程中容易引起水箱开锅、气阻，严重时，还可能使发动机熄火，影响行车安全。而下坡时为克服下滑加速度长时间的频繁制动，制动器容易发热失灵，引起车祸。所以，对山岭、重丘地区的二、三、四级公路，当连续纵坡度大于 5% 时，其坡长要予以一定的限制，并要设置一定长度的缓和坡度。缓和坡度的纵坡不宜大于 3%。

在纵坡变换的地点应设置竖曲线（圆弧线和抛物线），使之连接圆顺，以缓冲因汽车行驶在纵坡变坡点时产生的冲击，增加行车安全性和舒适度，并保证行车视距和便于排水。

3. 横断面

公路横断面主要包括行车道宽度、中间带和路肩宽度等。

行车道宽度与汽车尺寸、行驶速度、道路交通量和交通构成等因素有关，一般应有能满足对向车辆错车、超车或并列行驶所必需的宽度。通常在 3.5 ~ 3.75 m 范围内变动，对山岭、重丘地区一般采用低值。车道数取决于设计交通量和车道的通行能力。

高等级公路一般应设置中间带，以便分隔往返车流，保证行车安全，提高通过能力。中间带由两条分设在不同方向行车道左侧的路缘带及中央分隔带组成。

行车道的两侧需设置路肩，以保证行车道的功能和临时停放车辆，并可起到路面横向支撑的作用。一般路肩宽为 1.0 ~ 2.5 m，最窄处不小于 0.5 m，单车道上应考虑行车的需要，适当加宽。

4. 行车视距

在行车中，驾驶员从发现前方障碍物到进行制动或绕避时，车辆所行驶的最短距离，称为行车视距。它是保证汽车运行安全所必须考虑的因素。视距主要分为：

（1）停车视距。即汽车在单车道或明显分车道上行驶时，驾驶员遇到障碍物不能绕行，只能刹车停住所需要的最短距离。停车视距应包括驾驶员心理反应时间内车辆所行驶的距离、制动距离和必要的安全距离。

（2）会车视距。即单车道上或路面不宽的双车道上，对向行驶的车辆未能及时或无法错车，只能相对停住避免碰撞所需要的最短距离。会车视距规定为停车视距的 2 倍。

（3）超车视距。即在双车道上后车超越前车时，从开始驶离原车道之处起，至可见逆行车道来车并能超车后安全驶回原车道所需要的最短距离。

各等级公路的停车、超车视距参见表 5-1。

（四）公路交通控制设备

交通控制设备主要有交通标志、路面标线和交通信号 3 类，它们的功能主要是对车辆、驾驶员和行人起限制、警告和诱导作用。

1. 交通标志

交通标志是指把交通警告、交通禁令、交通指示和指路等交通管理与控制法规用文字、图形和符号形象化地表示出来，设置于路旁或公路上方的交通控制设施。交通标志的基本符号如图 5-2 所示。

图 5-2 交通标志

警告标志，即警告车辆、行人注意危险地点的标志。其形状为正三角形，颜色为黄底、黑边、黑图案，距危险地点的距离为 20 ~ 50 m。

禁令标志，即对车辆、行人加以禁止或限制的标志。其形状为圆形和等边倒三角形，颜色为白底、红圈、红杠、黑图案。

指示标志，即指示车辆、行人行进的标志。其形状为圆形、长方形或正方形，颜色为蓝底、白图案。

指路标志，即传递道路方向、地点、距离信息的标志。其形状为长方形或正方形，颜色一般为蓝底白图案，高速公路为绿底白图案。

2. 交通标线和路标

路面交通标线与交通标志具有相同的作用，它是用漆类物质喷刷或用混凝土预制块、瓷瓦等制作的一种交通安全控制设施。其作用是配合标志牌对交通做有效管制，适用于车辆分道行驶，达到安全畅通的目的。

我国公路路面标线有行车道中线、车道分界线、路缘线、停车线、禁止超车线、导向箭头、人行横道线等。路面标线有连续线、间断线和箭头指示线 3 种形式。其颜色有黄、白两种：白色一般是用于允许车辆越过的标线，例如，车道线、转弯符号等；黄色一般用于不准许超越的标线，例如，禁止通行区、不准超车的双中心线等。

路标为沿道路中线或车道边线或防撞墙埋设的反光标志。车辆夜间行驶时，在车灯照射下，路标的反光作用勾画出行车道或车道的轮廓，从而为驾驶员提供行驶导向。

3. 交通信号

交通信号是用于时间上的相互冲突的交通流分配行使权，从而使各个方向和车道上的车辆安全而有序地通过交叉路口的一种交通管理措施。交通信号基本可分为定时式和感应式两种。

定时信号是利用定时控制器，按预先设定的时间顺序，重复变换红、黄、绿三色灯。信号周期时间可以按照交叉口处不同方向的车流情况预先规定一种或几种。这种方式既经济又准确可靠。

感应信号是通过车辆检测器测定到达交通路口的车辆数，并及时变换信号显示时间的一种控制方法。它充分利用绿灯时间，提高通过能力，指挥车辆在停车线前尽可能不停车，从而达到安全畅通的效果。

二、公路运输车辆

(一) 汽车种类

现代汽车种类繁多，分类方法各有不同。按汽车用途来分，可分为载客车、载货车、特种车、牵引车和挂车等类型。

1. 载客车

专门用作人员乘坐的汽车，按其座位多少又可分为轿车和客车。

（1）轿车。除司机外乘坐 2 ~ 8 人的小型客车。通常轿车是按发动机的气缸工作容积（又称发动机排量）分为微型（<1.0 L）、轻型（1.0 ~ 1.6 L）、中型（1.6 ~ 2.5 L）和大型（>2.5 L）。轿车也可按车身形式分为单厢式、二厢式和三厢式等汽车。

（2）客车。除司机外乘坐 9 人以上的载客车为客车。客车有单层和双层形式，客车按用途可分为旅行客车、城市客车、长途客车和游览客车等；通常客车按总长度分为轻型（<6 m）、中型（6 ~ 9 m）、大型（9 ~ 12 m）和铰接通道式车（>14 m）；按总质量分为轻型（<4 t）、中型（4 ~ 11 t）、大型（11 ~ 16 t）、铰接通道式车（>18 t）。

2. 载货车

主要用于运送货物，也可牵引挂车的汽车。货车按最大装载质量分为微型（<1.8 t）、轻型（1.8 ~ 6 t）、中型（6 ~ 14 t）、重型（>14 t）不同类型。

3. 特种车

特种车即变型车，这类车辆是在汽车底盘上安装了专用设备或车身，专供完成特种任务。特种车可分为特种轿车（如检阅车、指挥车等）、特种客车（如救护车、监察车等）、特种货车（如罐车、自卸车、冷藏车等）和特种用途车（如建筑工程车、农用汽车等）。

4. 牵引车和挂车

牵引车是专门或主要用于牵引挂车的汽车，可分为全挂牵引车和半挂牵引车。

全牵引挂车采用牵引杆来牵引挂车，一般都装有辅助货台，可作为普通货车使用。半挂牵引车专门用于牵引半挂车，通常装有牵引座。

挂车本身没有自带动力及牵引装置，是由汽车牵引组成汽车列车，用以载运人员和货物的车辆。挂车可分为全挂车、半挂车和特种挂车等。

所谓汽车列车，是指一辆汽车（包括牵引车、普通汽车）与一辆或一辆以上挂车的组合。根据组合方式的不同，汽车列车又分为全挂汽车列车、半挂汽车列车和双挂汽车列车。

汽车若按对道路的适应性又可分为普通汽车和越野汽车。普通汽车只适应在较好的道路上行驶。越野汽车可以在质量差和无路地区行驶。越野车一般都是全轮驱动，因此，它主要用于非公路上（也可在公路上）载运人员和货物或牵引各种设备。越野车根据其在较差道路上的装载质量可分为轻型、中型和重型越野车，也可按驱动轴分为双轴、三轴和四轴驱动越野车。

（二）汽车的基本构造

汽车虽然型号繁多，且用途与构造各异，但其基本构造大致相同。汽车一般由发动机、底盘、车身和电气设备等 4 个基本部分组成。汽车构造示意图如图 5-3 所示。

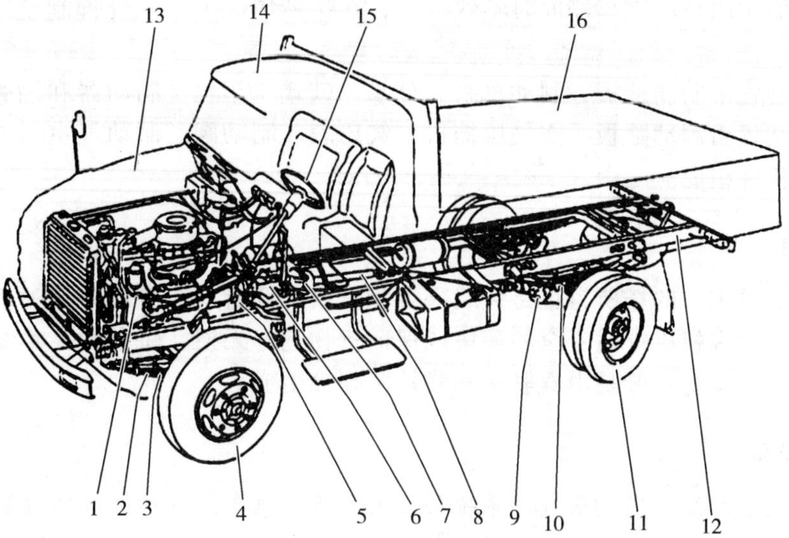

图 5-3　汽车构造示意图

1—发动机；2—前轴；3—前悬架；4—转向车轮；5—离合器；6—变速器；7—手制动器；8—传动轴；9—驱动桥；10—后悬架；11—驱动车轮；12—车架；13—车前钣制件；14—驾驶室；15—方向盘；16—车厢

1. 发动机

发动机是汽车的动力装置，其作用是使供入其中的燃料燃烧而产生动力（将热能转变为机械能），然后通过底盘的传动系驱动车轮，使汽车行驶。发动机由机体，曲柄连杆机构，配气机构，冷却系，润滑系，燃料系和点火系（柴油机没有点火系）等组成。按燃料分发动机有汽油和柴油发动机两种；按工作方式分有二冲程和四冲程两种，一般发动机为四冲程发动机。

2. 底　盘

底盘接受发动机的动力，使汽车产生运动，并保证汽车按照驾驶员的操纵正常行驶。底盘包括传动系、行驶系、转向系和制动系 4 个部分。

（1）传动系。主要是由离合器、变速器、万向节、传动轴和驱动桥等组成。

离合器的作用是使发动机的动力与传动装置平稳地接合或暂时地分离，以便于驾驶员进行汽车的起步、停车、换挡等操作。

变速器由变速器壳、平均运距盖、第一轴、第二轴、中间轴、倒挡轴、齿轮、轴承、操纵机构等机件构成，用于汽车变速、变输出扭矩。

（2）行驶系。由车架、车桥、悬架、车轮与轮胎等 4 部分组成。其作用是将汽车构成一个整体，支承汽车的总质量；将传动系传来的转矩转化为汽车行驶的驱动力；承受并传递路面对车轮的各种反力及力矩；减振缓冲，保证汽车平稳行驶；与转向系配合，正确控制汽车的行驶方向。

（3）转向系。其作用是通过驾驶员转动转向盘，根据需要保持或改变汽车行驶方向，并减轻驾驶员的劳动强度。转向系由方向盘、转向器、转向节、转向节臂、横拉杆、直拉杆等组成。

（4）制动系。其作用是根据需要使汽车减速或在最短的距离内停车，并保证汽车停放可靠，不致自动溜滑。它包括手制动器、液压制动装置、气压制动装置。

手制动器的作用是使汽车停放时不致溜滑，在特殊情况下，配合脚制动装置，对汽车进行制动。

液压制动装置由制动踏板、制动总泵、分泵、鼓式（车轮）制动器和油管等机件组成。

气压制动装置由制动踏板、空气压缩机、气压表、制动阀、制动气室、鼓式（车轮）制动器和气管等机件组成。

3. 车　身

车身是驾驶员工作的场所，也是装载乘客和货物的场所。车身应为驾驶员提供方便的操作条件，以及为乘客提供舒适安全的环境或保证货物完好无损。轿车和一些客车是整体式结构的车身，货车的车身一般是由驾驶室和货箱两部分组成。

4. 电气设备

电气设备由电源组、发动机起动系统和点火系统、汽车照明和信号装置等组成。此外，在现代汽车上愈来愈多地装用各种电子设备，如微处理机、中央计算机系统及各种人工智能装置等，显著地提高了汽车的性能。

上述是汽车的基本构造，为了适应不同使用要求及改善全车某些方面的使用性能，汽车的构造和布置形式也可做某些变动。

三、公路运输站场及附属设施

公路运输站场是公路运输办理客、货运输业务及仓储保管、车辆保养修理以及为用户提供相关服务的场所，是汽车运输企业的生产与技术基地，一般包括客运站、货运站、停车场（库）、保修厂（站）、加油站及食宿站等。站场的设计布局应符合现代化的工艺和建筑要求，使投资获得最好的经济效益。

1. 客运站

公路运输客运站的主要功能是发售客票、候车服务、调度车辆、组织乘客上下车、行包受理与交付及其他服务等。

我国公路运输（汽车）客运站根据车站设施和设备配置情况、地理位置和设计年度平均日旅客发送量等，并结合所在地政治、经济及文化等因素，车站等级划分为5个级别以及简易车站和招呼站：日旅客发送量在10 000人次及其以上的为一级站；5 000～10 000人次的为二级站；2 000～5 000人次的为三级站；300～2 000人次的为四级站；300人次以下的为五级客运站。

公路客运站站舍设计布局一般以旅客候车室为中心，合理配置旅客的其他用房和服务处所，最大限度地避免人流、车流、行包流的相互交叉干扰；通道设置应宽敞并应设置多个进站通道，以适应旅客从“等候空间”向“通过空间”的流动等。

客运站的设施主要由站前广场、停车场、发车位、站房以及车辆维修车间、材料库等辅助设施组成。车站广场的各类交通设施及停车场地要配置合理，有条件的地方，可建成交通综合换乘枢纽等（见图5-4）。

图 5-4　公路客运站组成图

2. 货运站

公路运输货运站有时也称汽车站和汽车场，其主要功能包括货物的承运、交付、装卸、保管以及运输车辆的停放、保修等。公路货运站又可分为汽车零担站、零担中转站、集装箱货运中转站等。通常汽车货运站比较简单，有的货运站仅有供运输车辆停靠与货物装卸的场地。对于大型的货运站还设有汽车保养厂、修理厂、加油站等。

零担货运站一般是按照年工作量（即零担货物吞吐量）划分等级的。年货物吞吐量在 6×10^4 t 以上的为一级站；在（2～6）$\times10^4$ t 的为二级站；在 2×10^4 t 以下的为三级站。零担货运站主要配备零担站房、仓库、货棚、装卸车场、集装箱堆场、停车场及维修车间、洗车台、材料库等生产辅助设施。集装箱货运中转站应配备拆装库、高站台、拆装箱作业区、业务（商务及调度）用房、装卸机械与车辆等。

3. 停车场（库）

停车场（库）的主要功能是停放与保管运输车辆。现代化的大型停车场还具有车辆维修、加油等功能。从建筑性质来看，可分为暖式车库、冷式车库、车棚和露天停车场等。目前，我国较为普遍采用露天停车场，尤其是专业运输和公交车辆。为节约用地，城市市区应广泛采用地下车库和多层车库。

停车场内的平面布置要方便运输车辆的进出和进行各类维护作业，多层车库和地下车库还需设有斜道和升降机等，以方便车辆出入。

第三节　公路运输的组织运营管理

一、公路运输生产过程及组织管理机构

（一）公路运输生产过程的构成

公路运输生产过程需要经过许多作业环节才能完成，一般可划分为运输准备、运输生产和生产辅助等 3 个主要工作环节。

1. 运输准备工作

运输准备工作是指运输客、货之前所需进行的全部准备工作，包括运输经济调查与运输工作量预测，营运线路开辟，营运作业点设置，客、货运输对象组织，运力配置，运输生产作业计划安排以及制定有关运输组织管理制度、规章等。

2. 运输生产工作

运输生产工作是指直接实现客、货空间场所位移的车辆运输工作，主要包括发售客票或承运货物、组织旅客乘降或货物装卸作业、货物或旅客运送途中的服务和必要的车辆调控作业等。

3. 运输生产辅助工作

运输生产辅助工作是指为运输生产及其准备工作提供后勤保障服务的各项工作的总称，主要包括车辆选择与技术运用的组织、运输生产消耗材料的组织供应与保管工作、运输劳动组织工作等。

（二）公路运输组织管理机构

20世纪80年代中期，公路运输市场全面放开，发展了多种经济成分的运输主体。当前从事公路客、货运输的经营业主，主要有专业运输企业、个体（或合伙）运输经营户、公司制运输企业和企业集团、外资运输企业以及各企事业部门所属的运输经营企业等。但不管何种性质的运输企业或经营户，都实现了自负盈亏、自主经营的管理模式，各级公路运输管理部门只是代表政府主管公路运输的职能部门，其具体职能是通过运用政策、法律、计划、行政等手段，调控运输市场、管理经营户、维护各方权益、合理配置运输资源等，最终达到促进公路运输市场发展完善、提高公路运输行业的整体水平、满足社会经济日益增长对运输的需求、提高运输资源运用效率的目标。

我国公路运输行政管理组织机构是按照交通主管部门组织机构的系统层次来划分和设置的，实行中央、省（自治区、直辖市）、市（地、盟、州）、县（市、旗）、乡（区、镇）5级管理。中央（即交通部）设立公路管理司；省（自治区、直辖市）设立公路运输管理局（处）；市（地、盟、州）设立公路运输管理处（科）；县（市、旗）设立公路运输管理所；乡（区、镇）设立公路运输管理站。

上述各级公路运输管理机构是同级交通主管部门（交通厅、局等）的职能机构，代表各级政府行使公路运输管理职权，分别负责所管辖区内公路运输行业的管理工作，并接受上级行业管理机构的业务指导。公路运输行业管理的主要内容有：开（停）业管理，运价管理，运输单证管理及公路客、货运管理等。从事营业性公路运输的企业或公司，在行政管理部门核准的经营范围内，有独立经营活动的自主权。

公路运输管理机构按其具体职能和任务不同，划分为决策层、中间层、执行层3个层次。交通部公路管理司和省一级的公路运输管理局（处）属于决策层，分别是全国和地方公路运输行业管理的决策机构，主要职责是对全局性运输管理工作进行筹划与决策。市（地、盟、州）公路运输管理处（科）属于中间层次结构，起承上启下的作用，其主要职责是组织、指导、帮助和监督执行层运输管理机构工作，贯彻和执行决策层所制定的方针、政策和法规，做好各项管理工作。县（市、旗）公路运输管理所和乡（区、镇）公路运输管理站为执行层，是公路运输行业管理的具体执行机构，其主要职责是根据上级及国家有关方针、政策、法规和指令，进行公路运输行业管理的具体业务工作。

二、公路旅客运输组织工作

（一）公路旅客运输营运方式

公路客运营运方式主要有班车客运、旅游客运、出租车客运和包车客运等 4 种。

（1）班车客运是有固定线路、站点、班次和班时的营运方式，在线路的起终地点及沿途站点都可上下旅客。

（2）旅游客运是以运送旅客游览观光为目的的营运方式，其营运线路必须有一端位于名胜古迹、风景区等旅游景点。

（3）出租车客运是以轿车、小客车为主，根据用户要求的时间和地点行驶、上下及等待，按里程或时间计费的一种营运方式。

（4）包车客运是将客车租给用户安排使用，按行驶里程或者包用时间计费的一种营运方式。

公路客运主要以客运班车方式组织旅客运输。

（二）公路班车客运工作组织

1. 公路客运班车组织

安排客运班车，首先必须深入进行客流调查，在掌握各线、各区段、区间旅客流量、流向、流程及其变化规律的基础上研究确定。然后，向公路运输管理部门提出申请，公路运输管理部门根据国家的有关政策、法律、法规以及运输资源的配置情况，予以核准。

公路客运班车主要包括行车路线、发车时间、起讫站名及停靠点等。具体在安排客运班车时应考虑以下因素：

（1）根据旅客流向、流程及其变化规律，确定班车的起讫点和中间停靠点，并兼顾始发站和中途停靠站旅客乘车的需要。尽可能开行直达班车，以减少旅客不必要的中转换乘。

（2）安排班车的多少，取决于客流量的大小。遇节假日或集会等客流量猛增时，要及时增加班车或提供包车等来疏导客流。

（3）根据客流时间规律来安排班车时刻。例如，农村公共汽车要适应农民早进城晚归乡的习惯。此外，很多旅客要经由其他路线、其他班次或火车、轮船中转换乘时，各线班车安排应尽量考虑到相互衔接及与其他交通工具的中转换乘方便。

（4）安排班车时刻，应考虑车辆运行时间，旅客中途膳宿地点，驾驶员作息时间，以及有关站务作业安排。对长途卧铺客车的班车时刻，可安排晚上由始发地发车，次日早晨到达目的地。

客运班车的安排，是一个既重要又细致复杂的工作。上述各项要求不可能都能满足，实际工作中只能从具体情况出发，分清主次，统筹兼顾。客运班车经确定后由车站公布执行，一经公布，应保持班车的稳定性和严肃性。除冬夏两季因适应季节变化需要调整行车时刻外，平时应尽量避免临时变动，更不应任意停开班车。

2. 安排客运班车的方法

客运班车确定后，就要安排车辆如何运行。对属于本企业经营范围内的全部班车，通过合理编排，确定需要多少辆客车运行，即编出多少个循环代号。所谓一个代号，就是一辆客车在一天内的具体任务，运行指定的一个或几个班车，全部循环代号即包括全部班车。编制循环代号必须满足以下条件：

（1）保证全部客运班车路线均有车辆参运。

（2）充分发挥每辆客车的运输效率，且各项运用指标尽可能相近。

（3）循环周期不宜过长，以便于安排车辆的保修作业以及驾、乘人员的食宿和公休。

（4）确保行车安全准时。

根据不同班车和不同车型，可采用大循环运行、小循环运行和定车定线运行。

（1）大循环运行是将全部序号统一编成一个周期，全部车辆按确定的顺序循环始终的运行方式。这种循环运行方式适用于路线条件相近、车型基本相同的情况。它的优点是每辆客车的运输任务基本相同，车日行程接近，驾驶员的工作量相当。缺点是循环周期长，驾、乘人员频繁更换运行路线，不利于掌握客流及道路变化等情况，影响运输服务效果。此外，一旦某局部计划被打乱，则会影响到整个计划的进行。

（2）小循环运行是将全部序号分成几个周期，将车辆分成几个小组分别循环的运行方式。一般是在营运区域内各道路条件、车型情况等不相近时采用。这种循环方式的优点是有利于驾、乘人员对于运行范围内路线和客流情况的了解和掌握，有利于安全运行，提高服务质量。缺点是有时不同循环内的运输任务难以相近，客车的运用效率也不如大循环。

（3）定车定线运行是将某一车型固定于某条路线运行的方式。一般在营运区域内道路条件比较复杂或拥有较多车型时采用。其优点是有利于驾、乘人员对运行范围内路线和客流变化情况的详细了解和掌握，有利于搞好优质服务；缺点是客车不能套班使用，对提高运输效率有一定影响。

我国公路客运主要采用定车定线的运行方式。

3. 单车运行作业计划与调度

客运班车运行方式确定后，应进一步编制单车运行作业计划，组织每一个参运车辆进行运输生产。单车运行作业计划一般是按月编制，由客运调度室依据循环代号、车辆状况及其运用情况（车辆型号、技术性能、额定座位、完好率、工作率、平均车日行程、实载率、车座产量等），预计保留一定数量的机动车辆以备加班、包车及其他临时用车等，并加以统筹安排，经综合平衡后，编制各单车运行作业计划并组织执行。在执行计划过程中，可能会遇到各种因素干扰，调度人员应及时采取相应措施，以保证运行作业计划的实施。

客运调度室是代表公路旅客运输企业执行生产任务的职能机构，各级调度有权在计划范围内指挥客车运行，在特殊情况下实施计划外调度。驾驶员、乘务员对调度的命令必须严格执行，即使有不同意见，在调度未做出更改之前，仍应执行调度命令，以确保运行组织工作的顺利进行。这种协调指挥原则，同样适用于货物运输的调度工作。

（三）公路客运站务作业程序

汽车客运站是公路客运企业的主要基层生产单位，它担负着接送旅客和组织客车运行等工作。客运站的站务作业是客运工作的主要内容，它通过一系列的站务作业，保证旅客安全、及时、经济、方便、舒适地到达目的地。公路旅客运输站务作业基本程序包括发售客票、行包受理、候车服务、客车准备、组织旅客乘车和行包邮件装车等发车作业以及客车到达后，组织旅客下车、出站、行包邮件卸车、交付及其他服务业务内容。

客车由车站发车的作业，首先由站务人员对进站待运客车进行车厢整理，防止无票人员和携带违禁物品人员上车，然后正确填写行车路单中的有关事项，交客车驾驶员，发车准备工作就绪，由车站发出发车指令。客车到达作业，首先由站务人员指引车辆停靠地点，与行车人员办理交接手续，组织旅客下车并交付行包，客车车辆经清扫或检查后，根据情况指引车辆入库停放或继续执行下一次客运任务。

三、公路货物运输组织

（一）公路货物运输的类型

（1）按货运地区范围，分为城市货运和城间货运。

（2）按货运距离，分为短途货运和长途货运。

（3）按车辆从属关系，分为公用货运和自用货运。

公用货运是由汽车运输企业进行组织，用来完成国民经济各部门的货运要求，并具有营利性质的货运类型；而自用货运是由拥有自用车辆的各企事业单位等自行组织，仅完成本部门内部货运任务并不具有营利性质的货运类型。

（二）公路货物运输的主要组织形式

1. 多班运输

多班运输，指在一昼夜时间内的车辆工作时间超过一个驾驶员连续工作时间的货运形式。多班运输分为双班、三班和四班等，一般采用双班制。

组织双班运输的基本方法是每辆汽车配备 2 名左右驾驶员，分日夜两班轮流驾驶。它是提高车辆生产率的有效措施之一，但要注意安排好驾驶员的劳动休息和车辆保修时间。

在组织双班运输时，由于夜班比日班工作条件差，因此，除了工作时间长短不同外，在安排日夜班的运行作业计划时，一般应遵循以下原则：难运的安排在日班，好运的安排在夜班。例如，零星的货运任务及循环运输等由于装卸地点多，情况比较复杂，所以应安排在日班完成；大宗货运任务及往复式的货运任务，装卸地点固定，适宜于安排在夜班完成。

2. 定点运输

定点运输，指按发货点固定车队，专门完成固定货运任务的运输组织形式。在组织定点运输时，除了根据任务固定车队外，还应固定装卸工人和设备，调度员也应在固定地点进行调度指挥。

实行定点运输可以加速车辆周转、提高运输和装卸工作效率、提高服务质量，并有利于行车安全和节能。定点运输组织形式，既适用于装卸地点比较固定集中的货运任务，也适用于装卸地点集中而卸货地点分散的固定性货运任务。如某运输公司粮食专业运输队，在采用定点运输前，每天每车只能运 4 次，在实行定点运输后，同样运输任务，每天每车能运送 6 ~ 7 次，运输生产效率提高了 50% ~ 70%。

3. 定时运输

定时运输，指运输车辆按运行作业计划中所拟订的行车时刻表来进行工作。

汽车行车时刻表包括：汽车从车场开出的时间、每个运次到达和开出装卸地点的时间及装卸工作时间等。由于车辆按预先拟订的时刻表进行工作，也就加强了各环节工作的计划性，提高了工作效率。

要组织定时运输，必须做好各项定额的制定和查定工作，包括：车辆出车前的准备时间、车辆在不同运输路线上重、空载行驶时间，不同货种的装、卸时间定额，驾驶员的休息和用餐时间等。同时，应加强货源调查和组织工作，加强车辆调度和日常工作管理以及装卸工作组织等。

4. 甩挂运输

甩挂运输，指利用汽车列车甩挂挂车的方法，以减少车辆装卸停歇时间的一种拖挂运输形式。在相同的运输组织条件下，汽车运输生产效率取决于汽车的载质量、平均技术速度和装卸停歇时间 3 个主要因素。实行汽车运输列车化，可以相应提高车辆每运次的载重量，缩短车辆等待装卸作业的停歇时间，从而显著提高运输生产效率。

采用甩挂运输时，需要在装卸现场配备足够数量的周转挂车，在汽车列车运行期间，装卸工人预先装（卸）好甩下的挂车，列车到达装（卸）地点后先甩下挂车，装卸人员集中力量装（卸）主车货物，主车装（卸）货完毕即挂上预先装（卸）完货物的挂车继续运行。

采用这种组织方法，就使得整个汽车列车的装卸停歇时间减少为主车装卸停歇时间和甩挂时间。但要注意，周转挂车的装卸工作时间应小于汽车列车的运行时间间隔。甩挂运输适用于装卸能力不足、装卸时间占汽车列车运行时间比重较大的运输条件，并可根据运输条件的不同而组织不同形式的甩挂运输。通常采用的甩挂运输形式主要有两头甩挂运输和一头甩挂运输。其中一头甩挂运输比较适用于装车困难而卸车容易或反之情况的大宗货物运输。

5. 集装箱运输

集装箱运输，是指把一定数量的货物集中于一个便于运输、搬运、装卸、储存的集装箱内来进行货物运送的运输组织形式。公路集装箱运输的优越性同样也体现在可提高货物运输质量，减少货物运输过程中的货损、货差，保证货物运输安全；便于实现装卸、搬运作业机械化，提高装卸作业效率；节约货物包装材料，降低运输成本，加速运输工具的周转，提高运输效率等方面。

公路集装箱运输常采用以下几种形式：

（1）公路集装箱直达运输，即由汽车或汽车列车独立承担全程运输任务。许多发达国家一般都是以这种运输形式为主。

（2）公路、铁路集装箱联运，即由汽车运输部门和铁路运输部门共同完成集装箱运输任务，这种运输形势有利于发挥铁路运输能力大和公路运输机动灵活的特点。

（3）公路、水路集装箱联运，即由汽车运输部门和水路运输部门共同完成集装箱运输任务，进出口货物运输常采用这种运输形式。

由此可见，汽车运输除了可独立承担集装箱运输任务外，在集装箱多式联运工艺流程中也是处于第一个和最后一个运输环节。集装箱运输的经济性主要集中表现在“门到门”运输，但它的最终实现只能通过汽车运输才能予以保证。因此，汽车运输是铁路、水路集装箱运输最有效的集散方式。

6. 零担货物运输

凡一批货物托运的质量在 3 t 以下或不满一整车装运时，该批货物称为零担货物。其一般采用定线定站式货运班车或客运班车捎带货物挂车的方式将沿线零担货物集中起来的货运形式。

零担货物具有运量小、流向分散、批数较多、品类繁杂的特点。零担货物以件包装货物居多，包装质量差别较大，有时几批甚至十几批才能配装成一辆零担汽车。因此，零担货物运输组织工作要比整车货运复杂得多。

零担货运的营运组织形式主要有直达零担车、中转零担车、沿途零担车 3 种。

直达零担车是在起运站将不同发货人托运到同一到站且性质适宜配装的各种零担货物，同车装运至到达地的运输组织形式。这种形式可加快零担货物的送达速度，避免中转换装作业，确保货物完好并节省中转费用。在组织零担货物运输时应尽可能地采用这种形式。

中转零担车是指在起运站将不同发货人托运同一方向、不同到站且性质适宜配装的各种零担货物，同车运至规定的中转站卸下，由中转站另行配装为新的零担车继续运往到达地的运输组织形式。这种零担运输形式对运量零星、流向分散的零担货物的运输很适用，符合零担货物的特点。

沿途零担车是指在起运站将不同发货人托运的同一路线、不同到站且性质适宜配装的各种零担货物，同车运装至沿途各作业计划点，卸下或装上零担货物后继续行驶，直至最后终到站的运输形式。这种零担车运输形式在组织工作上较为复杂，车辆在途时间也较长，但能够满足沿途某些零担货主的运输要求。

第四节　我国公路运输的现状与展望

一、我国公路运输的现状

（一）我国公路运输取得的成就

中华人民共和国成立以来，特别是改革开放以来，我国公路运输取得了很大的成绩。

20 世纪 80 年代以后，我国经济全面飞速发展，公路基础设施成为国民经济建设中的最薄弱环节，出现了“全面紧张”的局面。20 世纪 90 年代以后，中央将交通运输事业尤其是公路的发展作为国民经济发展的全局性、战略性和紧迫性任务，公路建设得以迅速发展。

21世纪以来，我国继续加大基础建设投资力度，公路建设获得了前所未有的大发展，使“全面紧张”的交通状况在近几年内得到根本改变，取得了一系列不平凡的成就。

1. 公路里程迅速增加，公路技术等级和路面等级进一步提高

公路基础设施，特别是高速公路的快速发展，大大缩短了省与省之间、重要城市之间的时空距离，加快了区域间人员、商品、技术、信息的交流速度，有效降低了生产运输成本，在更大空间上实现了资源有效配置，拓展了市场，对提高企业竞争力、促进国民经济发展和社会进步都起到了重要的作用。2006—2012年，公路里程平均每年增加13万km。2012年全国等级公路里程360.96万km，比2011年末增加15.60万km，占公路总里程的85.2%，比2011年末提高1.1个百分点。其中，二级及以上公路里程50.19万km，增加2.83万km，占公路总里程的11.8%，比2011年末提高0.3个百分点。按公路技术等级分，各等级公路里程分别为：高速公路9.62万km，一级公路7.43万km，二级公路33.15万km，三级公路40.19万km，四级公路270.58万km，等外公路62.79万km。全国有铺装路面和简易铺装路面公路279.86万km，比2011年末增加18.29万km，占总里程的66.0%，比上年末提高2.3%。按公路路面类型分，各类型路面里程分别为：有铺装路面229.51万km，其中沥青混凝土路面64.19万km，水泥混凝土路面165.32万km，比2011年末分别增加19.17万km、5.06万km和14.10万km；简易铺装路面50.35万km，比2011年末减少0.88万km；未铺装路面143.89万km，比2011年末减少5.18万km。

2018年年底，高速公路总里程突破14万km，位居世界第一，其中，广东省高速公路通车里程达到了9 002 km。河北、四川省超过7 000 km。

2. 路网结构进一步改善、公路运输结构调整取得新进展

我国已建成由12条首都放射线、47条北南纵线、60条东西横线和81条联络线组成，总规模约26.5万km的国家干线公路网络，布局合理、功能完善、覆盖广泛、安全可靠，路网结构得到了很大的改善。实现了首都辐射省会、省际多路连通，地市高速通达、县县国道覆盖。

目前，1 000 km以内的省会间可当日到达，东中部地区省会到地市可当日往返、西部地区省会到地市可当日到达；区域中心城市、重要经济区、城市群内外交通联系紧密，形成了多中心放射的路网格局；有效连接国家陆路门户城市和重要边境口岸，形成了重要国际运输通道，与东北亚、中亚、南亚、东南亚的联系更加便捷。

近年来，通过政策引导和企业兼并重组，全国公路运输结构调整稳步推进。以资产为纽带，企业兼并、重组和改制步伐加快，涌现出一批诸如中远物流、中外运等大型运输企业，集约化、规模化、网络化经营水平和市场集中度明显提高。初步形成大型专业集团主导行业发展方向的市场格局。经营结构也有所改善，旅游客运、现代物流、小件快运、连锁维修、汽车租赁等新型服务方式快速发展，进一步满足了社会不同层次的运输需求。

3. 汽车工业迅速发展

中华人民共和国成立后，我国的汽车工业有了长足的发展，生产了一大批客、货汽车，

2008 年我国汽车生产量突破 900 万辆，2009 年突破 1 000 万辆，对改善公路运输的落后面貌起到了很大的作用。货车重型化、厢式化、专业化日趋明显，专用车辆和重型货车的数量有了较大的增加。2018 年年底，全国公路营运汽车达 1 435.48 万辆，比 2017 年下降 1.0%。其中载客汽车 79.66 万辆、2 048.11 万客位，其中大型客车 30.27 万辆、1 333.99 万客位；载货汽车 1 355.82 万辆、12 872.97 万吨位，其中普通载货汽车 816.76 万辆、4 791.21 万吨位，专用载货汽车 52.63 万辆、547.59 万吨位。

4. 公路运输的能力迅速增长

目前，主要公路运输通道交通紧张状况得到明显缓解，长期存在的运输能力紧张状况得到明显改善。2008 年，全国完成营业性货运量 191.68 亿 t，货物周转量完成 32 868.19 亿 t · km；完成营业性公路客运量 268.21 亿人次、旅客周转量 12 476.11 亿人 · km。2012 年，全年完成营业性货运量 318.85 亿 t，货物周转量完成 59 534.86 亿 t ·km；完成营业性公路客运量 355.70 亿人次、旅客周转量 18 467.55 亿人 · km。2018 年，全年完成营业性货运量 395.69 亿 t，货物周转量 71 249.21 亿 t · km；完成营业性客运量 136.72 亿人次，旅客周转量 9 279.68 亿人 · km。

5. 运输市场秩序进一步规范、公路运输信息化水平明显提高

在公路运输市场管理方面，加强了行业监管和社会监督，市场秩序得到明显好转，守法诚信经营的意识明显增强，违法违规行为明显减少，规范有序的市场环境正在逐步形成。

各地普遍实行了政务公开，推广应用了公路运政管理信息系统、卫星全球定位和导航系统、行车记录仪、联网售票系统等先进设备，加快普及了联网售票、电子屏幕显示、货运信息配载和汽车维修、综合性能检测等电子技术，有效提高了公路运输行业的管理能力和服务水平。公路交通事故持续下降。

（二）我国公路运输所存在的问题

尽管我国公路运输取得了很大的发展，但与公路运输发达国家相比，还存在着一定的差距，公路货物运输中明显存在 6 个不协调：公路货运的发展水平和经济社会发展要求之间的不协调；货运装备的水平和结构与高等级公路发展要求之间的不协调；运输企业运营模式和组织形式与现代物流业发展要求之间的不协调；运输管理的能力和水平与运输市场发展要求之间的不协调；货运组织的信息化程度与现代货物运输发展要求之间的不协调；以及运输管理体制与货运现代化要求之间的不协调。主要表现在以下几个方面：

1. 公路质量与发达国家相比差距仍很大，还不能满足国民经济及社会发展的需求

2018 年我国公路通车里程中，等级公路约占公路总里程的 92.1%，其中二级及以上高等级公路里程仅占公路总里程的 13.4%，三、四级公路约占公路总里程的 78.7%，还有约 7.9% 的公路为等外级。

2. 运输车辆的车型结构不合理，技术性能还较差

许多发达国家民用汽车保有量，按人口平均已是 10 人 1 车，甚至 2 ~ 3 人 1 车。例如

1986 年美国每千人平均有车约 718 辆，日本近 300 辆。2018 年我国拥有民用汽车 21 743 万辆，虽然每千人平均有车已经达到 150 辆，但我国汽车制造工业与发达国家相比，技术指标落后，自重大、货车质量利用系数一般比国外低，使用寿命低于国外产品，而油耗却高于国外产品。国产车辆中型车多，汽油车多，重型柴油机车辆和轻型车辆少。

3. 公路运输生产的效率、效益较低

近些年来，我国公路基础设施建设迅速发展，公路运输能力大大提高，已进入“基本适应”社会经济发展的阶段，公路基础设施总体上能够满足社会经济发展的需要，道路运输供给与社会需求趋于平衡。但与日益增长的运输需求相比，公路运输仍存在着有效供给不足的问题。主要表现在：全国公路网络和运输站场的总体数量和结构还不能满足运输发展的需要，特别是公路运输站场的发展仍然落后于公路建设；公路运输的车辆管理、组织和经营结构仍欠合理；营运车辆空驶率高，能耗高，运输效率和服务水平低；城乡交通一体化的进程比较缓慢，城乡客运管理体制尚未理顺；公路运输的管理和经营水平、信息化建设仍然有待进一步提高和加强。

公路交通事故严重，我国每万辆汽车的事故死亡率为 30～40 人，而美国、日本、西欧等国每万辆汽车的事故死亡率只为 3～5 人。

二、我国公路运输的展望

发展公路运输，使其在综合运输体系中发挥应有的优势和作用，是一个较为长期的过程。今后我国公路运输将朝着以下几个方面发展：

1. 满足快速增长的公路运输需求

随着我国经济的进一步发展，公路运输需求将继续保持快速增长。在公路货运中大宗货物、初级产品所占的份额将呈下降趋势，对运输服务质量和服务水平的要求日益提高。

从 2020 年到本世纪中叶，我国将基本实现公路交通现代化，达到当时中等发达国家水平，道路运输不仅在数量和质量上完全满足社会运输需求，并基本实现与资源和环境的协调发展。高效率、低能耗的环保型汽车得到广泛使用，客运能够满足旅客个性化的出行需要，货运实现与现代物流的有机融合，道路运输智能化达到当时先进水平。

在未来一段时间内，要大力加强等级公路建设，特别要加快国道干线、国道、省道的建设。在经济发达地区和交通繁忙区段，要继续修建汽车专用公路和高速公路。在经济欠发达地区，要提高公路网密度，提升公路等级，改善路况。

未来我国公路网总规模约为 580 万 km，其中国家公路约 40.1 万 km，占总规模的 7%；省级公路占 9%；乡村公路占 84%。

2. 大力发展智能运输系统

智能运输系统可提高公路交通安全水平，减少交通堵塞，提高公路网的通过能力，降低汽车运输对环境的污染，提高汽车运输生产率和经济效益。随着智能运输系统技术的发展，

电子技术、信息技术、通信技术和系统工程等高科技在公路运输领域将得到广泛应用，物流运输信息管理、运输工具控制技术、运输安全技术等均将产生巨大的飞跃，从而大幅度提高公路网络的通行能力。

我国将建成运输安全型、资源节约型和环境保护型的公路交通体系，逐步建立起全国统一的公路运输管理信息平台，鼓励企业建立经营管理信息系统，应用卫星导航定位、行车记录仪和条形码技术，加强对车辆的动态管理；鼓励运输和维修企业应用先进技术和设备，实行计算机管理；鼓励和引导企业选用能耗低的运输车辆，降低燃料消耗和废气排放；提高运输组织化程度，倡导标准化运输、甩挂运输等组织方式，提高车辆实载率，减少车辆空驶。另外，还要更加重视运输安全，采取一系列措施，进一步加强企业内部管理，完善安全管理长效机制，降低交通安全事故率。智能交通技术将在运输生产中广泛应用，行业信息化水平接近中等发达国家水平。

3. 引导公路运输企业与现代物流日益融合

随着公路运输需求水平的逐步提高，公路货运中小批量、多品种、高价值的货物越来越多，在运输的时间性和服务质量方面的要求越来越高。公路运输企业必须提高自身的物流服务水平，以满足日益提高的客户服务的要求。公路运输加速向现代物流的发展和融合，不仅是为了面对现有的国内市场的需求，同时更是为了应对经济全球化潮流和新的国际经济秩序所带来的压力和挑战。

要通过大力改进服务质量，建立市场主体的质量信誉考核体系，进一步规范运输市场秩序，提高运输服务水平。在公路客运方面，要提高城乡客运一体化程度，做好城乡客运网络的衔接，提高客运通达水平。在货运方面，要以国家高速公路网为依托，大力发展快速客货运输，继续加快运输组织、经营和运力结构调整，引导企业建立健全快速客货运输网络。鼓励企业兼并重组和股份制改造，推进规模化、集约化经营；鼓励发展甩挂运输、集装箱运输、小件快运、多式联运、城市物流配送等运输组织形式，引导公路运输企业从单纯的客货运公司朝着能够提供多种物流服务的现代物流公司转化。

4. 公路客运向集约化、规模化经营发展

公路客运是为经济社会发展和人们出行提高最广泛服务的重要产业，在综合运输体系中起着基础性的作用。随着国民经济持续发展和人民生活水平不断提高，公路客运市场需求产生了转折性的变化，从要求“走得了”向“走得好”转变。同时，随着公路基础设施建设的大规模投入、高等级公路基础设施建设的大规模投入、高等级公路尤其是高速公路的快速发展，为提高公路客运营运质量提供了条件。社会经济发展的大环境以及通达能力、运行条件改善提出了战略性转变的要求。集约化经营、规模化发展成为现阶段中国公路客运发展战略的主要取向。在这种趋势下现有公路客运经营主体“多、小、散、弱”的状况已经不能适应市场需求的变化。因此，公路客运企业应以“安全、快捷、舒适”为基本要求，提高营运质量，走集约化经营、规模化发展之路。

5. 公路货运向快速、长途、重载发展

随着区域经济的发展以及公路基础设施和车辆的不断改进，中长距离公路运输需求增加，公路货运向快速、长途、重载方向发展。大吨位、重型专用运输车辆因高速安全、单位运输成本低而成为我国未来公路运输车辆的主力。专用车辆向重型化、专用功能强、技术含量高的方向发展。厢式运输车、罐式运输车、半吨位柴油车及危险品、鲜活、冷藏等专用运输车将成为运输主力。未来我国运输车辆将围绕提高运输效率、降低能耗、确保运输安全三大目标发展。

复习思考题

1. 公路运输具有哪些优缺点和适用范围？
2. 公路如何按交通量和行政管理划分等级？
3. 公路线路由哪几部分构成？公路交通控制设备有哪些？
4. 公路运输的汽车按用途不同分为哪几种？各有何主要用途？
5. 公路站场如何分类？各有何主要功能？
6. 公路运输管理如何划分管理层次和职责？
7. 安排公路客运班车时应考虑哪些因素？公路客运有哪几种组织形式？
8. 公路货物运输组织有哪几种形式？
9. 何谓甩挂运输？有何优点和适用条件？
10. 我国公路运输取得了哪些成就？存在哪些主要问题？

第六章　水 路 运 输

第一节　水路运输的特点

水路运输简称水运，是指利用船舶和其他浮运工具，在海洋、江河、湖泊、水库以及人工水道运送旅客和货物的一种运输方式。近几十年来，水路运输以其运力大、运价低、建设与维护费用少等优势，得到了较快的发展。

一、水路运输的技术经济特征

水路运输在所有运输方式中，是最为便宜的运输方式，但运输速度最慢，其技术经济特性主要反映在以下方面：

（一）水路运输的优点

1. 水路运输的运载能力大

水运的载运工具主要是船舶。船舶货舱与机舱的比例比其他运输工具大，船舶自重与其载重的比值为 8%～25%，而铁路货车的自重与载重之比为 25%～40%，因此，水运可供装运货物的舱位及载质量均比陆运和空运大。目前国际上最大的油轮每次可装运原油 56 万 t；最大的集装箱船可装运集装箱 8 000～10 000 TEU；矿石船的载质量高达 35 万 t。

水运航道的通过能力也相对较高。一条水道的年货运量一般超过一条铁路的年货运量。特别是海洋运输利用天然通道，若条件许可，可随时改造为最有利航线。在内河运输中，美国最大顶推船队的运载能力达到 5 万～6 万 t，我国顶推船队的运载能力为 3 万 t，在运行条件良好的航道，通过能力几乎不受限制。如长江上游的干流航道，其单向年通过能力为 3 300 万 t，而宜昌以下的长江中下游，其通过能力超过 3 亿 t，是上游的 10 倍还多。

2. 水路运输的投资少，能源消耗少，单位运输成本低

水运是利用“天然航道”进行运输的，不占用农田，不需要修建专门的通道，只需修建港口、码头、导航设施和购置运输船舶，这些设备的建设和养护费用比铁路要小得多。

船舶在水上航行所受到的阻力比火车运行所受到的阻力小，运载能力又大，所以，运输1 t货物至同样距离，水运的能源消耗少，其运输成本较其他各种运输方式都低。水路运输的运输成本约为铁路运输的1/25～1/20，是公路运输的1/100。因此，水运是最低廉的运输方式。

3. 续航能力大

一艘商船具有能够独立生活的各种设备，如发电空调设备、制造淡水设备、储藏粮食的粮仓、储藏食品的冷库和储藏燃料的油槽等，这些设备可使船舶能够携带足够的粮食、食品、淡水和燃料，可历时数十日，能够独立生活，这是其他任何交通运输工具不可比拟的。

4. 航道上净空限制小

铁路和公路两侧有各种设备及建筑物，为保证安全，铁路和公路运输对于所运输的货物在长、宽、高方面都有一定的限制，而船舶在水域上航行，净空限制小，可以装运体积巨大的货物和大宗散货、石油等物资。

（二）水路运输的缺点

1. 水路运输速度低

由于大型船舶体积大，水流的阻力随航速的增加而迅速增加。例如，当航速从5 km/h增加到30 km/h时，船舶所受到的阻力将增大到原来的35倍。因此船舶的航速一般较低。目前，一般船舶速度为30 km/h左右，冷藏船的速度为40 km/h左右，集装箱船的速度为40～60 km/h。

2. 水运受自然条件的影响较大

有些地区受季节的影响，不能四季通航；有些江河部分航段滩浅水急，不仅限制大船通航，枯水期还得停航。商船行使海上，遇暴风雪需要及时躲避，遇大雾也需按避碰章程办理，以防损害。

3. 水路运输的连续性和可及性较差

许多地区缺乏通航的江河水系。一些水系自成体系，互不通航，有些港湾水深不够，不能停靠大船，需要转驳倒载。这些条件都将影响水路运输的连续性和可及性。

（三）水路运输的适用范围

（1）适用于运费负担能力弱、运输期限要求不高的大宗货物运输。

（2）适用于远洋国际贸易货物运输。

（3）适用于体积特别巨大、铁路和公路无法运送的特种货物运输，如铁路机车车辆、民航客机、大型的水电设备。

二、水路运输的经营特性

水路运输（尤其是海运）的经营，由于具有国际性，易受国际政治、经济、法律及外汇的影响，远较其他运输方式的经营困难。其经营特性为：

1. 投资额巨大且回收期长

海运公司订造或者购买船舶需巨额资金，如新造一艘大型集装箱船（运能 3 500 TEU），造价为 5 000 万 ~ 6 000 万美元。船舶是其固定资产，折旧期较长，一般多以 20 年为准，就投资分析而言，用于固定资产之比例远较其他企业为高，且船舶没有移作其他用途的可能。

2. 国际化经营且竞争激烈

海洋运输经营具有国际化，船舶航行于公海，需争取各国货载的运送，由于世界运输船吨位严重过剩，同行业间竞争激烈，同时，还需要面对其他运输方式的竞争。

3. 兴衰循环，运费收入不稳

海运市场亦如经济景气状况的变化，有其周期性循环，对于运费高低影响很大。如果世界经济景气，货物运输需求增加，则运费上扬，进而刺激造船业发展；一旦船舶吨位增加，又逢世界经济趋于低迷，则立即反映于海运市场，运费必定趋于下跌，亦随之影响造船业，海运公司甚至不得不将船舶拆解，以期减少吨位，使运费回升。如此变化的结果，导致运费收入很不稳定。

4. 舱位无法储存

海运企业运输服务，不能像一般企业可随意减产或增产，即海上运输无法将货物及旅客舱位进行储存，如定期班轮开航，客、货运量不能满载，剩余之舱位即损失；反之，如超过客、货载量，亦无法预先储备舱位，剩余货物也不能超载容纳。

5. 要遵守国际法律

海运企业经营属世界性商务活动，除各国的海运法规外，对于国际公约与国际惯例需予以尊重，以适应国际海运市场。主要包括：

（1）国内法。如我国对外国籍船舶的管理规则，美国的海上货物运送条例、海运法等。

（2）国际公约。如联合国海上货物运输公约等。

（3）国际惯例。如国际商会联运单证统一规则。

三、水路运输的分类

水路运输有多种分类方法，具体如下：

1. 按贸易种类分

水路运输按贸易种类可以分为外贸运输和内贸运输。外贸运输是指本国和其他国家及地区之间进行的贸易运输；内贸运输是指本国内部各地区之间所进行的贸易运输。

2. 按航行区域分

水路运输按航行区域分为内河运输、沿海运输和远洋运输。内河运输是指在一条河流或几条河流上的运输，多为内贸运输，但对于流经数国的河流，则为外贸运输，如莱茵河、多瑙河等；沿海运输是指几个邻近海区之间或本海区内所进行的运输，一般以内贸运输为主；远洋运输是指国际的运输，以外贸运输居多。

3. 按运输对象分

水路运输按运输对象分为旅客运输、货物运输和客、货运输。其中货物运输按货物的品类可分为散货运输和杂货运输。散货运输是指运输无包装的大宗货物，如石油、煤炭、矿砂石等；杂货运输是指运输批量小、件数多的零星货物。

4. 按船舶营运组织形式分

水路运输按船舶营运组织形式分为定期船运输、不定期船运输和专用船运输。定期船运输是指选择适合营运条件的船舶，在规定的航线上，定期停靠若干个固定港口的运输；不定期船运输是指船舶没有固定的航线，而是按照运输任务或租船合同的要求所组织的运输；专用船运输是指企业购置船舶或租赁船舶所从事本企业自有物资的运输。

第二节　水路运输的基本设备

水路运输的基本设备包括船舶、港口、航道和航标等设施。

一、运输船舶

运输船舶是指载运旅客与货物的船舶，通常又称为商船。

（一）运输船舶的种类

船有多种门类，可按用途、航行区域、航行状态、推进方式、动力装置和船体材料及船体数目等分类。按用途分类：作为军事用途的称为舰艇或军舰；用于交通运输、渔业、工程及研究开发的称为民用船舶；运送货物与旅客的船舶称为运输船，它是民用船舶中的主要部分。

1. 客　船

凡以载运旅客为主要业务之船舶称为客船。客船多以定期方式进行，兼营邮件、行李及贵重物品。客船因需给予旅客舒适、便利、安全、准时等享受，故多称之为豪华客船、快速客船或游船。客船如图 6-1 所示。

图 6-1 客船

2. 客货船

兼载旅客和货物的船舶，称为客货船。有的以客运为主，有的以货运为主，不尽相同，但只要是客货船必有一共同的特点，即必须兼顾客船和货船两方面之优点，而避免其缺点。例如，装卸设备必须使用电动，以免噪声影响旅客；机械机具必须完备良好，以确保装卸迅速，并可严格控制船期；有完善的旅客生活起居设备，又有合乎规定之救生、防水、防火等安全设施。

3. 货 船

以载运货物为主要业务者称之为货船。在当今世界商船中，有 95% 以上为货船。由于造船技术的进步，使得货船在性能、设备方面日益改进，并因各种特殊货物运输的需要而制造出各种不同的专用船舶。现代货船因所载货物种类不同，行驶航线不同，其构造、性能、速率、设备亦各有不同，致使货船日趋专业化。依承运货物种类不同将主要的货船分为下列几种：

（1）杂货船。即为普通货船，定期行驶在货运繁忙的固定航线港口，以装运批量小、件数多、较零星的货物及不能集装箱化的、成件包装的杂货为主要业务。杂货船因所装货物种类繁多，需有装载各种不同货物的货舱和设备，如稳定设施和通风设备等。杂货船如图 6-2 所示。

图 6-2 杂货船

（2）散装货船。凡是专供装运无包装货物的船舶，称之为散装货船。散装货物的数量庞大，价值低廉，运费负担能力较低，通常有定向性或者季节性流动。如谷物、矿砂、煤炭、水泥、糖、盐等。这类船舶舱口大、舱内无中层甲板、有永久性或半永久性隔舱板，船上一般有抓斗、升降斗或真空传送机之类的装卸设备。

（3）集装箱船。即载运规格统一的标准货箱的货船。集装箱船具有装卸效率高、经济效益好等优点，因而得到迅速发展。

集装箱船按装运集装箱程度而区分为全集装箱船和半集装箱船两种：全集装箱船全部装载集装箱货物；半集装箱船除装载集装箱货物外，亦兼载其他杂货或散装货，用途广泛，亦称为多用途船。集装箱船如图6-3所示。

（4）油轮。凡以散装方式运输原油或成品油的专用船舶，通称为油轮。它是前些年货船中发展最快的船舶。油轮都不直接靠港口，而是停在港外利用管道等系统装卸油类，装卸速度快，一般20万t原油可在24 h内装毕或卸毕。油轮如图6-4所示。

图6-3 集装箱船

图6-4 油轮

（5）木材船。即专门用以运输木材和原木的船舶，称之为木材船。木材船船舱宽大，船舱内无梁柱及中层甲板，起重机需有10 t左右之起重能力，并装置于高架台上或船楼甲板上，甲板两侧舷墙应加高，以便甲板上亦能装载木材。

（6）冷冻船。即专门用于装运冷冻易腐货物（如肉类、水果、蔬菜等）的船舶。冷藏船内装有调节货舱温度和湿度的冷藏设备系统，以满足各舱货物对温度的不同需要。

（7）车辆运输船。即专门设计用来运送车辆的船舶。将车开入车辆运输船，到达目的地后，直接开出船舱，无须起吊装卸设备，但船上有驶入、驶出车道及舷门，甲板层数也较一般船舶多，甲板上都有系栓车辆之设备，以免海上颠簸倾倒碰撞。

（8）笨重船。即专门用于装运超长、超高、超大货物（如火车、小艇、锅炉、机器、飞机等）而设计的船舶。船上应有起重50 t以上至数百吨的起重机，舱口宽大，无二层舱。

（9）液体货船。这类船舶多用以装运特种液体货物，如化学品类的硫酸、液化石油气、液化天然气及液体硫黄等。这类船舶多为将船舱分隔成若干密封货舱，彼此绝对隔离，管道及货舱内壁镀有特殊金属，以防腐蚀。无舱口，无吊杆设备，以管道等装卸液体货物。

（二）船舶的基本结构

船舶虽有大小之分，但其结构基本相同，主要有以下几个部分：

1. 船　壳

船壳指船的外壳，是由多块钢板组成，包括龙骨翼板、弯曲外板及上舷外板3部分。

2. 船 架

船架指为支撑船壳所用各种材料的总称，包括龙骨、底骨、边骨、肋骨、船梁和舱壁。

3. 甲 板

甲板指铺在船梁上的钢板，其作用是加固船体结构和便于分层配载和装货。大型船甲板数可达六七层。

4. 船 舱

船舱指甲板以下的空间，如船首舱、船尾舱、货舱、机器舱等。

5. 船面建筑

船面建筑指主甲板以上的建筑，供船员工作、起居及存放工具之用。

（三）船舶的性能

1. 船舶的外形尺寸

（1）全长。是指船体首端至尾端的最大水平距离。

（2）型宽。是指在船长中点处，船体横剖面内两侧舷板间的最大水平距离。

（3）型深。是指在船长中点处，沿舷侧自龙骨上缘量至上甲板下缘的垂直距离。

（4）吃水深。是指在船长中点处，处于水面以下的船体深度。船舶在满载状态时的吃水深称为满载吃水深。

（5）船高和桅高度。船高是指从船底基线到船舶最高点的垂直距离。船高减去吃水深即为桅高度，它影响航道上桥梁的净空要求。

2. 船舶的容积性能

船舶容积性能以船舶的容积吨位来表示。船舶的容积吨位是各海运国家为船舶注册而规定的一种以吨为计算和丈量的单位，它是将船舶内部封闭容积以 2.83 m^3（100 立方英尺）为 1 t 折算所得到的吨位数，一般用于船舶注册登记，所以，又称注册吨位。

3. 船舶的重量性能

船舶的重量性能是指船舶的载重量和排水量，计算单位是吨（t），所以，可表示为重量吨位和排水量吨位。

（1）重量吨位。即船舶载重量，表示船舶在营运过程中所允许装载的重量。船舶的重量吨位可用于对货物的统计；租船时作为计算月租金的依据；表示船舶的载运能力；也可用于计算新船造价及旧船售价。重量吨位可分为总载重吨位和净载重吨位。

（2）排水量吨位。排水量吨位是指船舶在空载、满载或不满载时所排开水的吨数，它分为空船排水量、满载排水量和实际排水量 3 种。

4. 船舶的航行性能

船舶为了完成运输生产任务，经常在航行条件极为复杂的情况下运行，因此，为了保证安全，必须使船舶具有良好的航行性能。主要包括浮性、稳性、抗沉性、快速性、适航性和操作性。

（1）浮性。是指船舶在各种装载情况下，保持一定浮态的性能。

（2）稳性。是指船舶受到外力的作用后，离开平衡位置而倾斜，当外力消除后能够自行恢复到原来平衡位置的能力。

（3）抗沉性。是指船舶破损浸水后仍保持一定浮性和稳定性的能力。

（4）快速性。是指主机以较小的功率消耗而达到较高航速的性能。

（5）适航性。是指船舶在多变的海况中运动的性能。

（6）操作性。是指船舶能保持或改变航向的能力。船舶保持航向不变的能力叫航向稳定性；船舶改变其航向的能力叫回转性。

5. 船舶的航速与船级

（1）航速是指船舶在水域里的航行速度。船舶在江河里的航行速度，其计量单位是 km/h，船舶在海里的航速的计量单位是“节”（1 节 = 1.852 km/h）。船舶的航速依船型的不同而不同，散货船和油轮的航速较慢，一般为 13 ~ 17 节；最快的集装箱船的航速可达 24.5 节，相当于 45 km/h。

（2）船级是表示船舶技术状态的一种指标。根据船舶的注册吨位，将船舶划分为不同的级别，便于客户选择适当的船舶。在国际航运中，凡注册总吨在 100 t 以上的海运船舶，需由船级社或船舶检验机构批准，方可建造。在建造过程中，还要受某船级社或船舶检验机构的监督。建造完毕，需由船级社或船舶检验机构对船舶的各项技术指标和性能进行鉴定，确定船级，发给船级证书。船级证书的有效期是 4 年，期满后，需重新鉴定。船舶入级可保证船舶航行安全，有利于国家对船舶进行技术监督，便于船舶的营运，也便于保险公司确定船、货（客）的保险费用。

二、港　口

（一）港口的作用及分类

1. 港口的作用

港口是指具有一定范围的水域、陆域、码头等设施，供船舶的进出、停泊、停靠，旅客的集散、上下，货物的集散、装卸、驳运、储存等作业的场所。

港口就其功能而言，是交通运输的枢纽，是水陆联运的咽喉和衔接点，是货物和旅客的集散地，也是进行各种作业的场所。

2. 港口的分类

（1）按港口的性质和用途分为商港、渔港、工业港和军港等。

商港是指以一般商船和客、货运输为服务对象的港口，也称贸易港；渔港是为渔船停泊、捕捞、鱼货装卸、鱼货保鲜、冷藏加工、修补渔网、中转外调鱼货和渔船获得生产、生活补给品的港口；工业港是供临近江、河、湖、海的大型企业直接输入原材料及输出成品的港口；军港是供停泊舰艇并取得舰艇所需的各种补给的港口。

（2）按所在的地理位置分为海港、河口港、河港等。

海港是指在自然地理条件和水文气象方面都具有海洋性质的港口。港内有广阔的水域和深水航道，供海船进出停泊、进行各种作业、补充各种给养、躲避风浪等，是沿海运输和各种海上活动的基地，是沟通国内外贸易的枢纽。海港一般都位于有掩护的海湾内或位于开敞的海岸上。

河口港位于河流入海处或河流下游潮区界内，可停泊海船和河船。河口港与腹地联系方便，有河流水路优越的集疏运条件，对风浪有较好的掩护条件。

河港是位于河流沿岸，具有河流水文特征的港口。河港供内河运输的船舶进行各种作业，多以内贸为主，停泊河船。受河道径流的影响，天然河道的上游港口水位落差较大，装卸困难；中、下游港口易造成冲刷或淤积，需经常维护和治理。

（3）按潮汐的影响分为开敞港、闭合港、混合港。

开敞港是指港内水位潮汐的变化与港外相同的港口；闭合港与开敞港正好相反，闭合港在港口入海处设有闸，将港内水域与外海分开，使港内水位不随海上潮汐的变化而变化，以保证在低潮时，港内仍有足够的水深。混合港是兼有开敞港和闭合港特性的港口。

（4）按地位分为国际性港、国家性港和地区性港。

国际性港是用来停泊来自世界各国港口的船舶；国家性港主要停泊往来于国内港口的船舶；地区性港主要停泊往来于国内某一地区港口的船舶。

（二）港口水域设施

港口水域是指港口界线以内的水域面积。它一般需满足两个基本要求：即船舶能安全地进出港口和靠离码头；能稳定地进行停泊和装卸作业。港口水域主要包括码头前水域、进出港航道、船舶转头水域、锚地等几部分。

1. 码头前水域（港池）

码头前水域内要求风浪小，水流稳定，具有一定的水深和宽度，能满足船舶靠离装卸作业的要求。按码头布置形式可分为顺岸码头前的水域和突堤码头间的水域。港池的大小按船舶尺度、靠离码头的方式、水流和强风的影响、转头区布置等因素确定。主要有以下几种：

（1）开敞式港池。港池内水面随水位升降变化，不设闸门或船闸。它是海、河港口的一种最普通的形式，是相对于封闭式港池而言的。

（2）封闭式港池。一种建筑在潮差很大的地区，用闸门或船闸与港池外水域分隔开的港池。这种港池的优点是可使港池内的水面保持在一个比较稳定的高水位上，因而在建设港池时可以减少土方开挖量和码头建筑物的高度；可以减少泥沙淤积；保证船舶靠泊的稳定和改善货物装卸作业条件。缺点是船舶进出港口（港池）要过闸，不大方便；同时要相应增加一部分管理费用。

（3）挖入式港池。在岸上开挖出来的港池。在地形条件适宜或岸线不足时可建这种港池。其优点是可延长码头岸线，多建泊位；掩护条件较好。缺点是开挖土方量较大；在含砂量大的地方易受泥沙回淤的影响；在寒冷地区封冻时间较长。

港池水深，即码头前在任意情况下都能保证设计标准船型满载装卸作业所要求的水深。在水深不足的沿海港口，为使较大的船舶乘潮进港后能够靠码头进行装卸作业，通常在新建码头前一定的水域范围内（一般为2倍船宽）适当挖深，使其在设计低水位时能够达到设计标准船型满载吃水所要求的水深。

2. 转头水域

转头水域又称回旋水域。船舶在靠离码头、进出港口需要转头或改换航向时而专设的水域。其大小与船舶尺度、转头方式、水流、风速、风向有关。转头水域一般可与港内航行水域合并在一起布置。

转头水域的深度，在海港和内河港，最小水深一般按大型船舶乘潮进出港口的原则考虑；在内河港，最小水深一般不小于航道控制段最小通航水深。

3. 进出港航道

船舶进出港区水域并与主航道连接的通道，称为进出港航道。一般设在天然水深良好，泥沙回淤量小，尽可能避免横风、横流和受冰凌等干扰的水域。其布置方向以顺水流呈直线形为宜。根据船舶通航的频繁程度可分别采用单行航道或双行航道。

大型船舶在通过进出港航道的局部浅段时，由于水深不足，常利用一定的高潮位以增加航道深度使船舶通过。这种使船舶能在一定时间内，乘一定的较大潮位通过航道浅段的水位称为乘潮水位。乘潮水位的概念，常在设计进港航道、河口浅滩航道以及船坞坞口底面高度时采用。利用乘潮水位开挖航道，可以节省工程量，但船舶航行时间有一定限制，不能随时通航。

港口水深，通常指船舶能够进出港口进行作业的某一控制水深。港口水深是港口的重要特征之一，表明其自然条件和船舶可能利用的基本界限。港口水域在此控制水深限制之下，各部分深度是可以不同的，具体到某一部分的深度，主要根据使用要求和经济合理性来选取。航道、转头水域，在海港常按乘潮水位考虑；港池、停泊地按最低设计水位保证率确定，各泊位可不相同。在各种水域的基本起算水位确定以后，港口水深可按设计标准船型的满载吃水加上龙骨下最小富余深度，并考虑波浪的影响、航行时吃水的增大以及回淤等因素确定。

4. 锚　地

锚地是专供船舶（船队）在水上停泊及进行各种作业的水域。如装卸锚地、停泊锚地、避风锚地、引水锚地及检疫锚地等。装卸锚地为船舶在水上过驳的作业锚地；停泊锚地包括到离港锚地，供船舶等待靠码头、候潮和编解使用的锚地；避风锚地指供船舶躲避风浪时的锚地，小船避风需有良好的掩护；检疫锚地为外籍船舶到港后进行卫生检疫的锚地，有时也和引水、海关签证等共用。港口组成平面示意图如图6-5所示。

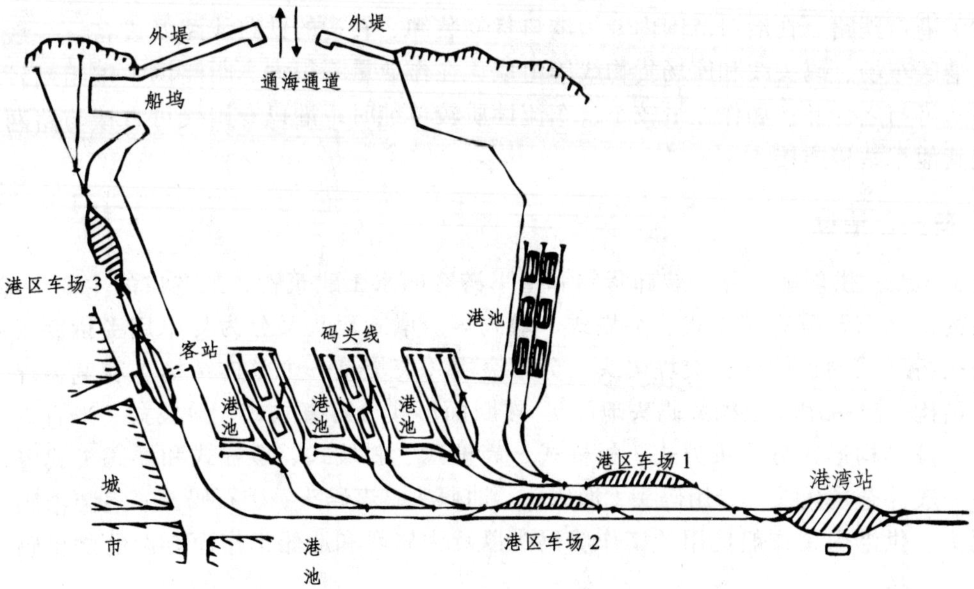

图 6-5 港口组成平面示意图

（三）港口陆域设施

港口陆域是指港界线以内的陆域面积，一般包括装卸作业地带和辅助作业地带两部分，并包括一定的预留发展地。装卸作业地带布置有仓库、货场、铁路、道路、站场、通道等设施；辅助作业地带布置有车库、工具房、变（配）电站、机具修理厂、作业区办公室、消防站等设施。

1. 港区生产设施

（1）生产性建筑物。为水运企业进行主要生产工艺过程的建筑物，在港口中，如码头、仓库、货场、客运站、铁路、道路等；在修造船企业中，如船坞、船台、轮机车间、船体车间等。

（2）生产辅助建筑物。为水运企业辅助生产服务的建筑物。如港口的流动机械库、修理厂（所）、供应站、航修站、变电所、候工室、作业区办公室、消防站、通讯建筑及港务管理办公建筑等。

（3）港区作业调度室。港区作业调度室是港口日常装卸作业、生产的指挥中心。调度室一般设在港口装卸作业最中心的位置，并装设有与各有关方面联系的有线和无线电话和各种先进的电子装置。

2. 港口集疏运设施

（1）港区道路。港内通行各种流动机械、运输车辆和人行的道路。港区道路联系码头、仓库、货场、前后方之间和港内与港外之间的交通，为减少行车干扰，便利消防，港区道路一般布置成环行系统。在主要装卸区和车辆、机械行驶较多的地区，路面多铺设混凝土和沥青混凝土。

（2）港口铁路。在港口范围内专为港口货物装卸、转运的铁路线路及设备。一般由港口车站、港区车场、码头线和库场货物线等组成。在作业量不很大、距路网上编组站较近时，港口车站可与之合并；如作业量较小，车流性质较单纯时，港口专用线可直接与路网上的编组站或其他车站相连接。

3. 码头、泊位

（1）码头。供船舶停靠、装卸货物和上下游客的水工建筑物，是港口的主要组成部分。按码头的平面布置分有顺岸式、突堤式、墩式等。墩式码头又分为与岸用引桥联系的孤立墩或与联桥联系的连续墩；突堤码头又分窄突堤（突堤是一个整体结构）和宽突堤（两侧为码头结构，当中用填土构成码头地面）。按断面形式分有直立式、斜坡式、半直立式和半斜坡式。按结构形式分有重力式、板桩式、高桩式、斜坡式、墩柱式和浮码头式等。按用途分有一般件杂货码头、专用码头（渔码头、油码头、煤码头、矿石码头、集装箱码头等）、客运码头、供港内工作船使用的工作船码头以及为修船和造船工作而专设的修船码头、舾装码头。

（2）泊位。是指一艘设计标准船型停靠码头所占用的岸线长度。泊位长度一般包括船舶的长度 L 和船与船之间的必要安全间隔 d。d 值的大小根据船舶大小而变化，一个万吨级泊位为 15 ~ 20 m。泊位的数量与大小是衡量一个港口或码头规模的重要标志。一座码头可能由一个或几个泊位组成，视其布置形式和位置而定。

4. 港区仓库

专供进出港口的货物临时或短期存放保管的建筑物，称为仓库。它是港口的重要组成部分，其主要作用是便利货物储存、集运，加速车、船周转，提高港口通过能力，保证货运质量。为了流动机械、车辆能在库内作业、通行，其建筑结构要求跨度大、净空高、库门宽。按存放货物的种类分为件货仓库、散货仓库、危险品仓库及冷藏库等；按其位置分为前方仓库和后方仓库；按其特点分为专用仓库、通用仓库、单层仓库与多层仓库等。

前方仓库是设在码头前方第一线与船舶装卸作业直接相关的建筑物。其容量一般要与泊位通过能力相适应。后方仓库是与前方仓库相对而言的，位于港区的后方，距离码头泊位比较远的建筑物。堆存时间较长的货物通常保管在后方仓库（场）。为加速车船周转，避免港口堵塞，卸在前方仓库（场）的货物，如超过堆存期限，物资部门仍未提货，港口即将其转到后方仓库（场）堆存保管。后方仓库的容量，要根据货物集散的速度和港口所在地区的要求而定。

5. 港区货场

港区货场是指在港内堆存货物用的露天场地，它的性质和作用与仓库相同。凡不需进库的货物一般在货场存放。货场有件杂货场和散杂货场两类。件杂货场一般都需要进行铺砌，所用材料视货物种类和装卸设备类型而异，有混凝土、沥青混凝土、块石、碎石等多种。根据场地所在位置，也有前、后方货场之分。场地要有一定的坡度，便于排水；要留有通道，便于车辆和装卸机械通行和消防。

6. 港口装卸机械

港口装卸机械是完成港口货物装卸的重要手段，用于完成船舶与车辆的装卸、货物的堆码、拆垛与转运等。港口流动的装卸机械有较大型的轮胎起重机、履带式起重机、浮式起重机和各种装卸搬运机械，如叉式装卸车、单斗车、牵引车等；固定装卸机械有门座起重机、岸边起重机、集装箱起重机和各种连续输送机械，如带式输送机、斗式提升机、气力输送机、螺旋输送机和油气管道等。

7. 港口给排水和供电

港口给水系统是为船舶和港口的生产、生活、环境保护与消防提供用水。根据不同用途的需要提供不同的水量、水压和水质。

港口排水系统的任务是：及时地排除港区的生产水、生活污水及地面雨水，对有害的污水进行净化处理，达到环境保护的要求后才排放，以防止对环境水域的污染。

港口供电对象主要是装卸机械、维修设备、港口作业辅助设施、照明、通信与导航设施等。

8. 船舶基地

为了保证港口生产与安全，需要有各种辅助船舶，如拖轮、供水船、燃料供应船、起重船、垃圾船、巡逻艇、搜救船等。船舶基地主要用于港区各种辅助船舶的停泊与维护。

三、航　道

航道是指以组织水运为目的所规定或设置的船舶航行通道。随着船舶运行密度和纵横水运网的形成，现代水上航道已不仅是天然航道，还包括人工运河、进出港航道以及保证航行安全的航行标志系统和现代通讯导航设备系统在内的工程综合体。

（一）航道的种类

1. 海上航道

海上航道属自然水道，其通过能力几乎不受限制。每一海区的地理、水文情况都反映在该海区的海图上。船舶每次的运行都是根据海图，结合当时的气候条件、海况和船舶本身的技术性能进行计算并在海图上标出。经过人们千百年来的努力和探索，加上现代导航技术的应用，世界各国和地区间的海上航道已基本为人们所了解和掌握。

2. 内河航道

内河航道大部分是利用天然水道，再加上引航的航标设施所构成。内河航道比海上航道的运行条件要差，主要表现为不同的通航水深不同、通行的时限不同、单双向通行的方式不同。因此，在进行综合规划时，还应考虑航道分级和航道标准化。

从安全角度出发，航道分级有利于对船舶进行管理；航道和过船建筑物的标准化则是实现船型及港口设备标准化、形成现代化高效运输系统的前提条件。由于大多数内河自然水道还需考虑航运、发电、灌溉、防洪和渔业的综合利用与开发，所以，在发展内河航运而涉及河道问题时，还应注意与其他国民经济部门协调配合。

3. 人工航道

人工航道是指人工开凿，主要用于船舶通航的河流，又称运河。人工航道一般都开凿在几个水系或海洋的交界处，可以使船舶缩短航行路程，降低运输费用，方便人们生产和生活，扩大船舶航行范围，进而形成一定规模的水运网络。一些著名的国际通航运河，对世界航运的发展、船舶尺度的限制影响很大，其中主要有苏伊士运河、巴拿马运河、基尔运河。世界上最长最古老的人工运河是我国的京杭大运河。

（二）航道的航行条件

海上航道的通过能力一般不受限制，所以，研究航道的航行条件只是针对内河航道。影响航道通过能力的因素很多，主要有航道的深度、航道的宽度、弯曲半径、水流速度、潮汐及季节性水位、航道的气象条件等。这些因素对港口建设、船型选择及运输组织都有决定性的影响。为了保证安全，航道必须具备一定的航行条件。

1. 航道应具有足够的航道深度

航道深度是指全航线中所具有的最小通航保证深度，它取决于航道上最困难的区段和浅滩上的水深。航道深度是河流通航的基本条件之一，它是限制船舶吨位和通过能力的主要因素，也是选择船舶吃水量和载重量的主要因素。航道深度增加，可以选择吃水量深、载重量大的船舶，但却会增加整治和维修航道的费用。

2. 航道应有足够的航道宽度

航道的宽度依据航道等级和通航方式（单线航行、双线航行或三线航行）的不同而定。公式如下：

航道宽度＝同时交错的船队或船舶宽度之和＋富余宽度

其中富余宽度是“同时交错的船队或船舶宽度之和”的 1.5 ~ 2.5 倍。

3. 航道应有适宜的航道转弯半径

航道转弯半径是指航道中心线上最小曲线半径。一般航道转弯半径不得小于最大航行船舶长度的 4 ~ 5 倍，若受自然条件限制，最低也不得小于船舶长度的 3 倍，否则，将会影响航行安全。

4. 航道应有合理的航道许可流速

航道许可流速是指航线上的最大水流速度。船舶航行速度与流速的关系如下：

下水（顺水）航行时：航速＝船舶静水速度＋流速

上水（逆水）航行时：航速＝船舶静水速度－流速

船舶的静水速度一般在 9 ~ 13 km/h，即 2.5 ~ 3.6 m/s，因此，航道上的流速以小于 3 m/s 为宜。

5. 航道应有符合规定的水上外廊

水上外廊是指要保证船舶通过时，水面以上部分所需要的高度和宽度，其尺寸按航道的等级确定。一至四级航道上桥梁等建筑物的净空高度，取 20 年一遇的洪水期最高水位来确定；五六级航道则取 10 年一遇的洪水期最高水位确定。

四、航　标

航标是表明航道的界限，帮助船舶定位，引导船舶航行，有危险时表示警告和指示碍航物的人工助航标志（见图 6-6）。

图 6-6　航标

（一）航标的功能

为保证进出口船舶的航行安全，在每个港口、航线附近的海岸均有各种助航设施，其主要功能有：

1. 定　位

定位是为航行船舶提供定位信息。

2. 警　告

警告是为航行船舶提供碍航物及其他警告信息，如对暗礁、浅滩、航道弯段等给予警告。

3. 交通指示

交通指示是根据交通规则指示航行方向。

4. 指示特殊区域

指示特殊区域是指锚地、测量作业区、禁区等。

永久性航标的位置、特征、灯质（灯火的颜色、高度、射程、闪频等）、信号等已载入各国出版的航标和海图。

（二）航标的分类

1. 按设置地点分类

按设置地点分类，航标分为海区航标和内河航标。海区航标设在沿海和河口地段，引导船舶沿海航行及进出港航行；内河航标是设在江、河、湖泊、水库航道上的助航标志，标示内河航道的方向、限界和碍航物，为船舶航行指示安全通道。

2. 按工作原理分类

按工作原理分类，航标分为视觉航标、音响航标与无线电航标。

（三）各类航标的特点

1. 海区航标

海区航标主要有视觉航标、音响航标和无线电航标3种。

（1）视觉航标。是指白天以形状、颜色和外形来显示，夜间以灯光颜色、发光时间间隔、次数、射程及高度来显示。驾驶人员可直接通过观测，迅速判明水域、确定船位、安全航行，是使用最多、最方便的航标。常见的视觉航标有灯塔、灯桩、立标、浮标、灯船、系碇设备和各种导标。

（2）音响航标。是指能发出规定响声的助航标志。它可在雾、雪等能见度不良的天气中向附近船舶表示有碍航物或危险。在下雾时，按照规定的识别特征发出音响信号，一般听程只有几海里。

（3）无线电航标。是指利用无线电波的传播特性向船舶提供定位导航信息的助航设施。包括无线电指向标、无线电导航台、雷达应答标、雷达指向标和雷达反射器等。

2. 内河航标

内河航标一般分为3等：一等航标设于航运发达的河道上，由岸杆和浮标交相组成，夜间全部发光，保证船舶昼夜都能从一个航标处看到下一航标，是等级最高的航标；二等航标设于航运较发达的河段上，其设置密度比一等航标稀，夜间只有主航道上的航标发光，亮度也弱；三等航标设于航运不太发达的河段上，密度稀，夜间不发光，船舶只能利用航标和天然参照物在白天航行。

内河航标的种类很多，目前我国的内河航标有航行标志、信号标志和专用标志3类。

航行标志用于标示内河安全航道的方向和位置等。信号标志用于标示航道深度、架空电线和水底管线位置，预告风讯，指挥弯曲狭窄航道的水上交通。专用标志用于标示内河中有碍航行安全的碍航物。

第三节 水路运输组织

一、船舶运行组织

（一）船舶运输组织中的航次

船舶运输组织就是对船舶生产活动的计划安排。它主要包括规划航线系统、为航线选配适当的船舶或船队、协调各方面的工作、确定拖（推）船与驳船工作配合方式以及制定船舶运行时刻表。

1. 航次的概念

在船舶运输生产中，将船舶从事货物和旅客运输的一个完整运输生产过程（即一个生产周期）称为一个航次。一个航次的时间，对于客船、货船和驳船而言，是自上一航次终点港卸空所载货物（或下完旅客）时起，至本航次终点港卸空货物（或下完旅客）时止的时间。

航次所包括的作业有：

（1）基本作业。包括装卸货物或上下旅客、船舶航行。

（2）辅助作业。包括装卸货物前的准备工作，包括办理文件、编解船队等。

（3）服务作业。包括供应燃料、物料、淡水、食品、备品等作业。

2. 航次的分类

根据船舶运输生产组织的特征，航次可分为简单航次和复杂航次。

（1）简单航次。是指船舶在两个港口间完成一次货物（旅客）运输完整过程的航次。

（2）复杂航次。是指船舶在多个港口间完成的航次，即船舶不仅运输从始发港到终点港的货物（旅客），还在中途一个或几个港口装或卸部分货物（上或下旅客）或加减驳船。

另外在水路运输生产中，还有一种往返航次的概念，它是指船舶在两个或两个以上港口间从事客、货运输，船舶到达终点港卸完货或下完客以后又重返回始发港的航次。根据运行组织形式，往返航次又分为以下3种：

（1）单向运输货物的往返航次。是指船舶在两港之间实现单向货物运输任务，而回程空载的航次。大多数散货船及石油运输船的运输组织都采用这种往返航次。

（2）双向运输的简单往返航次。是指船舶在两港之间运行，往返两程都重载的简单航次。船舶在这一航次中完成两个运输生产周期。

（3）双向运输的复杂往返航次。是指船舶在两港之间运行，往返两程都重载的复杂航次。船舶在这一航次中完成两个运输生产周期。大多数班期航线的运输组织都采用这一类航次。

（二）船舶配载与积载

船舶配载、积载是货物装船之前一项细致、复杂而又是十分重要的工作。它是正确贯彻运输政策，保证船货安全，合理使用船舶，正确组织装卸，顺利完成货物运输的重要环节。

1. 船舶配载

船舶配载是指为船舶的具体航次选配货载，即船舶公司根据货物托运人提出的货物托运计划，对所属船舶的具体航次确定应装运的货物品种、数量及体积。配载的结果要编制成一张航次装货清单。远洋航行船舶装货清单的内容包括卸货港、装货单号、货名、件数、包装、重量、体积和积载因数等，同时还要注明特殊货物的装载要求。

2. 船舶积载

船舶积载是指对货物在船上的配置与堆装方式做出合理的安排，即船上大副或港口有关部门根据装货清单，确定货物在各货舱、各层舱配装的品种、数量与堆装位置及正确的堆装工艺。而积载的结果，则要编制一个计划积载图。计划积载图是用一个简单的示意图把船舶拟装载的各票货物的名称、装货单号、卸货港、包装形式、件数、吨数、体积及货位详细地标示出来，故该图又称为货物积载图。完整的积载图内容还应包括：船舶本航次的起运港、中途港及终点港；离港及预计到港日期，装货后船舶前、后吃水与平均吃水；本航次装运各港口货物的数量及其在船上各货舱的配置情况；装卸货的特殊要求及其注意事项等。

积载工作必须保证船舶安全、货物完好，满足船舶必要的航行技术性能，装卸方便及良好的营运经济效果。因此，安全、优质、快速、经济是对船舶积载总的基本要求。

船舶配载与积载是既紧密联系又互相区别的两个阶段的工作。配载是积载的前提和依据，它应为积载创造便利的条件；积载是配载的继续和具体实施，它必须保证配载计划的完成。

（三）船舶运行组织方法

船舶运行组织方法有航次形式和航线形式两种。

1. 航次形式

（1）航次形式的概念。航次形式是指船舶运行没有固定始发港和终点港，船舶仅为完成某一项运输任务，按照航次计划运行的一种船舶运行组织形式。采用航次形式时，船舶完成一个航次后，便可到达它能够到达的任一港口，运输它适合运输的货物，开始另一个航次。

（2）航次形式的特点。由于航次形式没有固定始发港和终点港，船舶完成一个航次后，便可到达它能够到达的任一港口，运输它适合运输的货物。因此，航次形式的优点是机动灵活，对航线形式起补充和调整的作用，是船舶运输组织不可缺少的一种形式。它的缺点是由于它的不定期性，因此，不利于与港口工作的协调和配合，不利于组织联合运输。同时船舶的使用性质，它所运输的货物种类、数量、发送港、发送期限以及船舶的运行方向等，主要取决于货主的运输申请书，这样，常常会造成船舶空驶，导致船舶的使用效率降低。

（3）组织航次形式的条件：

① 运输计划的要求。如制订计划时，对于一些小批量的货物，不需要开辟固定航线，在规划航线和配船论证结果中，就会安排运送特种货物的航次。

② 满足临时发生的运输需要。如防汛物资、救灾物资、急需的支农物资、急需的城市供应物资以及季节性的农产品运输。

③ 其他情况。如对封冻的河流，在航期开始及结束时，也可能临时采用航次形式；在船舶调动航线时，为充分利用船舶，也可临时安排一次任务。

2. 航线形式

（1）航线形式的概念。航线形式是指船舶在固定的港口之间运行，为完成一定的运输任务，选配适合具体条件的一定数量的船舶，并按一定的工艺过程组织船舶生产活动的一种船舶运行组织形式。航线形式是由航次形式在具有稳定的运输需要的航区形成和发展起来的，是一种独立的组织形式。航线形式的组织条件，首先是要大量而稳定的货流（客流）。

（2）航线形式的主要优点：

① 有利于吸引货源（旅客），组织货流（客流），保证货物（旅客）的及时送达。

② 有利于各生产环节的协调配合，保证有条不紊的工作，保持正常、稳定的生产秩序，以缩短船舶泊港时间，提高运输效率。

③ 有利于组织几种运输方式之间的联合运输。

④ 有利于工作人员熟悉航道航行条件，确保航行安全，缩短航行时间。

⑤ 有利于对船舶的调度领导和管理。

⑥ 有利于船员安排生活。

（3）航线的分类。航线有多种分类方法，按船舶航行区域分为内河航线、沿海航线和远洋航线；按船舶运行状态分为定期航线和一般航线，定期航线又称班轮航线；按航线有效期分为全年或全航期有效航线和季节性航线；按航线港口数分为简单航线和复杂航线。

（四）船舶运行组织特点

1. 单船运行组织特点

单船运行与船队相比，单船船体短、灵活、舵效反应快，操纵性能好；因吃水较深，故抗风浪性能好；由于阻力小而使得其航速较高；运行组织简单，即使在港口靠离码头和移泊时，一般也不需要港作拖（推）船协作；但在整个停泊时间内，动力部分不能充分利用，影响了经济性；且载货部分固定，没有驳船队灵活；又因其吃水较深，对航道深度有一定的要求。

据上述技术营运性能特点，单船运行一般适用于：

（1）远洋、海区、湖泊、水库以及河面开阔和水深较大的下游航道。

（2）要求快速运送的贵重货物、鲜活货物（牲畜、家禽、禽蛋、水果、蔬菜等）和急需物资的运输。

（3）港口装卸效率较高、水深较大、港口间距离较长的航线。

如果其他条件不考虑，一般将载重量大、航速高的船舶安排在距离长、装卸效率高的航线上更为经济。所谓“大船大线”，是航线配船最一般的原则。

2. 顶推（拖带）船队运行组织特点

顶推（拖带）船队与货船不同之处，主要是载货部分和动力部分可以分开，而且载货部分组成的大小又可随航道条件和货流构成的不同而变化，具有较大的灵活性与适应性。因此，它能加速船舶周转，充分利用机动船舶；运输成本一般较货船低。在吃水受到限制的航道，它的载重量也远比货船大。顶推（拖带）船队的主要缺点是航速较低、抗风浪能力差、船员的工作条件与生活条件不如货船，推（拖）船与驳船工作要求严密配合，组织管理较货船复杂，如果组织配合不好，可能造成运力浪费。

根据顶推（拖带）船队技术和营运特点，船队一般适用于：

（1）水浅、风浪小的内河航道。

（2）价格较低、运输速度要求不高的大宗货物运输。

（3）货源不稳定、批量悬殊的多点运输。

（4）运输距离较短、装卸效率较低的港口。

3. 客船运行组织特点

客船运行组织的原则是安全、准时、舒适、方便地运送旅客。其运营特点是：

（1）需要定期、定时发船，便于旅客掌握发船规律。

（2）在主要港口，船舶的到发时间安排应考虑与其他运输方式的衔接，方便旅客。

（3）在长距离的客运航线以及旅游、休闲航线上，应配置设备较完善、航速较高的船舶。在短距离的地方性客运航线上，则应考虑旅客自带物品较多的特点，所配备的船舶应有较多可供堆放物品的空间。

（4）市郊和市内客运航线，为了方便旅客，一般要求发船密度较大，可以采用载客量较小的船舶。并需根据客流在时间上、方向上的不平衡性，有针对性地予以调整。

二、港口作业组织

（一）船舶在港作业组织

1. 船舶在港作业过程

从船舶到达港口到船舶离开港口，必须经过如下的作业过程：

（1）联检。由海关、边防、卫生、港监组成的联合检查。

（2）进港。在港口导航设备和引航员的引航下（有时还需要拖轮的帮助），通过入港航道进入港口。

（3）待泊。在锚地等待指泊。

（4）靠泊。泊位确定以后在引航员和拖轮的帮助下，由港口的系缆工人将船舶系在码头的系缆桩上，船舶靠泊完成。

（5）船舶卸货。船舶卸货之前需要办妥有关的手续；港口需要做好卸货前的一切准备工作，在船舶卸货的同时进行船舶的供给补充。

（6）移泊。船舶的装货和卸货之间可能需要移泊，移泊的过程仍然是在引航员和拖轮帮助下进行。

（7）船舶装货。货物装船之前，必须办妥有关的手续，并做好装货前的各项准备工作。在货物装船之前或同时，还要进行理货。

（8）联检出港。装船完毕，联检合格后，引航出港。

2. 组织船舶在港作业应注意的问题

（1）组织各项作业按顺序连续进行，并尽可能缩短这些作业的延续时间。

（2）组织船舶在港的各项作业尽可能平行进行，如在装卸作业的同时完成船舶供应工作及船舶修理等。

（3）重点组织好船舶的装卸作业，缩短装卸时间。

总之，组织船舶在港作业的目标，就是最大限度地缩短船舶在港的停泊时间。

（二）港口生产过程

科学合理地组织港口生产过程，是在保证安全和质量的前提下，使整个生产过程的各个工艺环节相互衔接，协调配合，保证人力、物力、空间和时间都得到最合理的利用，使整个生产过程取得最佳的经济效果。

1. 港口生产过程的组成

港口企业的生产过程由生产准备过程、基本生产过程、辅助生产过程和生产服务过程 4 个方面组成。

（1）生产准备过程。是指装卸货物前所进行的全部技术准备和组织准备工作。包括编制装卸作业计划，确定装卸工艺、装卸地点，准备装卸机具等。

（2）基本生产过程。是指货物在港内的装卸过程。货物从进港到离港所进行的全部作业的综合，包括卸船、装船过程，卸车、装车过程，库场作业过程以及港内运输等。

（3）辅助生产过程。是指保证基本生产过程正常进行所必需的各种辅助性生产活动，如装卸机械的维修与保养、装卸工具的加工制造与管理、港口各种设施的维修以及动力供应等。

（4）生产服务过程。是指保证基本生产和辅助性生产过程顺利进行所需的各种服务活动。为基本生产服务的有理货业务、仓储业务和计量业务；为船舶服务的有技术供应、生活必需品供应、燃料和淡水供应、船舶的检修与修理、压舱污水处理等；为货主服务的有货物鉴定、检验包装等。此外，还有集装箱的清洗与检修、港内垃圾与污水处理等。

在组织生产过程时，既要组织好基本生产过程，也应组织好其他 3 个过程。特别值得注意的是，在组织生产过程中，不但要注意物资（即各项设备）的组织，而且要抓好信息的组织工作。在港口生产过程中，由于信息流通不畅而引起的生产中断，占有很大的比重。例如，船舶积载图未能在船舶到港前收到，港口则无法提前准备；外贸出口货虽已抵达，但由于某项手续尚未办妥而不得不“退关”。

2. 港口生产过程组织的主要任务

（1）保持港口畅通，加速车、船、货的周转。

（2）保证按期、按时、安全、优质地完成车、船装卸任务，特别是重点船、重点货的装卸。

（3）充分合理运用港口能力和一切技术手段，使完成装卸生产任务所消耗的人力、物力减少到最低限度。

（4）保证港区装卸生产过程与铁路、航运、外贸、货主等部门之间密切配合，避免车、船、货之间互相等待。

3. 港口生产过程组织的基本原则

为了取得最佳的生产效益和经济效益，必须保证生产过程连续性、协调性、均衡性以及经济性的统一。

（1）保证生产过程的连续性。主要表现为在港口生产过程与准备、辅助、服务过程之间，生产过程各环节之间，尽力组织平行作业和流水作业，合理安排程序，避免发生作业中断。

（2）保证生产过程的协调性。要求港口生产各主要环节之间、作业线上各工序之间，在装卸人员、设备之间配合得当，避免互相脱节。

（3）保证生产过程的均衡性。下达的生产任务要保持各个阶段、各个工序相互均衡。组织好港口生产过程的均衡性是生产过程组织水平、充分利用港区装卸能力、提高经济效益的集中表现。

（4）保证生产过程的经济性。在组织港口生产过程中不仅要考虑效率和数量，而且还要全面考虑经济效果。这是港口生产过程组织优劣的重要标志。例如，在船舶停留时间相等的条件下，应该尽量采用装卸成本较低的装卸工艺方案。

（三）港口装卸作业组织

货物的装卸是港口最基本的业务。港口根据装卸货物的品种、数量、质量等情况，配置各种类型的装卸机具和员工，其装卸能力远大于铁路和公路货运站。货物装卸作业分为码头岸上作业和船上作业两个环节。岸上作业主要包括货物在码头前沿的搬运、堆码垛和装卸机械将货物在码头岸上与船上之间的起吊和放下等工序；船上作业是指船舶到达港口以后，由港口的码头工人操作船上装卸机械，在甲板上或船舱里整理货物或摘挂吊钩，以及打开舱盖或关上舱盖等。为保证各主要环节时间的衔接和生产率的一致性，装卸作业组织部门应编制出作业组织程序，确定出各作业环节应配备的工人数、配机台数、工具的种类和数量等，并组织装卸工人按规定工序按时、按质、按量地完成任务。

货物在港口换装有两种形式：直接换装和间接换装。直接换装是指货物从一种运输工具直接换装到另一种运输工具；间接换装是指货物经过港口的仓库和堆场储存之后，再装至其他运输工具。在直接换装作业中，货物只经过一个操作过程，而在间接换装作业中，货物要经过两个以上的操作过程。一般来说，操作过程越多，港口为了完成货物换装所耗费的人力、物力越大。因此，直接换装是效率（效益）最高的作业形式，在生产作业组织中应该尽可能地采用。但是，车船之间直取作业有可能延长车船在港停留时间。应该采用何种作业方案，要根据具体情况确定。

三、水运通过能力

（一）航道通过能力

航道通过能力是指在一定的船舶技术性能和一定的运输组织方法条件下，一定航道区段在单位时间（昼夜、月、年或航期）内可能通过的货吨和船吨数，它取决于各困难航道的通过能力及其相互影响。影响航道通过能力的因素有航道和船舶的技术性能、经济因素、自然因素以及运输组织方法等。

天然航道由自由行驶区段和受限制区段（困难区段）组成。在自由行驶区段，由于船舶可以自由对驶和超越，其通过能力一般不受限制。困难区段是指航道狭窄、弯曲半径小、水流急、有险滩暗礁的航段或浅水航段，在通过这些航段时，其通过能力要不同程度地受限制。如有的航段船舶不能夜航；有的航段只能单船行驶，不能对驶和超越；在浅水地段，船舶吃水要受限制等。

人工航道为保证船舶顺利通过航道上的集中水位落差，一般都建有通航船闸。船舶通过船闸时要受到一定的限制，所以，人工航道的通过能力主要受船闸通过能力的限制。

（二）港口通过能力

港口通过能力是指港口在一定设备条件下，按合理的操作过程，先进的装卸工艺，在一定的时间内装卸船舶所能完成的货物最大吨数。港口通过能力是港口所有泊位通过能力之和，需在分货类计算的基础上进行。港口通过能力主要由泊位、场库、装卸线、道路等组成。

泊位能力是一个泊位在一年中能够装卸货物的最大吞吐量，以吨表示。泊位能力是港口通过能力的主要组成部分。其影响因素有码头装卸设备能力、装卸效率、管理水平、船舶到港不平衡性和泊位年工作时间等。

场库通过能力是指港区仓库或货场在一年中所能通过的最大货物吨数。场库通过能力是港口通过能力的重要组成部分。其影响因素有场库有效面积、单位面积堆货量及货物平均堆存期等。

第四节　我国水路运输的现状与展望

改革开放以来，我国的水运事业得到了巨大发展，水路客、货运量都有了较大幅度的增长。2010 年全国完成水路货运量 36.4 亿 t、货物周转量 64 305.3 亿 t · km；全国完成水路客运量 2.2 亿人次、旅客周转量 71.5 亿人 · km。2018 年全国完成水路货运量 70.27 亿 t、货物周转量 99 052.82 亿 t · km，全国完成水路客运量 2.80 亿人次、旅客周转量 79.57 亿人 · km。

目前，我国的商船已航行于世界 100 多个国家和地区的 400 多个港口，已基本形成了一个具有相当规模的水运体系。

一、我国内河运输的现状与展望

航道是航运发展的基础，在 20 世纪 50 年代，国家对航道建设进行恢复与整治。50 年代中后期是我国内河航道建设的第一次高潮。重点整治川江，实现了川江昼夜通航，使川江船期由 10 天缩短到 4 ~ 5 天。而后又扩建京杭运河，开始大规模内河航道整治。到 1960 年全国内河航道里程为17.39万km，达到历史最高水平。同时，航道质量也得到改善，机动船航道里程由1949年的2.42万km增加到1960年4.90万km，增加了1倍多。

20世纪80年代以后，我国内河航道建设进入第二次高潮。80年代为恢复性治理阶段，对京杭运河苏北段航道进行整治，使千吨级船舶可从徐州直达扬州。20世纪90年代为规划性治理阶段，有长江兰述段千吨级航道工程，闽江口2万吨级出海航道工程等。特别是1992—1997年投资27亿的京杭运河苏南段整治工程，是苏南运河历史上规模最大、标准最高、难度最大、效益最为显著的航道整治工程。近30年来，虽然航道总里程增加不多，但是航道质量明显提高，五级以上航道由1995年的1.86万km增加到2008年的2.46万km。

“十五”期间，长江航运在航道治理方面，初步完成了宜宾至宜昌1 045 km航道的治理，京杭运河徐州—扬州段建成二级航道、苏南段建成四级航道等。正在建设的长江和珠江三角洲300～1 000 t级航道网，将形成跨省干线航道网络和江海直达运输体系。目前，长江航运三级以上航道占95%，全线可通航1 000 t级船舶，宜昌以下可通航1 500 t级船舶，武汉以下可通航5 000 t级船舶，南京以下可通航15 000 t级船舶。

我国内河航道总里程虽居世界第一，但航道等级低，航道总里程中千吨级以上航道仅占7%，而美国高达61%，欧洲干线航道及其主要河流均已实现千吨级船舶畅通无阻。从航道等级看，中外差距悬殊。因此，今后我国内河航道建设的主要任务是：不断提高主要航道技术等级，改善通航条件，按照全国水运主通道总体布局规划，大力发展“两纵三横”共5条水运主通道。“两纵”是沿海南北主通道，京杭运河淮河主通道；“三横”是长江及其主要支流主通道，西江及其主要支流主通道，黑龙江松花江主通道。除沿海南北主通道外，内河主通道由通航千吨级船队的四级航道组成，共20条河流，总长1.5万km左右。这些主通道连接了17个省会和中心城市，24个开放城市，5个经济特区。

全长6 300 km的长江干流横贯东西，将我国西南、华中、华东三大经济区有机地联系起来，成为沿江运输通道的主体，以其得天独厚的区位优势及巨大的水运能力在区域经济协调发展中发挥着极其重要且不可替代的作用。

根据《长江干线航道发展规划》，今后15～20年，国家计划投入160亿元系统治理长江碍航浅险水道。按照“深下游、畅中游、延上游”的航道建设基本思路，下游重点整治“三沙”水道，实现南京以下5万t级海轮全天候通航，与长江口深水航道衔接形成深水海轮航道；中游通过建立控导工程全面治理卡口河段，保证枯水期船舶畅通；上游将高等级航道延伸至云南的水富港，打通西南出海大通道，为我国西部大开发战略的逐步实施提供航运保障。到2020年，万吨级船队直达重庆；4万t级船队直达武汉；5万t级海船直达南京。

基本建成珠江三角洲高等级航道网，形成干支相通、江海直达的航道体系。三级及三级以上航道达到1 001 km，其中3 000 t级及以上航道440 km，占43.9%。适度发展旅游客运，主要向快速化、舒适化、个性化、区域化和更加环保方向发展。

二、我国港口发展现状及展望

经过60多年的建设，我国港口已初步形成码头种类齐全、布局日趋合理的总体格局。我国部分海港的技术装备和管理水平已接近世界先进水平，河港达到发达国家20世纪80年代水平。港口功能已由以装卸、集散货物为主的运输功能逐步扩展到仓储、加工和商贸等多个领域。港口发展为振兴港口城市乃至整个地区经济作出了重大贡献。

截至2018年年底，全国港口拥有生产用码头泊位23 919个，比上年末减少3 659个。其中，沿海港口生产用码头泊位5 734个，减少96个；内河港口生产用码头泊位18 185个，减少3 563个。全国港口拥有万吨级及以上泊位2 444个，比上年末增加78个。其中，沿海港口万吨级及以上泊位2 007个，增加59个；内河港口万吨级及以上泊位437个，增加19个。

今后一个时期我国港口发展的重点是加快煤炭、石油、矿石和集装箱等大型专业化港口码头和进出港深水航道的建设。大力推进华南地区形成以香港为国际航运中心的珠江三角洲港口群，华东地区形成以上海为国际航运中心的长江三角洲港口群，北方形成以大连、天津、青岛为主的环渤海湾港口群的建设和发展，逐步形成布局合理、层次分明、功能完善的沿海港口体系。

沿海港口重点建设为能源、原材料、外贸运输服务的港口码头，如煤炭、石油、矿石和集装箱等大型专业化码头。加强现有港口的技术改造，改善港口后方的集疏运通路，因地制宜地发展水上过轮运输。使港口具有对内、对外两个辐射功能，实现大中小港口、大中小泊位、专业与通用泊位相结合的港口体系。

港口建设以扩建、改造为主，增加装卸港点，提高装卸作业技术水平，改善集疏运条件，以提高港口的综合吞吐能力。大宗散货要发展高效专用码头；大型港口适当建设多用途码头，发展集装箱运输；同时要加强客运码头和设施的建设。

三、我国船舶发展现状及展望

中华人民共和国成立后的60多年，我国水路运输船舶，随着港口和航道的发展，也在迅速地崛起。截至2018年年底，全国拥有水上运输船舶13.70万艘，净载质量25 115.29万t；载客量96.33万客位；集装箱箱位196.78万TEU。

由于世界造船市场进入“黄金期”，中国船舶制造业在劳动力价格、造船技术和行业基础设施等方面具有综合比较优势，吸引了大量船舶制造订单，带动中国船舶出口大幅增长。中国船舶近9成为加工贸易出口，欧盟、东盟等为主要出口市场，集装箱船、液货船和散货船为主要出口品种。

同时，我国还积极加快造船设备、船用钢板、船舶动力的建设，以改变我国造船能力不足的现状。我国正在建造21座干船坞，30万t级“中海峨眉山”浮船坞，是世界上投产的最大浮船坞。这个浮船坞型深28 m，总长410 m，型宽82 m，举力8.5万t，可承修1万标准箱以上的集装箱船和目前世界上最大的油船和散货船。我国目前最大的集装箱船，是由我国自己建造、具有完全自主知识产权的超大型集装箱“中远海运宇宙”轮。该船长400 m、型宽58.6 m，最大载箱量为21 237 TEU。

从今后发展趋势来看，远洋运输船舶将重点发展散货船、散货专用船（含油船）、集装箱船等。并积极开发新船型，如浅吃水肥大型船、自卸船、客货兼用滚装船、江海直达运输船、节能船及高速客船等。散货船要大中小结合。远洋船主要发展3万～6万t级船型。沿海以发展2万～4万t级船型为主。集装箱运输以发展1 000～1 500个TEU的船型为主，适当发展中、小型集装箱及多用途船。客货滚装船、高速客船主要以满足岛屿交通及海峡交通的需要。此外，淘汰耗能高的陈旧船舶，使远洋船龄达到国际先进水平。

建设一支运输能力强大的先进船队，淘汰老旧船型，提高船舶载重吨位，大力发展技术先进、经济合理的船型。在干线航道上推广千吨级和300 t、500 t级分节驳顶推船队。一般航道上发展机动驳顶推船组和拖驳运输。在长江中下游发展3 000 t、5 000 t级及万吨级江海直达船、集装箱运输船。

复习思考题

1. 水路运输具有哪些优缺点和适用范围？
2. 水路运输船舶中的货船主要有哪几种？船舶具有哪些性能？
3. 港口按性质和用途分为哪几类？港口的水域有哪些主要设施？港口的陆域有哪些主要配套设施？
4. 航道分为哪几种？航道应具有哪些航行条件？航标有哪些功能？
5. 什么是航次？分为哪几种？
6. 何谓船舶配载与积载？装货清单和积载图应包括哪些主要内容？
7. 什么是航线形式和航次形式？各有何特点？
8. 单船和船队运行组织各有何优缺点及适用范围？

第七章 航 空 运 输

第一节 航空运输的特点

航空运输是指使用航空器运送人员、行李、货物和邮件的一种运输方式。

一、航空运输的特点

航空运输之所以能够在较短的时间内得到快速的发展，是与其自身的特点密切相关的。

（一）航空运输的优点

1. 速度快

在时间就是效益的现代社会，高速度是航空运输的最大优势。现代喷气式客机的速度为800 ~ 1 000 km/h，比汽车、火车快5 ~ 10倍，而且距离越长，节约的时间越多，快速的优势也越显著。

2. 不受地形限制，机动性大

飞机在空中飞行，受高山、海洋等因素限制的程度远比汽车、火车、轮船小。飞机可跨越地理障碍将任何两地连接起来，只要有机场和航路保证设施，就可开辟航线。航空运输机动性大，可以定期或不定期飞行。对于中央与地方乃至边远地区的联系、抢险、救援、急救等方面均有着极其重要的作用。

3. 舒适、安全

航空运输以其科学的管理、严密的组织、严格的规章正在逐步消除人们空中飞行不如地面交通安全的认识。现代民航客机随着其飞行高度的不断提高，受低空气流的影响也随之降低，所以平稳舒适，而且客舱内空间宽敞、噪声小，机内有完善的生活、工作、视听等设施，旅客乘坐的舒适程度较高。在各种运输方式中，航空运输的事故率最低。随着科技进步和管理的不断完善，航空运输的安全性和舒适度将进一步提高。

4. 基本建设周期短、投资少

开辟新航线的主要条件，一是添置飞机，二是修建机场以及其他辅助保证设施。一般来说，修建机场与修建铁路和公路相比，建设周期短、占地少、投资省、收效快。根据计算，在相距 1 000 km 的两个城市间修建铁路的投资是开辟航线的 1.6 倍；修建铁路需 5～7 年，开辟航线只需 2 年。

5. 国际性

航空运输使“地球变小了”，这是航空运输国际性的形象比喻。航空运输可以提供国际化服务，如今，国际交往大都通过航空运输来进行。

（二）航空运输的缺点

（1）飞机机舱容积和载质量都比较小，运载成本和运价比地面运输高。

（2）飞机飞行往往要受气象条件限制，因而影响其准时、正点，噪声污染也比较严重。

（3）机场远离市区，需要其他交通方式配合，不仅运输的可及性较差，而且航空运输速度快的优点在短途运输中难以体现。

（三）航空运输的适用范围

（1）适用于国际、国内长距离的旅客运输。

（2）适用于贵重物品、高附加值货物和邮包运输。

（3）适用于救灾、抢险、防疫、急救等人员和物资运输。

二、航空运输经营管理的特点

（一）航空运输管理体系

现代航空运输业是一个资金密集型、高风险、高科技产业，拥有巨额资金、先进技术和设备、复杂的生产过程和严格的生产质量标准、全球性的生产规模和庞大的员工队伍。经过近一个世纪的发展，民用航空运输业在国际、国内以及企业内部已经形成一整套完善的管理体系，以保障民用航空运输业正常、安全、健康地发展。

1. 国际民用航空运输管理体系

民用航空运输业具有国际性。国际民用航空运输管理机构负责制定国际民用航空运输活动的行为规范，协调国际民用航空运输业务关系，以保障国际航空运输的航行安全和有序发展。因此，通过国际民航管理机构的协调与管理，世界各国的民航运输企业在国际民航活动中实行统一的技术标准、航行规则、操作规程；执行统一价格体系、价格标准和票据规格；遵循统一的国际法则、公正处理国际航空事务等。

当前，世界上有许多国际性航空组织，具有较大影响的主要是两大国际民用航空运输管理机构，一个是“国际民用航空组织 ICAO”（International Civil Aviation Organization），另一个是“国际民用航空运输协会 IATA”（Internation Aviation Transport Association）。

2. 我国航空运输管理体系

我国航空运输管理体系已形成以航空公司、机场、管理局（航管部门）为主体的基本格局。中国民用航空局是管理和协调中国民用航空运输业务的职能部门，对中国民用航空事业实施行业管理。

全国分为 7 大民用航空管理区，由民用航空局下设华北、东北、华东、中南、西南、西北、乌鲁木齐 7 个民用航空地区管理局，负责管理本地区所属航空公司机场、航站、导航台等企事业单位的行政与航空事务。

航空公司是直接进行民用航空客、货、邮运输的企业，是具有独立法人地位从事生产和市场销售的营利性单位。它拥有机队、航线、销售服务网络等。如中国国际航空公司、南方航空公司、东方航空公司等。

直属航空公司是利用国家投资组建、隶属中国民用航空局管理的直属航空公司，主要有中国通用航空公司、云南航空公司、长城航空公司和中国航空股份有限公司等企业。地方航空公司如海南、新华、深圳、长安航空公司，是利用地方资金组建的航空公司，其航务由民用航空地方管理局负责管理，资金和人事等方面主要由地方政府管理。

（二）航空运输运营管理的特点

1. 高度集中的统一指挥

分散与集中是一对矛盾，而航空运输的管理正是在处理这对矛盾的过程中进行的，是以高度集中的统一指挥来解决岗位分散与高速机动的矛盾的。

航空运输行业岗位的分散性是经营管理的一大特点，也是一大难题。以航务部门为例，在国内，飞行人员分布在各公司飞机基地。执行国内航班任务时，飞遍全国各机场；执行国际航班任务时，则要飞遍世界各开航国家和城市。机务部门既要保证飞机在基地的维修质量，还要保证其在飞行过程中和经停航站的适航性。航行部门要通过设在全国各地的导航点保证飞行安全。新经营体制的建立，致使航空公司要在国内主要城市及国外通航城市设立市场营销机构、售票处或办事处，各机场的管理、油料供应的保证等无不反映出岗位分散的特殊性。航空运输的高速性及机动性对运营管理提出了很高的要求，它与岗位分散性的矛盾，唯有加强高度集中的统一指挥来克服和解决。这是航空运输业运营管理的特点之一。保证集中统一指挥并反映这一特点的措施主要有：

（1）航空运输业实行全行业垂直领导，中国民航局对全行业实施领导和管理，并体现行业的准军事化性质。

（2）制定全行业的政策法规以及航务、机务、运营、航行管制等法令、指令，以统一全行业的规范化行动，并进行切实有效的监督检查。

（3）集中统一的航行调度，最高调度指挥权集中在中国民航局。

（4）在扩大航空企业经营自主权的同时，加强宏观控制，制定运营法规、营销规范、价格政策，使社会主义市场经济在航空运输业得到更好的体现和发展。

2. 高度严密的运输生产组织

与其他运输行业一样，航空运输业有着产品的不可储存性和不可间断性，运输生产过程中，所运输的对象（旅客和货物）与运输工具（飞机）一起运行，运输产品不能脱离其生产过程独立存在，所以它不能储存。

航空运输的正常经营，绝非一个部门、一个单位就能实现，必须有一个高度严密的生产组织来保证，这是一个复杂的系统工程。

在航空运输生产这一大系统中，只要有一个部门、一个环节出现一个细小的疏忽，就会导致重大的事故，这是有过血的教训的。因此，航空运输的生产组织更强调整体协调，要充分发挥综合部门计划协调的管理职能。

3. 十分严格的质量管理

航空运输和其他水、陆运输方式不同，装运旅客和货物的飞机在空中飞行，一旦发生故障和其他质量问题，不能像汽车、船舶、铁路机车那样可以停下来检修或更换，只能迫降到附近机场，甚至有可能发生坠机事件，后果不堪设想。因此，航空运输业的质量管理，从企业的方针目标管理到QC小组活动，直至对每个员工都十分严格，实行质量“归零”管理，不允许飞机任何部件出现误差。只有这样，才能确保航空运输的安全。

4. 国际化经营

国际航空运输是在世界范围内的国际化经营，要遵守国际法则，执行统一的价格体系标准，参与国际民航运输竞争。在世界经济升降变化较大和航空市场竞争激烈的条件下，航空运输只有保证安全、迅速、准时、舒适，不断提高服务质量，才能立于不败之地。

第二节　航空运输的基本设备

航空运输的基本设备主要由飞机、机场、通信与导航设施组成。

一、民用飞机

飞机是航空运输的主要运载工具。按运输类型的不同，民用飞机可分为运输旅客和货物的各种运输机，以及为工农业生产作业飞行、抢险救灾、教学训练等服务的通用航空飞机两大类。按其最大起飞重量，民用飞机可分为大型、中型、小型飞机。按航程远近，可分为远程、中程、短程飞机。

（一）民用飞机的类型

民用飞机按其构造和用途不同分类如下：

1. 按构造分类

（1）按机翼数目分，飞机一般分为单翼机和双翼机。

（2）按发动机数目可分为单发动机飞机、双发动机飞机、三发动机飞机和四发动机飞机。

（3）按起落地点可分为陆上飞机、雪（冰）上飞机、水上飞机、二栖飞机和舰载飞机。

（4）按照起落方式可分为滑跑起落式飞机和垂直/短距起落式飞机。

2. 按用途分类

飞机的性能、构造和外形基本上由用途来确定。按用途分类是最主要的分类方法之一。

（1）客机。主要用于运载旅客和邮件。客机可按大小和航程进一步分为洲际航线上使用的远程（大型）客机；国内干线上使用的中程（中型）客机；地方航线（支线）上使用的短程（轻型）客机。客机巡航速度一般都小于空速。

（2）货机。用于运送货物，一般载重较大，有较大的舱门，或机身可转折，便于装卸货物；货机修理维护简易，可在复杂天气下飞行。

（3）教练机（民用）。用于训练民航飞行人员，一般可分为初级教练机和高级教练机。

（4）农业机、林业机。用于农业喷药、施肥、播种、森林巡逻、灭火等。大部分属于轻型飞机。

（5）多用途轻型飞机。这类飞机种类与用途繁多，如用于地质勘探、航空摄影、空中游览、紧急救护、短途运输等。

农业机、林业机、体育运动机、多用途轻型飞机均属于通用航空（General Aviation）范畴。在美、英等国，通用航空一般指既不属于军用航空、也不属于定期民用客、货运输的航空活动。

（二）民用飞机的基本组成

自从世界上出现飞机以来，飞机的结构形式虽然在不断改进，飞机类型不断增多，但到目前为止，除了极少数特殊形式的飞机之外，大多数飞机都是由机翼、机身、尾翼、起落装置和动力装置 5 个主要部分组成。飞机组成示意图如图 7-1 所示。

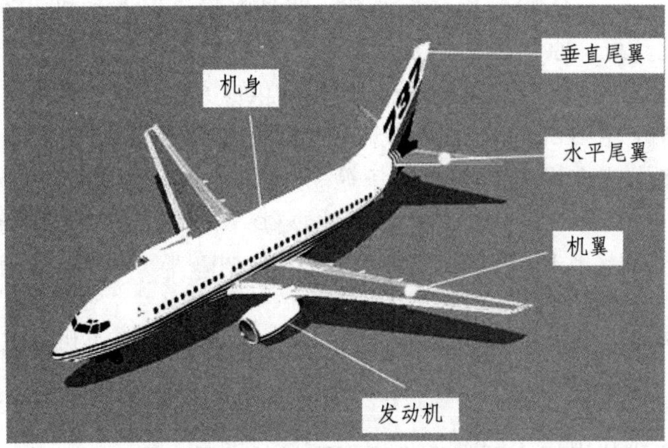

图 7-1　飞机组成示意图

1. 机　翼

机翼的主要功用是产生升力，以支持飞机在空中飞行，也起一定的稳定和操纵作用。在机翼上一般安装有副翼和襟翼。操纵副翼可使飞机滚转；放下襟翼能使机翼升力增大。另外，机翼上还可安装发动机、起落架和油箱等。机翼有各种形状，数目也有所不同。历史上曾有过双翼机，甚至还出现过多翼机。现代飞机一般都是单翼机。

2. 机　身

机身的主要功用是装载乘员、旅客、货物和各种设备，还可将飞机的其他部件如尾翼、机翼及发动机等连接成一个整体。

3. 尾　翼

尾翼的主要功用是用来操纵飞机俯仰和偏转，并保证飞机能平稳地飞行。尾翼包括水平尾翼和垂直尾翼。水平尾翼由固定的水平安定面和可动的升降舵组成。垂直尾翼则包括固定的垂直安定面和可动的方向舵。

4. 起落装置

起落装置是用来支持飞机并使它能在地面和水平面起落和停放的。陆上飞机的起落装置大都由减振支柱和机轮等组成，用于起飞、着陆滑跑、地面滑行和停放时支撑飞机。

飞机下部用于起飞降落或地面滑行时支撑飞机并用于地面移动的附件装置，叫作起落架。常见形式是三点式机轮。如果一对主要承载起落架位于飞机重心之后，另一个起落架位于机头之下，那就是前三点式起落架；如果一对主要起落架位于飞机重心之前，另一个起落架在机尾之下，便是后三点式起落架。前者为现代飞机所采纳，后者为旧式飞机所采纳。

5. 动力装置

动力装置主要用来产生拉力或推力，使飞机前进。另外，还可以为飞机上的用电设备提供电源，为空调设备、用气设备提供气源。

现代飞机的动力装置，应用较广泛的有4种：一是航空活塞式发动机加螺旋桨推进器；二是涡轮喷气发动机；三是涡轮螺旋桨发动机；四是涡轮风扇发动机。随着航空技术的发展，火箭发动机、冲压发动机、原子能航空发动机等，也将会逐渐被采用。动力装置除发动机外，还包括一系列保证发动机正常工作的系统，如燃油供应系统等。

飞机除了上述5个主要部分之外，根据飞行操纵和执行任务的需要，还装有各种仪表、通信设备、领航设备、安全设备和其他设备等。

（三）民用飞机的主要性能

不同用途的飞机，对飞机性能的要求有所不同。对现代民用飞机，主要有以下性能指标：

1. 速度性能

反映飞机速度性能的指标主要有两个，即飞机的“最大平飞速度”和“巡航速度”。“最大平飞速度”是指飞机做水平直线飞行，当飞机的阻力与发动机的最大可用推力相等时，飞机所能达到的最大飞行速度。飞机飞行在不同的高度所受到的阻力和发动机的推力是不相同的，因此，飞机在不同高度上有不同的最大平飞速度。在 11 km 左右的高度上，飞机的最大平飞速度最大。“巡航速度”是指飞机飞行 1 km 发动机消耗燃油最少时的飞行速度。显然，当飞机以巡航速度飞行时，最省油，燃料相同条件下，航程最远或航时最长。

飞机不可能长时间地以最大平飞速度飞行，因为一方面会损坏发动机，另一方面消耗的燃油也太多。因此，对需作长途飞行的飞机而言，更注重的是巡航速度。

2. 爬升性能

爬升性能主要指飞机的最大爬升速度和升限。飞机起飞后，在爬升过程中，单位时间内所能上升的最大高度即为爬升速度（单位为 m/min 或 m/s），其值越大，上升到预定高度的时间越短。飞机的爬升高度要受到发动机推力的限制，因为高度越高，发动机的推力就越小。当飞机爬升到某一高度，发动机的推力只能克服平飞阻力时，飞机就不能再继续爬升了，这一高度称为飞机的“理论升限”。通常使用的概念是实用升限，即飞机还能以 0.5 m/s 的垂直速度爬升时的飞行高度。

3. 续航性能

续航性能主要指航程和续航时间（航时）。

航程是指飞机起飞后，爬升到平飞高度平飞，再由平飞高度下降落地，且中途不加燃油和润滑油，所获得的水平距离的总和。简单地说，航程是指飞机一次加油在空中所能飞行的水平距离。飞机的航程既取决于飞机的载油量和飞机单位飞行距离耗油量，也和其业务载重量有关。飞机的最大航程是指飞机在最大载油量和飞机单位飞行距离耗油量最小的情况下飞行所获得的航程。

续航时间是指飞机一次加油在空中所能持续飞行的时间。

4. 起降性能

飞机的起降性能包括飞机起飞离陆速度、离陆距离、飞机着陆速度和着陆距离。

离陆速度是指在地面滑跑的飞机，当其前进速度所产生的升力略大于飞机的起飞重量时，飞机就能够离陆起飞，此刻的速度就是离陆速度。

离陆距离包括起飞滑跑距离和起飞爬升距离两部分。起飞滑跑距离是指飞机从松开刹车沿跑道向前滑跑至机轮离开地面所经过的距离。起飞爬升距离指机轮离开地面到升高至规定的安全高度，飞机沿地平线所经过的距离。飞机发动机的推力越大，最小平飞速度越小，其离陆距离也就越短。

飞机着陆速度分为着陆进场速度和着陆接地速度。着陆进场速度是指飞机下滑至安全高度进入着陆区时的速度。着陆接地速度（又称为着陆速度）即为飞机在着陆区接触陆地时的速度。

着陆距离可分为着陆下滑距离和着陆滑跑距离。着陆下滑距离指飞机开始下滑着陆至机轮接触地面时所经过的距离。着陆滑跑距离指从机轮着地开始滑跑至飞机完全停止所经过的距离。

二、机　场

机场是民航运输网络中的节点，是航空运输的起点、终点和经停点 。机场可实现运输方式的转换，是空中运输和地面运输的转接点，因此也可把机场称为航空站。

机场是供飞机起飞、着陆、停驻、维护、补充给养及组织飞行保障活动所用的场所。

（一）机场的分类

（1）按航线性质划分可分为国际航线机场（即国际机场）和国内航线机场。

国际机场有国际航班进出，并设有海关、边防检查（移民检查）、卫生检疫和动植物检疫等政府联检机构。国内航线机场是专供国内航班使用的机场。我国的国内航线机场包括“地区航线机场”。地区航线机场是指我国内地城市与港、澳等地区之间定期或不定期航班飞行使用的机场，并设有相应的类似国际机场的联检机构。

（2）按机场在民航运输网络系统中所起作用划分可分为枢纽机场、干线机场和支线机场。

国内、国际航线密集的机场称为枢纽机场。在我国内地，枢纽机场仅有北京、上海、广州三大机场。干线机场是指各直辖市、省会、自治区首府以及一些重要城市或旅游城市（如大连、厦门、桂林和深圳等）的机场，全国共有30多个。支线机场空运量较少，航线多为本省区内航线和邻近省区支线。

（3）按机场所在城市的性质、地位划分可分为一类机场、二类机场、三类机场、四类机场。

（4）按旅客乘机目的划分可分为始发/终程机场、经停（过境）机场和中转（转机）机场。

始发/终程机场，始发/终程旅客占旅客的大多数，始发/终程的飞机或掉头回程架次比例很高。目前国内机场大多属于这类机场。

（5）按服务对象划分可分为军用机场、民用机场和军民合用机场。

（二）机场的构成

机场主要由飞行区、航站区及进出机场的地面交通系统构成。某国际航空港如图7-2所示。

图7-2　国际航空港

1. 飞行区

飞行区是机场内用于飞机起飞、着陆和滑行的区域，通常还包括用于飞机起降的空域。飞行区由跑道系统、滑行道系统和机场净空区构成，相应设施有目视助航设施、通信导航设施、空中交通管制设施以及航空气象设施。

2. 航站区

航站区是飞行区与机场其他部分的连接部，包括旅客航站楼、站坪（停机坪）、车道边、站前停车场或停车楼等。

3. 进出机场的地面交通系统

进出机场的地面交通系统通常包括市郊铁路、高速公路、地铁（或轻轨）和水运码头等。其功能是把机场和附近城市连接起来，将旅客和货邮及时运进或运出航站楼。进出机场的地面交通系统的状况直接影响空运业务。

机场的其他设施还包括供油设施、应急救援设施、动力与电信系统、环保设施、旅客服务设施、保安设施、货运区及航空公司区等。

一般可将机场分为空侧和陆侧两部分。空侧是受机场当局控制的区域，包括飞行区、站坪及相邻地区和建筑物，进入该区域是受控制的。陆侧是为航空运输企业提供各种服务的区域，是公众能自由进出的场所和建筑物。

（三）机场场道

机场场道包括飞行区和停机坪。

1. 飞行区

（1）跑道。是指提供飞机起飞、着陆、滑跑以及起飞滑跑前和着陆滑跑后运转的场地。跑道数目取决于航空运输量的大小。跑道的长度是机场的关键参数之一，它与飞机的起降安全直接相关。跑道长度的确定，主要考虑飞机的起降质量与速度、机场所在环境、气象条件、跑道条件等因素。跑道应有足够的宽度，因为飞机在跑道上滑跑、起飞、着陆不可能总是沿着中心线，可能会有偏离，有时还要掉头。跑道横向应有坡度，且宜采用双面坡，以加速道路表面的排水。应尽量避免跑道的纵向坡度及坡度的变化，以保证飞机起飞、着陆和滑跑的安全。

根据机场用途、机场所在地区的海拔和气温的不同，跑道长度一般为 1 000 ~ 5 000 m，宽度为 45 ~ 100 m。例如，首都机场东跑道长 × 宽为 3 600 m × 60 m，西跑道长 × 宽为 3 200 m × 50 m。

（2）滑行道。滑行道的主要功能是提供跑道与航站区之间的通道，使已着陆的飞机迅速离开跑道，以免妨碍其他起飞或着陆的飞机使用。同时，滑行道还将性质不同的航站分区连接起来。

（3）机场净空。机场能否安全有效地运行，与场地内外的地形与建筑物密切相关。飞机在机场起飞降落必须按照规定的起落航线飞行。这样，就必须对机场附近沿起降航线一定范围内的空域提出要求，即净空要求。这个空域称为机场净空区。在该空域内，不应有高障碍物和干扰导航信息的电磁环境。

2. 停机坪

停机坪包括站坪、维修机坪、隔离机坪、等候机位机坪、等待起飞机坪等。停机坪上设有机位（供飞机停放的划定位置）。航站楼空侧所设停机坪称作站坪，可供飞机滑行、停驻和上下旅客及加油。

（四）机场设施与设备

1. 航站楼

航站楼（主要指旅客航站楼，即候车、候机楼）是航站区的主体建筑物。航站楼一侧连着机坪，另一侧又与地面交通系统相联系。旅客、行李及货邮在航站楼内办理各种手续，并进行必要的检查以实现运输方式的转换。旅客航站楼的基本功能是安排好旅客和行李的流程，为其改变运输方式提供各种设施和服务，使航空运输安全有序。旅客航站楼的基本设施应包括车道边、公共大厅、安全检查设施、政府联检机构、候机大厅、行李处理设施（行李分检系统和行李提取系统）、机械化代步设施（人行步道、自动扶梯等）、登机桥和旅客信息服务设施等。

2. 目视助航设施

为了满足驾驶员的目视要求，保证飞机的安全起飞、着陆、滑行，应在跑道、滑行道、停机坪及相关区域内设置目视助航设施，包括指示标和信号设施、标志、灯光、标记牌和标志物。此外，还要设置表示障碍物及限制使用地区的目视助航设施。

3. 地面活动引导和管制系统

地面活动引导和管制系统的主要作用是防止飞机与飞机、飞机与车辆、飞机与障碍物、车辆与障碍物以及车辆之间的碰撞。

4. 地面特种车辆和场务设备

进出港的飞机都需要一系列的地面服务，这些服务往往都是由工作人员操作各种车辆（牵引车、电源车、加油车、行李车、升降平台、客梯车等）或设备来完成。

为了保证飞机在飞行区内正常运行，机场应配备清扫车、吹雪车、推雪车、割草机、道路摩擦系数测试车等维护、检测和驱鸟等设备。

三、通信与导航设施

（一）通信设备

民航客机用于和地面电台或其他飞机进行联系的通信设备包括高频通信系统、甚高频通信系统和选择呼叫系统。

1. 高频通信系统

高频通信系统一般采用两种制式工作，即调幅式和单边带制，以提供飞机在航路上长距离空对地或空对空的通信。

2. 甚高频通信系统

甚高频通信系统一般采用调幅方式工作，主要提供飞机与地面塔台、飞机与飞机之间近距离视线范围的语音通信。

3. 选择呼叫系统

选择呼叫系统是指地面塔台通过高频或甚高频通信系统对指定飞机或一组飞机进行联系的系统。当被呼叫飞机的选择呼叫系统收到地面的呼叫后，指示灯亮、钟响，告诉飞行员地面在呼叫本飞机。

（二）导航设备

民航客机的导航主要依赖于无线电导航系统，其设备有甚高频全向无线电信标/测距仪系统、无方向性无线电信标系统以及仪表着陆系统等。

1. 甚高频全向无线电信标/测距仪系统

甚高频全向信标系统是一种近程无线电导航系统。由地面发射台和机载设备组成。

测距仪是为驾驶员提供距离信息的设备，由机载测距仪和地面测距信标台配合工作。它是通过询问应答方式来测量距离的。

2. 无方向性无线电信标系统

无方向性无线电信标系统的导航台，是用来为机上无线电罗盘提供测向信号的发射设备。根据要解决的导航任务，导航台可以设置航线上的某些特定点、终端区和机场。航线上的导航台，可以引导飞机进入空中走廊的出、入口，或到某一相应的导航点以确定新的航向。终端区的导航台，用来将飞机引导到所要着陆的机场，并保证着陆前机动飞行和穿云下降，也用来标志该机场的航线出口位置。机场着陆导航台，用来引导飞机进场，完成机动飞行和保持着陆航向。

3. 仪表着陆系统

仪表着陆系统能在气象恶化和能见度差的条件下给驾驶员提供引导信息，保证飞机安全进近和着陆。

（三）监视设备

目前实施空中交通监视的主要设备是雷达，它是利用无线电波发现目标，并测定其位置的设备。

第三节 空中交通管理

空中交通管理的任务是有效地维护和促进空中交通安全，维护空中交通秩序，保障空中交通畅通。空中交通管理的内容主要包括空中交通管制、空域管理和空中交通流量管理。

一、空中交通管制

（一）管制工作的任务

空中交通管制是空中交通管理的主要部分，在民用航空运输中发挥着重要作用。它的主要任务是：使航空器按计划飞行，使保障工作有条不紊；维护飞行秩序，合理控制空中交通流量，防止航空器之间、航空器与障碍物之间相撞，保证飞行安全；对违反飞行管制的现象，查明情况，进行处理。

空中交通管制包括空中交通管制服务、飞行情报服务和告警服务。

空中交通管制服务的任务是防止航空器与航空器相撞及在机动区内航空器与障碍物相撞，维护和加快空中交通的有序流动。

飞行情报服务的任务是向飞行中的航空器提供有助于安全和有效地实施飞行的建议和情报。

告警服务的任务是当航空器在飞行过程中发生遇险、失事等紧急情况时，向有关组织发出需要搜寻援救航空器的通知，并根据需要协助该组织或协调该项工作的进行。

（二）管制方法

1. 程序管制

程序管制是指依照《空中交通管制规则》、机场和航路的有关规定，利用无线电导航设施进行管制的方法。通常驾驶员在起飞前向空中交通管制单位提交飞行计划。管制员根据飞行计划结合当时空中情况，向驾驶员发出飞行许可和有关指示。飞行中驾驶员用无线电向管制员报告位置和高度。当发现航空器之间的间隔小于最低标准时，管制员立即指示航空器改变飞行高度或指挥它在某一报告点上空盘旋等待。在飞行繁忙的机场，尤其是天气不好时，为安排着陆服务，常常要采用等待程序。

程序管制的主要职责是为飞机配备安全间隔。

2. 雷达管制

雷达管制是指直接使用雷达信息来提供空中交通管制服务。管制员根据雷达的显示可以了解本管制空域雷达波覆盖范围内所有航空器的精确位置，对飞行中的飞机进行雷达跟踪监视，随时掌握飞机的航迹位置和有关的飞行数据，并主动引导飞机飞行。

采用雷达管制能够大大减小航空器之间的最小间隔，可在一定空域内增加交通量，使管制员有更充裕的时间来调配航空器的间隔，保证飞行安全。

二、空域管理

为了在广阔的空间对航空运输飞行的飞机提供及时、有效的管制服务，飞行情报服务和告警服务，防止飞机空中相撞和与地面障碍物相撞，保护飞行安全，促使空中交通有秩序地运行，必须进行空域管理。

空域管理的任务是依据既定空域结构条件，实现对空域的充分利用，尽可能满足运输经营人对空域的需求。

（一）空域划分

空域的划分，应当符合航路的结构、机场的布局、飞行活动的性质和提供空中交通管制的需要。空域划分包括飞行高度层划分和各种空中交通服务区域的划分。

1. 飞行高度层的划分

为了防止飞机在飞行中相撞，根据飞机的飞行方向、气象条件和飞机性能的不同，规定不同的飞行高度层。

（1）真航线角在 0°～179° 范围内的，一个飞行高度层间隔距离为：

① 飞行高度为 900～5 700 m，每隔 600 m 为一个高度层；

② 飞行高度为 6 600～11 400 m，每隔 1 200 m 为一个高度层；

③ 飞行高度为 12 000 m 以上，每隔 2 000 m 为一个高度层。

（2）真航线角在 180°～359° 范围内的，飞行高度层按照下列方法划分：

① 高度在 600～6 000 m，每隔 600 m 为一个高度层；

② 高度在 7 200～12 000 m，每隔 1 200 m 为一个高度层；

③ 高度在 12 000 m 以上，每隔 2 000 m 为一个高度层。

2. 各种空中交通服务区域的划分

用于民用航空的空中交通管制空域，分为飞行情报区、管制区、限制区、危险区、禁航区、航路和航线。

（1）飞行情报区。是指为提供飞行情报服务和告警服务而划定范围的空间。为了便于对在中国境内和经国际民航组织批准由我国管理的境外空域内飞行的航空器提供空中交通管制，全国共划分了沈阳、北京、上海、广州、昆明、武汉、兰州、乌鲁木齐、香港和台北 10 个飞行情报区，并建立相应的机构，对在该区域的民用航空飞行提供有益于安全和有效地实施飞行的建议和情报服务。

（2）飞行管制区。是指对飞行提供空中交通管制服务而划定范围的空间。我国民航飞行管制区分为区域管制区和机场管制区。

（3）飞行限制区、危险区和禁航区。为了对民用航空飞行实施有效的管制，要求飞机沿规定的路线在规定的区域里飞行，因此，在飞行情报区和管制区内划定飞行的航路、航线、空中走廊和机场区域；并对一些禁止飞行和在规定时间与高度范围内禁止飞行的区域，划定了空中飞行的限制区、危险区和禁航区。

（4）航路。为了保障飞行安全，必须划分航路，在机场之间的空中为飞行提供相对固定的飞行线路，使之具有一定的方位、高度和宽度，并且在沿线的地面设有无线电导航设施。这种经政府有关当局批准的、飞机能够在地面通信和导航设施指挥下沿一定高度、宽度和方向在空中飞行的区域，称为航路。

空中交通管制航路的宽度，通常为航路中心线两侧各 10 km 的平行边界线以内的空域，根据导航性能的定位精度，可调整其宽度；在航路方向改变时，则包括航路段边界线延长至相交点所包围的空域。

（5）航线。是指民航运输企业在获得航空运输业务经营许可证之后，可以在允许的一系列站点（即城市）范围内提供航空客、货邮运输服务。由这些站点形成的航空运输路线，称为航线。航线分为固定航线和非固定航线（临时航线）两种。

在同一航线有数架飞机同时飞行并且互有影响时，通常分别把每架飞机配备在不同的高度层内。如果不能配备在不同的高度层时，可以允许数架飞机在同一航线、同一高度层内飞行，但是各架飞机之间应当保持规定的纵向间隔。

开辟新航线，必须考虑航路的地理条件和气象条件，有利于飞机运输飞行安全，也应考虑航线站点地区的经济水平，因其决定着客、货运量和航空运输市场的发展潜力。同时，新航线的建立，还必须充分考虑与其他航线的衔接、地面交通的综合运输能力，以便航空运输的客、货集散。

（二）空域规划

空域规划是指对某一给定空域（通常为终端区），通过对未来空中交通量需求的预测，根据空中交通流的流向、大小与分布，对其按高度方向和区域范围进行设计和规划，并加以实施和修正的全过程。其目的为：增大空中交通容量；理顺空中交通流量；有效地利用空域资源；减轻空中交通管制员的工作负荷；提高飞行安全水平。

三、空中交通流量管理

空中交通流量管理的任务是在空中交通流量接近或达到空中交通管制可用能力时，适时地进行调整，保证空中交通量最佳地流入或通过相应的区域，尽可能提高机场、空域可用容量的利用率。

随着国际民航运输业的快速发展，空中交通流量增长较快，出现了世界范围内机场、空域和航线网的拥挤。这种拥挤不仅导致飞行冲突的频繁发生，而且还形成了空中交通网络的“瓶颈”。为此，利用先进、科学的流量管理方法，建立流量管理中心，不仅能对空中交通流量的协调、控制和管理起到重要作用，而且还能大大提高空域利用率，减轻管制员的负担，增加空中交通流量，提高飞行安全水平。

第四节　航空运输管理

航空运输是一个复杂的生产过程，它需要地面保障和空中服务等多方面工作的密切配合，通过各生产体系中有关部门的综合协调来共同完成。

航空运输主要按航班的方式进行管理。

所谓航班，是指按照民航管理当局批准的民航运输飞行班期时刻表、使用指定的航空器、沿着规定的航线在指定的起讫点、经停点停靠的客、货邮运输飞行服务。航班用航班号标志其具体的飞行班次。我国的民航飞行航班号一般采用二个字母的航空公司代码加四位数字组成。第一个数字表示执行该航班的飞机所属管理局，第二个数字表示终点所属管理局，第三、四两个数字表示班次（单数表示去程航班，双数表示回程航班）。例如，航班号为 CA1482，其中 CA 是指中国国际航空公司，1 表示该航空公司所在民航地区管理局为北京，4 表示此航班飞抵的终点站所在民航地区管理局为重庆，82 为具体航班号。

一、航空运输生产体系

航空运输生产可以分为机场保障、机务维修、航行业务管理、油料供应和运输服务 5 个生产体系。

1. 机场保障体系

机场保障体系负责为空中运输的地面准备和空中飞行提供跑道、灯光、特种车辆、旅客候机场所和相关服务设施，并提供安全检查和紧急救援服务。在国际机场，还设有边检、海关、检疫等派出机构，为国际航班旅客运输提供必要的服务。

2. 机务维修体系

机务维修体系负责维护航空器正常运行，施行对航空器、发动机、通信导航和驾驶控制等机械与电子电器设备的检测与维修，使航空器保持适航状态。

3. 航行业务管理体系

航行业务管理体系负责航行调度、通信导航、气象信息、航行情报，以及空勤人员管理等工作，为航空运输提供一个完整的空中飞行保障体系。

4. 油料供应体系

油料供应体系负责为航空运输飞行提供航空燃油。

5. 运输服务体系

运输服务体系负责制定运输生产计划，组织客、货运输，提供运输飞行，保证服务质量，开拓运输市场，以达到最佳经济效益。

二、航空旅客运输管理

航空旅客运输是航空运输业的主要生产任务。随着世界经济的发展和航空运力的不断提高，航空旅客运量逐年增长，对服务质量要求越来越高，生产过程也变得越来越复杂。因此，航空运输生产计划安排要求更加周密、组织实施更加严格，以保障航空运输安全正点、优质高效。

航空旅客运输管理，大致可以分为以下5个阶段：

1. 航班计划

航空公司根据公司的发展目标、航线计划、运力、人力资源以及资金等情况，在市场调查的基础上，进行航班安排，具体确定飞行班次、航班频率和经停机场，并制定航班时刻表。航空公司和机场的所有生产活动，均以航班计划为核心进行组织安排，确保航班计划的顺利实施。

2. 市场销售

根据航班计划，航空公司市场销售部门以及销售代理，在公布的订座期限内进行航班座位销售。市场销售是航空公司回收投资的主要环节。航班座位销售将直接影响航空公司的经济效益。

航班座位管理一般通过计算机订座系统来实行，辅以手工操作。管理部门通常采用集中控制、规定配额和始发控制等方法，对航班座位进行有效的管理。乘客可通过多种方式进行航班机票预订或预购。

3. 旅客乘机

航空公司根据航班时刻表，为旅客安排登机准备，接受旅客的行李交运。同时，机场有关部门对旅客和行李进行安全检查，提供候机服务和查询服务。

4. 运输飞行

运输飞行阶段是具体实施运输任务的具体过程，分为飞行准备和飞行实施两部分。

（1）飞行准备。为了保证运输飞行安全和正点，航空公司的机务维修部门必须保证飞机各项性能指标符合适航标准；地勤部门必须保障机上服务用品（如配餐、用水等）；机场当局必须确保跑道等设施条件良好，做好航班飞机牵引工作，提供登机桥和其他特种车辆服务；航务管理部门确保飞行调度和通信导航设施可靠，为飞机的起飞、飞行和降落提供可靠的航行指挥和通信服务设施；油料供应必须保证航油优质充足。

（2）飞行实施。在飞机的空中飞行阶段，飞行任务主要由机组和地面空中交通管制指挥部门协作完成。在飞行旅途中，乘务人员向旅客提供优质的空中服务。

现场指挥调度部门对飞行的准备过程和实施过程进行统一协调，保障航班飞行计划正常实施。

5. 旅客离港

在飞机安全抵达目的地机场后，运输服务部门安排旅客下机，卸运行李；航空公司为旅客提供查询和领取行李服务。

三、航空货物运输管理

（一）航空货物运输分类

与航空旅客运输一样，航空货物运输服务也是航空运输的产品之一。航空货运是一种快捷的现代运输方式。根据顾客需求，航空货运可以分为以下 3 类：

1. 急快件货物运输

急快件货物运输，是顾客紧急需要把货物以最快的速度运达目的地。这一类货物的特点首先是时间紧急，而运输费用在其次，如商业信函票证、生产部件、急救用品、救援物资，以及紧急调运物品等。

2. 易腐货物运输

广义上来说，常规易腐货物是指货物的价值与时间密切相关的货物。这一类货物主要有两种：

一是物品本身容易腐烂变质，对运输时间要求严格，如鲜花、海鲜、时令水果等。

二是物质价值与时间密切相关，对进入市场的时间要求快。如某些商品，进入市场时间越早，越能抢占市场；或希望在市场需求处于最佳时机投放市场，可以取得最佳经济效益。

易腐货物要求运输速度快，货主希望通过时间获得市场价值，以取得更多利润。这类货物运输的货主对运输价格比较敏感，因此航空公司必须合理定价，以扩大发展易腐货物运输市场。

3. 常规货物运输

常规货物运输，主要是以有时间性要求、不宜颠簸或容易受损的精密仪器设备、价值与体积比较大的贵重物品等为主。

（二）航空货物运输营销方式

航空货运应按照市场销售计划，积极开拓市场，组织货源，收集货物，为运输生产做好充分的准备。

1. 直接销售

航空运输企业通过自己的营业处和收货站，直接进行航空货运业务的销售。与航空旅客运输一样，从事直接销售的业务点一般分布在运量较大的城市，航空公司可以直接组织市场。直接销售的优越性是能够直接控制市场，减少中间环节，提高销售利润。

2. 代理销售

运输企业进行直接销售可以减少代理费用。但是，直接销售的业务量不足时，会增加销售成本。因此，航空公司的相当一部分货运吨位通过代理人销售。销售代理人根据与航空公司之间的协议，代表航空公司销售空余吨位，并按照协议收取代理费用。航空公司可以采取灵活的代理政策，鼓励销售代理人积极开拓市场，扩大销售业务。销售代理人可以同时代理多家航空公司的货运销售业务。

3. 联　运

由于一个航空公司能够提供服务的航线有限，对于本身不能运达的部分航线，航空公司之间可以采用联运服务。这种服务是有偿的，上一个承运人即为下一个承运人的销售代理人，它们之间通过协议分配销售收入。

事实上，航空公司为了扩大自己直销的范围，通常通过与其他航空公司的代理协议，成为其他航空公司的销售代理人。

（三）航空货物运输管理

航空货物运输生产的任务，就是承运人按照货物运单上的发运日期和航班要求，组织运力将货物运达目的地。

航空货物运输生产过程大致分为货物收集、进港、运送、到港和交货等阶段。从生产性质上来看，航空货物运输生产管理可以分为两大部分：一部分是以货物收集为中心的货运市场组织与管理；另一部分是以货物运送为中心的货物进港、货物运送、货物出港和交付过程的组织与管理。

1. 货物运输生产计划

根据航空货运市场调查和预测，估计航空货物在各机场之间的流量和流向，确定本公司的市场目标和市场份额。在此基础上制定货物运输生产计划，主要内容包括运力计划、运输量计划、周转量计划、收入计划，以及运输综合计划等。

2. 货物进、出港生产组织与管理

航空运输的货物，一般在机场组织进港和出港。相当一部分航空公司委托机场进行进、出港的组织与管理，大型航空公司一般在基地机场自行组织货物进、出港。

货物进、出港是一个组织严密的生产过程，有严格的工序控制和定时要求，有严格的操作规范和重量指标，包括载重标准、舱位标准、安全标准等。涉及的部门多，需要统一组织和协调合作。对于旅客航班的货运生产工序，应与客运同步进行，以保证航班正点。

3. 吨位控制与配载

航空旅客运输通过座位控制来提高乘坐率。座位控制只考虑客舱的可用座位数，整客舱空间的占用费用已计入客票之中。航空货物运输需要通过吨位控制来提高载运率。换言之，货运既要考虑货物的体积，还要考虑货物的重量。因此，吨位控制的任务是通过舱位预订与

分配来提高货舱的载运率，避免吨位浪费、超售或装运过载。

由于航空货运可以采用全货机或客、货混装型飞机运输，因此，吨位控制和配载管理的原则不完全相同。

（1）采用全货机方式运输时，吨位控制与配载过程比较单一，主要控制货物体积（不能超高、超长）、形状（易于固定），配载时既不能超重，又要充分利用航班飞机的载重量和容积，以提高经济效益。

（2）采用客、货混装方式运输时，要在保证旅客运输的前提下进行货运吨位控制与配载。首先根据乘客的座位分布情况，按照飞机的配载要求，进行货物的重量和位置控制，在保证飞机飞行平稳安全的前提下充分提高飞机载运率。

第五节　我国航空运输的现状与展望

一、我国航空运输的现状

我国航空运输业是在几乎是“零”的基础上发展起来的，60 多年的成绩举世瞩目。特别是我国实行改革开放政策以后的 40 多年来，发展迅猛，对促进国民经济的发展、促进国际交往和国际旅游、提高国家行政管理效率等方面起到了重要作用。

1. 航空运输量高速增长

2011 年我国运输机场完成旅客吞吐量 62 053.7 万人次，比 2010 年增长 10.0%。其中，国内航线完成 57 116.8 万人次，比上年增长 9.9%（其中内地至香港、澳门和台湾地区航线为 2 003.9 万人次，比上年增长 13.6%）；国际航线完成 4 936.8 万人次，比上年增长 10.5%。

2011 年全国定期航班通航机场中，年旅客吞吐量在 1 000 万人次以上的为 21 个，比上年增加 5 个，完成旅客吞吐量占全部机场旅客吞吐量的 75.1%；年旅客吞吐量在 100 万人次以上的有 53 个，比上年增加 2 个，完成旅客吞吐量占全部机场旅客吞吐量的 95.2%。其中，北京、上海和广州三大城市的 4 个机场旅客吞吐量占全部机场旅客吞吐量的 32.0%。

2011 年我国运输机场完成货邮吞吐量 1 157.8 万 t，比上年增长 2.6%。其中，国内航线完成 750.2 万 t，比上年增长 3.9%（其中内地至香港、澳门和台湾地区航线为 69.3 万 t，比上年增长 0.3%）；国际航线完成 407.6 万 t，比上年增长 0.1%。全国定期航班通航机场中，2011 年年货邮吞吐量在 10 000 t 以上的有 47 个，与上年持平，完成货邮吞吐量占全部机场货邮吞吐量的 98.6%。其中，北京、上海和广州三大城市机场货邮吞吐量占全部机场货邮吞吐量的 54.9%。

2018 年我国运输机场继续保持平稳较快增长，全年旅客吞吐量超过 12 亿人次，完成 126 468.9 万人次，较上年增长 10.2%。分航线看，国内航线完成 113 842.7 万人次，较上年增长 9.9%（其中内地至香港、澳门和台湾地区航线完成 2 872.7 万人次，较上年增长 6.0%）；国际航线完成 12 626.1 万人次，较上年增长 13.0%。

完成货邮吞吐量 1 674.0 万 t，较上年增长 3.5%。分航线看，国内航线完成 1 030.8 万 t，较上年增长 3.1%（其中内地至香港、澳门和台湾地区航线完成 99.3 万 t，较上年增长 0.3%）；国际航线完成 643.2 万 t，较上年增长 4.1%。

2. 航空网络已形成合理布局

经过 60 多年的建设，全国航空运输已形成以北京为中心，以上海、广州、成都、西安、武汉、沈阳为地区枢纽中心，辐射到全国各大、中城市的航空网络。布局合理，覆盖全国。同时，以乌鲁木齐、昆明、呼和浩特为中心，开辟了到达西北、西南、北方各少数民族地区、交通不便的边远城市的地方航线，为加强民族团结，发展少数民族地区经济起到了很大的作用。

国际航线，已通航亚、非、欧、澳和北美洲的 60 多个国家的 150 多个城市。

3. 飞机更新，运力增加，维修基地建设加快

为适应航空运输发展需要，近年来，中国民航新增了包括波音 747、波音 757、波音 767 等波音系列飞机，A300、A310、A320 等空中客车系列，以及 MD82 和 MD11 等麦道系列，还有 TU154、C130、国产运七飞机等大批的新型飞机，中国民航的飞机已经达到了世界先进水平。2008 年，我国组建了大型客机生产制造基地（上海），2009 年 5 月，由空客天津工厂组装的 A320 大型客机一次试飞成功。不久的将来，我国就能生产制造大型客机。

飞机的增加，运力的提高给飞机维修工作带来了极大的压力，为提高飞机维修能力，引进国际先进的技术和管理，中外合资兴办了北京和广州两个飞机维修工程有限公司。成都飞机维修工程公司和上海航空维修工程公司的成立，使飞机维修能力得到进一步的加强，技术水平有所提高。同时，各航空公司航修厂的改建、扩建，形成了适应各级维修的网络。

4. 机场建设加快，配套设施逐步健全

机场作为民航主要基础设施得到不断建设，在为航空运输提供安全、正常、高效的运营保障的同时，为促进国家经济社会特别是带动地区经济和对外开放发挥了重要作用。通过不断新建和改造机场，经过几十年的建设和发展，我国机场体系已初具规模，机场密度逐渐加大，机场等级和规模逐步提高，现代化程度不断增强，初步形成了以北京、上海、广州等枢纽机场为中心，以成都、昆明、重庆、西安、乌鲁木齐、武汉、沈阳、深圳、杭州等省会或重点城市机场为骨干以及众多其他城市干、支线机场相配合的基本格局。从全国范围来看，三大机场继续保持原有的格局，各项业务指标仍居全国机场前列。但随着国家对中西部开发力度的加大，中国民航局给中西部机场给予更多政策上的支持，中西部机场的发展加快，近年来，成渝、昆明、西安等西部大三角机场旅客吞吐量增速都在 15% 以上，西部大三角机场群日益成型，逐步具备与京津、珠三角、长三角机场竞争的实力。

一批新建、扩建的候机楼、售票处和货运仓库，大大改善了运营条件。计算机旅客服务系统已经投入使用，国内许多城市实现了电子计算机订票和联网，开展了联程订票业务，国际旅客“进得来，出不去”的状况已明显改善。

2008 年 3 月 1 日起实施的《民用机场收费改革方案》对我国机场的分类进行了调整。按照民用机场业务量，全国机场划分为三类，即：一类机场，是指单个机场换算旅客吞吐量占

全国机场换算旅客吞吐量的 4% 及以上的机场。其中，国际及港澳航线换算旅客吞吐量占其机场全部换算旅客吞吐量的 25% 及以上的机场为一类 1 级机场，其他为一类 2 级机场；二类机场，是指单个机场换算旅客吞吐量占全国机场换算旅客吞吐量的 1% 至 4% 的机场；三类机场，是指单个机场换算旅客吞吐量占全国机场换算旅客吞吐量的 1% 以下的机场。

目前，我国境内民用航空（颁证）机场共有 235 个（不含台、港、澳地区），其中定期航班通航机场 233 个，通航城市 230 个，国际定期航班通航 60 个国家的 158 个城市。年旅客吞吐量达到 1 000 万人次以上的机场有 37 个，年旅客吞吐量 200 万～1 000 万人次的机场有 29 个，年旅客吞吐量 200 万人次以下的机场有 169 个。年货邮吞吐量达到 10 000 t 以上的机场有 53 个。

全国机场分布情况如表 7-1 所示。

表 7-1 全国机场分布情况

机场类别	机 场
一类 1 级	北京首都、上海浦东
一类 2 级	广州白云、上海虹桥、深圳宝安、成都双流、昆明长水
二类	杭州、西安、重庆、厦门、青岛、海口、长沙、大连、南京、武汉、沈阳、乌鲁木齐、桂林、三亚、郑州、福州、贵阳、济南、哈尔滨
三类	除上述机场以外的民用机场

2018 年，我国运输机场完成飞机起降 1 108.8 万架次，比上年增长 8.2%。其中：运输架次为 937.3 万架次，比上年增长 7.4%。分航线看，国内航线完成 1 015.6 万架次，比上年增长 8.3%（其中内地至香港、澳门和台湾地区航线完成 19.7 万架次，比上年增长 2.3%）；国际航线完成 93.3 万架次，比上年增长 7.3%。

在航路建设方面，配套设施工程建设加快。对国际航路以及北京、太原、西安、成都、昆明一线以东地区的国内干线航路的建设已全面展开，广州—昆明、北京—上海、北京—广州等重点航路实现了二次雷达全程覆盖。已有 43 个机场配置了 51 套仪表着陆系统，43 个导航点安装了测距仪和全向信标台，北京、上海、广州、成都、沈阳、重庆、西安等机场安装了气象自动观测系统。2007 年，组织实施了缩小垂直间隔（RVSM）技术改造工程、奥运保障工程及安全专项整治工程，空域环境得到进一步优化，奥运空管保障工作进展顺利；上海一广州沿海航路改造、移动二次雷达等 12 项工程先后竣工；民航使用 WGS-84 坐标的工作取得重大突破；完善了全国范围和地区级的航班延误协调运行程序；落实了北京、上海、广州三地空域调整方案；优化了南京等 9 个地区的 28 条航线；新辟、调整乌鲁木齐等 6 个机场 10 条进离场航线；划设了石家庄等 4 个进近管制区；在兰州等 3 个区域增设了 7 个扇区。

2018 年，首都机场旅客吞吐量突破 1 亿人次；京津冀机场群完成旅客吞吐量 14 499.7 万人次，较上年增长 7.7%；长三角机场群完成旅客吞吐量 22 805.0 万人次，较上年增长 9.1%。粤港澳大湾区机场群珠三角九市完成旅客吞吐量 13 227.9 万人次，较上年增长 8.4%；成渝机场群完成旅客吞吐量 10 202.2 万人次，较上年增长 7.3%。

以上机场的兴建和扩建，配套设施的逐步建成，对于航空运输的现代化建设，对于确保飞行安全和重点运输等将产生积极的作用。

5. 空管一体化改革完成

2002年3月3日，国家做出改革民航管理体制的重大决策，确定了《民航体制改革方案》，这是继1980年民航改变原来隶属于军队的领导体制、走企业化道路，1988年民航实行航空公司与机场分立、组建国有骨干航空公司后，民航进行的又一次体制改革，是中国民航成立以来，最彻底、最深刻的一次改革。此次民航改革主要涉及航空公司重组、机场属地化、民航价格体制、空中交通管理体制、民航行政管理体制和扩大对外开放等几大方面，标志着我国民航业长期的高度政府管制有所放松，行业改革步入深化实施阶段，符合民航行业发展规律并与国际接轨的新型民航管理体制初步确立。

自2007年4月27日《民航空中交通管理体制改革方案》下发，到2007年9月5日民航新疆空管局成立，中国民航完成了空管系统“政事分开、运行一体化”的改革工作。这次空管改革的基本目标：一是建立健全政府空管监管体制，实现政府管理职能与系统运行职能分离；二是建立垂直管理的空管系统，统一运行指挥，实现运行一体化；三是通过理顺空管系统自身管理体制和运行机制，提高民航空管系统运行效率和保障能力。空管体制改革的完成，形成了民航局—地区管理局—各省市区监管办三级空管行业管理体制，以及民航局空管局—地区空管局—空管分局（站）三级运行体系，实现了空管系统的一体化管理和运行。

6. 飞行高度层垂直间隔缩小

2007年11月22日北京时间零时起，中国民航在8 400 m以上、12 500 m以下的空域实施缩小飞行高度层垂直间隔，飞机的巡航高度层由过去的7个增加到13个，这标志着我国“空中高速路”第三次成功扩容，空域环境进一步优化，航班飞行将更加安全顺畅。此次缩小垂直间隔的实施，使空中交通管制员可以灵活选择更加优化的飞行高度层，以减少航空器地面延误和空中等待，加大空中飞行流量；实现了我国与周边国家和地区飞行高度层的顺畅衔接，可以提高我国国境地带航班飞行的安全水平。

7. 国际航空合作进一步扩大

在国际民航组织第36届大会上，中国民航高票连任国际民航组织一类理事国。中国与塔吉克斯坦、赞比亚和沙特阿拉伯3国签署了航空协定，与瑞士、苏丹、加纳和莫桑比克4国草签了航空协定；与28个国家扩大了两国航权安排，推动了中国和这些国家在民航领域的进一步合作。截至2007年年底，我国共与95个国家签订了航空运输协定，与15个国家草签了航空运输协定。中美民航合作取得了重大的进展，双方正式签署了《中国民用航空总局与美国运输部联邦航空局会谈纪要》，正式签署扩大航空运输市场准入协议，分阶段扩大航权安排。

2007年11月15日，中国南方航空股份有限公司宣布正式加入天合联盟，标志着南航成为中国内地首家加入国际航空联盟的航空公司。2007年12月12日，中国国际航空股份有限公司、上海航空股份有限公司正式加入星空联盟。随着国际航空运输业迅速发展和竞争与合作的日益加深，国际航空联盟已成为推动国际航空运输业发展的重要力量。中国的航空公司加入国际航空联盟，对于提升自身品牌价值、增强核心竞争能力和持续盈利能力具有重要意义，同时也可为旅客提供更多新体验和更高品质的服务。

8. 强化管理、培训人才，民航企业素质不断提高

航空运输业是现代化的企业。管理这样的企业，应该是以先进的管理理论作指导，其管理者应该具有现代化科学管理理论。由于历史的原因，中国的航空运输业，到20世纪80年代才开始走向企业化管理的道路，因此，就明显地出现了先进的飞机和设施与比较落后的管理之间的矛盾。加上中国民航又以高速度发展，这个矛盾就更为突出。近些年来，中国民航从培训管理人员入手，加强了全员培训，用现代化科学管理理论以及先进的航空科技对管理者和各类从业人员进行了系统的培训，同时抓住了企业承包经营和效益挂钩等经营基础建设，促进企业全面质量管理达标和企业上等级的工作，因而，反映在“安全、正常，服务好”这3个方面在原有基础上有了较大的提高，我国的航空运输，正向更高的目标努力奋斗。

二、我国航空运输的展望

科技进步和社会经济的发展，为我国航空运输业的发展提出了需求也创造了条件，展望未来，航空运输业发展前景非常广阔。

近年来，我国航空货运总量增长迅猛，航空物流已进入高速发展期。但与发达国家相比，我国民航发展中依然存在不平衡、不协调、不可持续等突出问题。制约民航发展的体制环境没有根本性改善，空域资源不足依然是制约民航发展的突出瓶颈。大中型机场保障能力不足，基础设施建设速度滞后于发展需求。航空运输服务质量有所下降，航班正常率不高，航班平均延误时间增加，行业治理能力不适应发展需要。另外。我国通用航空整体发展尚处于较低水平。尤其是与日益增长的社会经济发展需求相比，主要存在区域发展不平衡、作业服务能力严重不足等问题。

我国幅员辽阔、资源丰富、人口众多，从社会经济发展及改革开放总趋势看，航空运输总周转量的迅速增长将是必然的趋势。

航空运输发展总的战略目标是：确保飞行安全，争取飞行正常，提高服务质量；采用先进机型，提高运输能力和竞争能力；扩建、改建和新建机场；增强机务维修能力，充实配套设施；提高人员素质，实现经营管理现代化。力争在不久的将来，中国航空运输的科技水平、管理水平有明显的提高，基本满足社会和经济发展的需求。

按照总的战略目标，应达到的各项具体目标有如下几点：

1. 发展速度

发展速度问题是航空运输发展战略的中心问题之一，航空运输的发展受社会经济发展的制约。经济发展是航空运输发展的基础，而航空运输又是为经济发展服务的。因此，解决了航空运输与经济发展的比例关系问题，也就解决了航空运输发展的速度问题。

我们可以从分析世界以及世界几个主要国家航空运输和经济发展速度的比例关系，找出一个普遍的规律。据统计，1950年，世界航空运输总周转量仅为34亿t·km，而1983年则达到了1 455亿t·km，34年间增长了33倍，年均增长速度为12%。与此同时，世界经济约增长3.7倍，年增长速度为4.8%。航空运输发展速度为经济发展速度的2.5倍。对

一些发达的资本主义国家及一些发展中国家的统计，除日本、新加坡、德国等国家航空运输发展速度为经济发展速度的4倍左右外，多数国家航空运输发展速度一般为经济发展速度的2～2.5倍。

我国航空运输的发展有着类似的情况，1950—1983年航空运输增长速度年平均为20%，经济增长速度年平均为8.4%，航空运输增长速度为经济发展速度的2.3倍。这种统计规律可以作为预测民航发展速度的一种参考数据，但要考虑中国民航的实际情况。

到2020年，我国航空运输总周转量将达到840亿t·km。

2. 航线布局

国内航线在目前已联结全国29个省会城市、自治区首府、直辖市及主要工业城市和旅游城市的基础上，要调整机型、增加航班密度，加强沿海地区与西部地区的联系，并进一步完善交通不便省区的地方航线网络。国际航线要巩固现有航线，增加班次，提高竞争能力，对开辟新航线要采取慎重态度，认真做好可行性研究。

到2020年前，我国还将建成现代化的空中交通管理系统，其技术设备、服务手段和管理水平都将达到世界先进水平；中国民航要全面掌握并能适度开发航空运输高新技术，实现全行业运行和管理的信息化；提高民航从业人员的数量和业务素质；建立起完备的，既符合国际通行规则又符合中国民航实际的法律法规体系，全面落实行业依法行政和依法经营；逐步增强中国航空安全综合保障能力，使航空安全水平接近民航发达国家水平。

3. 通用航空

通用航空要更好地为农林业和石油工业服务，调整通用航空机队布局，提高经济效益。

4. 机队配置

机队配置必须考虑配套设施是否协调，努力提高飞机利用率。配置数量、机型选择都要根据运输量增长的需要，不能用行政的办法，而要有科学的依据。机队要保持系列化，决不能搞多样化，否则机组配备、机务维修、运营计划管理等矛盾会愈加突出。

5. 机场建设

重要国际机场的改（扩）建和配套设施的建设仍然是机场建设的重点。同时，要改造国内干线机场，主要干线机场配备航站区管制设备，主要机场服务设施实现机械化、自动化。

为使中国的民航业在21世纪前20年得到快速发展，进入世界民航强国之列，民航的发展目标是：初步建成民航强国，航空运输总周转量世界排名在前3位，国际旅客周转量世界排名在前10位；建成1个以上的机场为亚太地区内的航空枢纽，有3个以上的机场旅客吞吐量在世界排名进入前25位；航空运输企业国际竞争力大幅度提高，有3～4家航空公司旅客周转量世界排名进入前20位，航空运输企业劳动生产率超过世界平均水平。

根据《中国民用航空发展第十三个五年规划》，到2020年旅客周转量比重将达到28%，运输总周转量达到1420亿t·km，旅客运输量7.2亿人次，货邮运输量850万t，年均分别增长10.8%、10.4%和6.2%。完善华北、东北、华东、中南、西南、西北六大机场群，新增布局一批运输机场，建成机场超过 50 个，运输机场总数达 260 个左右。通用机场将达到 500 个以上，通用航空器达到 5 000 架以上。

复习思考题

1. 航空运输具有哪些优缺点和适用范围？
2. 民用飞机按构造、用途如何分类？
3. 民用飞机由哪几部分组成？各有何作用？
4. 民用飞机具有哪些主要性能？什么是最大平飞速度、巡航速度、爬升速率、最大航程和续航时间？
5. 机场如何分类？机场由哪几部分构成？
6. 何谓航路、航线和航班？举例说明我国航班号的标志。
7. 简述航空旅客运输生产过程。
8. 简述民航货物运输的种类和营销形式。
9. 简述我国民航运输的现状和发展。

第八章 管道运输

第一节 管道运输的特点及分类

一、管道运输的特点

管道运输是使用管道输运流体货物的一种运输方式，其所运货物大多属于燃料一类，主要有油品（包括原油、成品油、液化烃等）、天然气、二氧化碳气体、煤浆及其他矿浆等。管道运输与其他运输方式最大的不同是：管道既是运输工具（但并不移动），又是运输通道，它通过输送设备（如泵、压缩机等）驱动货物，使之通过管道流向目的地。因此，管道运输的优点是：

（1）运量大。一条管径为720 mm的管道，每年可输送易凝固高黏原油2 000万t以上，相当于一条单线铁路的运量；一条管径为1 200 mm的管道，年输量可达1亿t以上。

（2）永久性占用土地少，易选取捷径，缩短运距。管道多埋于地下，其埋入地下部分一般占管道总长度的95%以上，永久性占用土地少；管道可以从河流、湖泊乃至海洋的水下穿过，也可以翻越高山，横越沙漠，允许敷设坡度较铁路、公路要大得多，易选取捷径，缩短运距。

（3）运行稳定，生产过程连续不断，便于运输管理，易于远程监控，维修量小，劳动生产率高。

（4）损耗小，安全可靠。易燃的油、气密闭于管道中，既可减少挥发损耗，又较其他运输方式安全，并且系统机械故障率低。沿途无噪声、漏失污染少。

（5）耗能低，运输费用低。输送1 t·km轻质原油的能耗只有铁路的1/17～1/12；成品油运费仅为铁路的1/6～1/3，接近于海运，且无装卸费用，也无空车（船）回程问题。

管道运输的缺点是：不如其他运输方式灵活，承运的货物比较单一，货源减少时不能改变路线，当输量降低较多并超出其合理运行范围时，优越性就难以发挥。管道运输适合于定点、量大、单向的流体运输。

二、管道运输的分类

（一）按所输送的物品不同分类

1. 原油管道

世界上的原油总运量中有85%～95%是用管道运输的。原油一般具有密度大、黏稠和易于凝固等特性。用管道输送时，要针对所输原油的特性，采用不同的输送工艺。原油运输主要是将油田的原油输给炼油厂、石油化工厂、转运原油的港口或铁路车站。

2. 成品油管道

成品油管道输送汽油、煤油、柴油、航空煤油和燃料油，以及从油气中分离出来的液化石油气等，可以运送一种油品，也可以运送多种油品。成品油管道主要铺设在炼油厂通往化工厂、电厂、化肥厂、商业成品油库及其他用户之间。成品油管道运输的特点是批量多、交油点多。因此，管道的起点段管径大，输油量大；经多处交油分输以后，出油量减少，管径亦随之变小，从而形成成品油管道多级变径的特点。

3. 天然气管道

天然气管道是输送气田天然气和油田伴生气的输气管道，由开采地或处理厂输送到城市配气中心，是陆地上大量运输天然气的主要方式。天然气管道，包括集气管道、输气干线和供配气管道。就长距离运输而言，输气管道系指高压、大口径的输气干线。这种输气管道约占全世界管道总长的一半。

4. 固体料浆管道

固体料浆管道是 20 世纪 50 年代中期发展起来的，到 70 年代初已建成能输送大量煤炭料浆的管道。其输送办法是将固体粉碎，掺水制成浆液，再用压力泵按液体管道输送工艺进行输送。

（二）按管道的用途分类

输气管道系统示意图如图 8-1 所示，按管道的用途可分类如下：

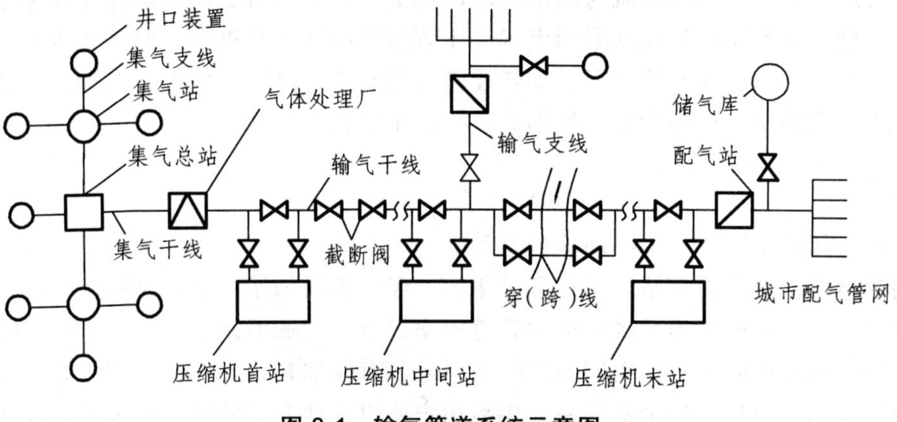

图 8-1 输气管道系统示意图

1. 集油（气）管道

集油（气）管道是指从油（气）田井口装置经集油（气）站到起点压力站的管道，主要用于收集从地层中开采出来的未经处理的原油（天然气）。

2. 输油（气）管道

以输气管道为例，它是指从气源的气体处理厂或起点压气站到各大城市的配气中心、大型用户和储气库的管道，以及气源之间相互连通的管道，输送经过处理符合管道输送质量标准的天然气，是整个输气系统的主体部分。天然气依靠起点压力站和沿线压气站加压输送，输气压力为 70 ~ 80 kPa/cm^2，管道全长可达数千千米。

3. 配油（气）管道

对于油品管道来说，它是指炼油厂、油库和用户之间的管道。对于输气管道来说，是指从城市调压计量站到用户支线的管道。由于配油（气）管道压力低、分支多、管网稠密、管径小，除大量使用钢管外，低压配气管道也可用塑料管或其他材质的管道。

第二节　管道运输的基本设备

管道运输主要有输油管道、输气管道和固体料浆管道运输等。它们采用的设备也有所不同。

一、输油管道运输设备

（一）输油管道的组成

长距离输油管道由输油站和管线两大部分组成。输送轻质油或低凝点原油的管道不需加热，油品输送一定距离后，管内油温等于管线埋深处的地温，这种管道称为等温输油管道。等温输油管道无须考虑管内油流与周围介质的热交换。对易凝、高黏油品不能采用这种方法输送，因为当油品黏度极高或其凝固点远高于管路周围环境温度时，每千米管道的压降将高达几百甚至几千千帕，这种情况下，加热输送是最有效的办法。因此，热油输送管道不仅要考虑摩擦阻力的损失，还要考虑散热损失，输送工艺更为复杂。

1. 输油站

输油站包括首站、末站、中间输油站等。

输油管道的起点称为首站。其任务是集油，经计量后加压向下一站输送，故首站的设备除输油泵外，一般有较多的油罐。输油管道沿途设有中间输油站，其任务是对所输送的原油加压、升温，俗称中间泵站。中间泵站的主要设备有输油泵、加热炉、阀门等设备。输油管道末站接受输油管道送来的全部油品，供给用户或以其他方式转运，故末站有较多的油罐和准确的计量装置。

2. 管　线

输油管道的线路（即管线）包括管道、沿线阀室，穿越江河、山谷等的设施和管道阴极防腐保护设施等。为保证长距离输油管道的正常运营，还设有供电和通信等设施。

（二）输油管道的主要设备

1. 离心泵和输油泵站

（1）离心泵。泵是一种将机械能（或其他能）转化为液体能的液力机械，它也是国内外输油管线广泛采用的原动力设备，是输油管线的心脏。离心泵通过离心力的作用完成介质的输送任务。

（2）输油泵站。输油泵站设于首站和中间输油站，它的基本任务是供给油流一定的能量（压力能或热能），将油品输送到终点站（末站）。输油泵站生产区分为主要作业区和辅助作业区。主要作业区的设备和设施包括输油泵房、总阀室、清管器收发球装置、计量间、油罐区、油品预处理装置（多设于首站）、加热炉或换热器组等；辅助作业区包括供电系统、供热系统、供水系统、排污与净化系统、车间与材料库、机修间、调度及监控中心、油品化验室与微波通信设备等。

在长距离输油管道中，要经济、安全地将规定数量的油品从起点输送到终点，需要消耗的压力常达几千甚至几万千帕，因而需要在沿线设置若干个泵站来提高压力能。确定泵站数量的原则是各泵站提供的总扬程与消耗的总能量平衡。

2. 输油加热炉

在原油输送过程中对原油采用加热输送的目的是使原油温度升高，防止输送过程中原油在输油管道中凝结，减少结蜡，降低动能损耗。通常采用加热炉直接为原油提供热能。目前我国用得较多的是管式加热炉，它操作方便、成本低，可以连续、大量地加热原油（重质油）。

除上述直接加热炉外，还有一种间接式加热炉，也称热煤炉。它利用某种中间热载体（又称热煤）通过换热器加热油品（原油）。间接加热炉的优点是安全、可靠，但系统复杂，不易操作，造价亦较高。

3. 储油罐

油罐是一种储存石油及其产品的设备。油罐按照建造方式分为地下油罐（罐内油品最高液面比邻近自然地面低 0.2 m 以上者）、半地下油罐（油罐高度的 2/3 左右在地下）和地上油罐（油罐底部在地面或高于地面者）3 种类型；按建造材料分为金属油罐、非金属油罐；按油罐的结构形式分为立式圆柱形油罐、卧式油罐、双曲线形油罐 3 类。

上述储油罐中，应用较广的是钢质金属油罐。这种储油罐安全可靠，经久耐用，施工方便，投资少，可以储存各种油品。非金属油罐大都建造在地下或半地下，用于储存原油或重油，油品的蒸发速度比储存在金属罐中低，抗腐蚀能力亦比金属罐强；其缺点是易渗漏，不适合储存轻质油品，一旦罐底发生不均匀沉陷时，易产生裂纹，且难以修复。

4. 输油管线

输油管线一般采用有缝和无缝钢管，大口径者可采用螺旋焊接钢管。无缝钢管壁薄、质轻、安全可靠，但造价高，多用于工作压力高、作业频繁的主要输油管线上。焊接钢管又称有缝钢管，是目前输油管路的主要用管，制造材料多为普通碳素钢和合金钢，制造工艺有单面焊和双面焊两种，一般可耐压 300 ~ 500 N/cm^2。

在管道铺设过程中要注意选择合适的方案。为防止管线受地面上各种负荷可能引起的损害，保护管线在热应力下的稳定性，输油管埋深一般不小于 0.8 m，在穿越河流、铁路与公路干线时应更深些；同时应略低于冰冻线，这对等温输送管道尤为重要。在地下水位较低、施工方便的高寒地区，可取较大的埋深；而对于地下水位较高、土壤腐蚀性强的地段，应考虑将管线铺设在地下水位以上。

5. 清管设备

油品在运输过程中，管壁结蜡使管径缩小，造成输油阻力增加，能力下降，严重时可使原油丧失流动性，导致凝管事故。处理管线结蜡有效而经济的方法是机械清蜡，即从泵站收发装置处放入清蜡球或者其他类型的刮蜡器械爪，利用泵输送原油在管内顶挤清蜡工具，使管壁结蜡被清除并随油输走。进行管线清蜡要求不导致管线明显变形，且清蜡工具易通过；同时，清蜡器具应有足够强度，在清蜡过程中不易变形和损坏。

6. 计量及标定装置

为保证输油计划完成，加强输油生产管理，长输管线上必须对油品进行计量，以便及时掌握油品的收发量、库存量及耗损量。现代管道运输系统中，流量计已不仅仅是一个油品计量器，它还是监测输油管运行的中枢。例如，通过流量计调整全线运行状态、校正输油压力与流速、发现泄漏等。计量系统包括流量计、过滤器、温度及压力测量仪表、标定系统及排污管等 5 个部分。一般来说，流量计只能测体积。大庆油田安装了一套我国自行研制的原油计量装置，能同时报出体积、质量、原油中的含水率等重要数据，且系统精度在 99.6% 以上。

（三）管道防腐措施

管道和储油罐的腐蚀会造成穿孔，从而引起油、气、水的跑漏，甚至爆炸。金属管道腐蚀主要有两种：一是化学腐蚀，即金属表面与周围介质发生作用而导致的破坏；二是电化学腐蚀，它是指在腐蚀过程中由电流产生的腐蚀。管道和储油罐的防腐主要有下列措施或方法：

（1）选用耐腐蚀材料制造的管道。如一般城市采用的聚氯乙烯管，海洋油气管道中采用的含钼和钛合金钢管，都具有较强的耐腐蚀性能。

（2）在输送或储存介质中加入缓蚀剂，抑制管道内壁腐蚀。

（3）在管道内、外壁上采用防腐绝缘涂层，使钢管与腐蚀介质隔离。例如，在输气管道内壁喷涂环氧树脂，既可防止内腐蚀，也可减少输送时的摩擦阻力，效果甚佳。

（4）采用阴极保护法。对被保护的金属管道通以外接电流，使整个管道成为腐蚀电池的阴极而得到保护。此方法也可用于保护储油罐罐底不受腐蚀。

以上管道防腐的措施和方法，既可单独采用，也可综合采用。

二、天然气管道运输设备

输气管道系统主要由矿场集气管网、干线输气管道（网）、城市配气管网，以及与此相关的站、场等设备组成。这些设备从气田的井口装置开始，经矿场集气、净化及干线输送，再经配气管网送到用户，形成一个统一的、密闭的输气系统。

（一）矿场集气过程及设备

集气过程指从井口开始，经分离、计量、调压、净化和集中等一系列过程，到向干线输送为止。集气设备包括井场、集气管网、集气站、天然气处理厂、外输总站等。一般气田的集气有单井集气和多井集气两种。

1. 单井集气

单井集气是每一口井场除采气树外，还有一套独立完整的节流（加热）、调压、分离、计量等工艺设施和仪表设备。

2. 多井集气

多井集气主要靠集气站对气体进行节流、调压、分离、计量和预处理，井场只有采气树；气体经初步减压后送到集气站，每一个集气站可汇集不超过 10 口井的气体。

集气站将气体通过集气管网集中于总站，外输至气体处理厂或干线。多井集气处理的气体质量好，劳动生产率高，易于实现管理自动化，多用于气田大规模开发阶段。

（二）干线输气设备

干线输气是指从矿场附近的输气首站（集气总站或气体处理厂）开始到终点配气站为止的输气过程，其设备包括压缩机站和管线（路）两部分。

1. 压缩机站

压缩机站的核心设备是压缩机，任务是对气体进行调压、计量、净化、加压和冷却，使气体按要求沿着管道向前流动。长距离输气需要不断供给压力能，除在干线输气两端各设一个压缩机首站和末站外，一般间隔 110 ~ 150 km 设置一座中间压缩机站。压缩机站按作用分为压缩机站、调压计量站、储气库 3 类。调压计量站多设在输气管道的分输处或末站，其作用是调节气体压力、测量气体流量，为城市配气系统分配气量并分配到储气库；储气库则设于管道沿线或终点，用于解决管道均衡输气和气体消费的昼夜及季节不均衡的问题。

干线输气数量多少与流速、压力有关。压缩机站与管路是一个统一的动力系统。压缩机的出站压力就是该站所属管路的起点压力，终点压力为下一个压缩机站的进站压力。为保证干线输气达到规定的压力和流速，长输气管线一般设有多个压缩机站。

压缩机站数可根据管线起终点最大供气量、压缩机站最大出站压力、线管全长、末段管线长度、压缩机性能、输送介质等因素来初步确定，再根据地形、地址、水、电、交通等条件最终确定。

2. 管　线

输气管线应选用质优、耐用、便于维修管理的材质，根据输气量确定管径。在影响输气量的诸多因素中，干线输气管线的管径 D 对输气量 Q 影响最大。其他因素不变时，Q 与 $D^{2.53}$ 成正比；管径增大 1 倍，输气量可增加 4.776 倍。总的来说，高压、大管径是长距离输气管道发展的方向。

（三）城市配气设备

城市配气指从干线终点的配气站开始，通过各级配气管网和气体调压所，按用户要求直接向用户供气的过程。城市配气设备包括配气站和配气管网。

1. 配气站

配气站是干线的终点，也是城市配气的起点与枢纽。气体在配气站内经分离、调压、计量和添味后输入城市配气管网。

2. 城市配气管网

城市配气管网的形式有树枝形和环形两类。按压力则可分为高压、次高压、中压和低压 4 级。由于不同级别的管线上管道强度不同，上一级压力的管网需经调压后才能输向下一级管网。城市一般设有储气库，可调节输气与供气间的昼夜不平衡。例如，当输气量大于城市供气量时，储气库储存气体，反之输出气体。

三、固体料浆管道运输设备

用管道输送各种固体物质的基本措施是将待输送固体物质破碎为粉粒状，再与适量的液体配置成可泵送的浆液，通过长输管道输送到目的地后，再将固体与液体分离送给用户。目前料浆管道主要用于输送煤、铁矿石、磷矿石、铜矿石、铝矾土和石灰石等矿物，配置浆液主要用水，还有少数采用燃料油或甲醇等液体作载体。

尽管有许多人认为管道输送固体物质是经济、可靠的方法之一，但固体料浆管道的输送技术却有待于进一步探索和发展。我国对发展固体料浆管道运输坚持慎重稳妥的政策。

料浆管道的设备与输气、输油管道大致相同，但还需要有一些制浆、脱水干燥设备。它们可以分为 3 个不同的组成部分：浆液制备系统（前处理）、料浆输送系统（泵站和管道）、料浆脱水系统（后处理）。

1. 浆液制备系统

浆液制备系统的作用是制备适于管道输送的浆液。主要制浆设备为破碎、磨细、筛分、浓缩、储浆、调整 pH 值、除氧、监测设施等。当物料中含有不符合浆液输送要求的较粗颗粒时，需用安全筛筛除再磨，以保证合格的上限粒度；对浓度较低的原浆进行浓缩，以保证合格的浓度；对浆液和冲洗水调整 pH 值和除氧，以降低管道的磨蚀度；监测设施可随时测定粒度、浓度、温度、流速（有无沉淀）、摩阻损失和磨蚀状况；长距离浆液管道输送系统还要设储浆设施，以调节生产工艺和管道输送之间的流量不平衡问题。

2. 浆液输送系统

浆液输送系统主要是泵站和输送管道，它是整个浆液管道输送系统的核心，其作用是将已制备合格的浆液输送到有关用户或浆液的输送终点或储存地。

3. 脱水与储存系统

浆液中的水是作为载体随物料到达输送终点的，到达终点后要进行脱水与储存。脱水后物料的含水量要满足用户的直接使用要求或储存要求。脱除后的污水通常含有悬浮物、油类等 pH 值偏高的有害成分，必须经过处理，使其满足其他用户或本企业循环使用和重复使用的要求。如向外排放，应满足地方或国家的排放标准。

第三节　管道运输的管理工作

一、管道运输生产管理

在管道运行过程中要利用技术手段对管道运输实行统一指挥和调度，以保证管道在最优化状态下长期安全而稳定地运行，从而获得最佳经济效益。

（一）生产管理工作的主要内容

1. 管道输送计划管理

计划管理的目的是根据管道所承担的运输任务和管道设备状况编制合理的输送计划，以便有计划地进行生产。管道输送计划管理首先是编制管道输送年度计划，再根据年度计划安排管道输送的月计划、批次计划、周期计划等。然后再根据这些计划安排管道全线的运行计划，编制管道站、库的输入和输出计划，以及分输和配气计划。另外，根据输送任务和管道设备状况，编制设备维护检修计划和辅助系统作业计划。

2. 管道输送技术管理

技术管理的目的是根据管道输送的货物特性，确定输送方式、工艺流程和管道运行的基本参数等，以实现管道生产最优化。管道输送技术管理的内容，包括随时检测管道运行状况参数，分析输送条件的变化，采取各种适当的控制和调节措施调整运行参数，以充分发挥输送设备的效能，尽可能地减少能耗。对输送过程中出现的技术问题，要随时研究解决。

管道输送技术管理和管道输送计划管理都是通过管道的日常调度工作来实现的。

3. 管道输送设备管理

设备管理的目的是对管道站、库的设备进行维护和修理，以保证管道的正常运行。管理的内容主要包括：对设备状况进行分级，并进行登记；记录各种设备的运行状况；制定设备日常维修和大修计划；改造和更新陈旧、低效能的设备；保养在线设备。

4. 管道输送线路管理

管道输送线路管理的目的是防止线路受到自然灾害或其他因素的破坏。管理的内容主要包括：日常的巡线检查，线路构筑物和穿越、跨越工程设施的维修，管道防腐层的检漏和维修，管道的渗漏检查和维修，清管作业和管道沿线的放气、排液作业，管道线路设备的改造和更换，管道线路的抗震管理，管道紧急抢修工程的组织等。

（二）生产管理的检测与监控技术

管道运输线路长，站、库多，输送的货物易燃、易爆、易凝或易沉淀，且在较高的输送压力下连续运行，这就要求管道生产管理具有各种检测与监控技术设备，主要有管道监控、管道流体计量、管道通信。

1. 管道监控

管道监控是利用仪表和信息传输技术测试全线各站、库和线路上各测点的运行工况参数，作为就地控制或输给控制室对全线运行工况进行监视和管理的依据。将收集到的运行工况参数，经分析、判断后，下达调度指令，调节或改变运行工艺。

2. 管道流体计量

管道流体计量是为管道管理提供输量和油、气质量的基本参数，是履行油品交接、转运和气体调配所必需的。

3. 管道通信

管道通信是利用通信系统交流情况，传递各种参数信息，下达调度指令，实现监控。通信系统对管道管理水平的提高起着重要的保证作用。通信线路有明线载波、微波、甚高频和特高频等。作为电话、电传打字及监控信号等的常用信道，为保证通信的可靠性，常用一种以上信道，有的管道用微波或同轴电缆作主要通信手段，而以甚高频、特高频作辅助通信手段；有的管道还用通信卫星作备用手段。海洋管道多用电离层散射等进行站间或管道全系统通信。

二、管道运输安全管理

安全生产管理是企业管理的重要组成部分，是保证生产正常进行，防止发生伤亡事故，确保安全生产而采取的各种方针、对策和行动的总称。安全生产管理是一门综合性科学，既涉及自然科学，又涉及社会科学，既要管人，又要管物、管环境。

（一）输油管道事故

石油长输管道容易发生的事故，可分为6类。

1. 管道强度不足造成破坏

这类事故多数是因焊缝或管道母材中的缺陷引起的管道破裂。另外，管道的施工温度与输油温度之间存在一定的温差，运行中产生的热变形，也会形成管道破裂。

2. 管道腐蚀穿孔

一般管道都有防腐绝缘层，使管材得到保护，不会造成腐蚀破坏。但是，土壤中的水、盐、碱及地下杂散电流等会造成管道腐蚀，严重的会造成管道穿孔。

3. 凝管事故

长输热油管道发生凝管事故，对输油企业而言，是恶性重大事故，它不仅造成管线停输，影响油田、炼油厂、装油码头的正常生产，而且还要消耗大量的人力、物力解堵，其经济损失是相当大的。凝管事故主要有以下几种情况：

（1）油源不足，又无反输能力，造成凝管。

（2）管道输量不足，采用正反输交替运行时，未能及时跟踪监测运行参数的变化，没有采取相应措施而导致凝管。

（3）油源不足而采用降量输送时，因输油温度低造成凝管事故。

（4）停输时间过长造成凝管。

（5）长期不清管的管道，清管过程中造成凝管。

4. 设备事故

输油站内一般有泵机组、阀门、加热炉、油罐、锅炉等设备，这些设备都存在发生事故的可能性。

5. 自然灾害

地震、洪水、地层滑坡、泥石流、雷击等自然灾害破坏，造成管道泄漏污染事故，也可能击毁油罐和其他设备，造成意外损失。

6. 违规事故

因违反操作规程，造成跑油、憋压、冒罐等事故。

（二）输油管道的事故抢修

当输油管道发生穿孔、破裂、蜡堵、凝管或其他设备事故时，都可能伴随出现跑油，甚至发生火灾事故，其后果是很严重的。一旦发生事故，必须组织力量立即抢修，将管道事故所造成的损失、影响控制在最小。

1. 管道穿孔的抢修

管道穿孔常见的有腐蚀穿孔、砂眼孔、缝隙孔和裂缝等。其特点是漏油量较小，初始阶段对输油影响较小，也不易发现，但是随着时间的延续会逐步扩大，以致影响输油生产。这类事故在初始阶段处理较为简单，所以应抓紧时机，及时排除故障。

2. 管道破裂的抢修

管道由于强度不够、韧性不好或焊缝有夹渣、裂纹等缺陷或管道受到意外载荷发生破裂，则会形成油品大量外泄。这种事故的抢修比管道穿孔抢修要复杂得多，根据破裂的具体情况，可采取各种封堵措施。

3. 凝管事故的抢修

凝管事故是石油长输管道最严重的恶性事故，可根据具体情况采取以下两种抢救措施：一是发现凝管的苗头或处于初凝阶段时，可以采用升温加压的方法进行顶挤；二是当管道经开孔后，管内输量仍继续下降时，说明管道已进入凝管阶段，可采取沿线开孔、分段顶挤的方法。此外，新近研究和应用的一种电热解堵方法，效果很好。

（三）站库安全技术

长输管道中的输油站，特别是首站和末站储存了大量易于燃烧、爆炸或带有毒性的油品，工作中粗心大意或违反操作规程，极易发生火灾、爆炸或中毒事故。因此，在油品的收、发、储、运过程中必须加强安全工作，严格遵守操作规程和有关规章制度，最大限度地消除能引起火灾、爆炸和中毒事故的一切因素，保证安全输油。

1. 防火防爆

爆炸、火灾是对油库安全最严重的威胁。一旦发生爆炸失火，就会造成生命财产的巨大损失。因此，必须高度重视和切实做好油库的防火防爆工作。油库发生爆炸和火灾事故的主观原因有：油库工作人员思想麻痹大意，制度不严，管理不善，违章作业等。客观原因有：电气设备短路、触头分离、泵壳接地等，引起弧光和火花，金属撞击引起火花，雷电或静电，可燃物自燃，油库周围的意外明火，等等。

油品蒸气和空气混合后，可能形成爆炸性混合气体，但是只有当油品蒸气在空气中处于一定的浓度范围（按体积），并遇火源时，才会爆炸。油品蒸气在空气中会引起爆炸的最小浓度，称为爆炸下限；最大浓度称为爆炸上限。上限和下限之间称为爆炸区间。爆炸区间越大，发生爆炸的危险性越大。当油品蒸气浓度在爆炸区间时，遇到火源就会引起爆炸。

防火、防爆的措施一是消除火源与油品蒸气的接触；二是在站库内有工业用火作业时，严格执行工业用火审批制度；三是处理好可燃物。

针对燃烧三要素和构成燃烧的其他条件，在站库消防中常采用冷却法、窒息法和隔离法进行灭火。

2. 防 雷

雷电的危害可分为直接雷电危害和间接雷电危害两大类。避雷针是一种最常用的防雷电保护装置。

3. 防静电

在长输管道中静电的主要危害是会引起火灾和爆炸。防静电的安全措施，以消除静电引起爆炸火灾的条件为目标，主要采用防止静电产生及积聚的措施。

4. 防 毒

油品及其蒸气具有毒性，特别是含硫油品及加铅汽油毒性更大。油品蒸气可经口、鼻进入呼吸系统，使人产生急性中毒或慢性中毒。轻质油品的毒性虽然比重质油品的毒性小些，但其挥发性强，在空气中的浓度相应也大，因此，危害性更大。

为保证站库工作人员的身体健康，必须严格控制工作场地空气中有毒气体含量，使其不超过最大允许浓度。防毒的措施是站库设备保持严密性，加强通风，尽量减少工作场地中油蒸气浓度。

第四节 管道运输的现状及发展趋势

管道运输作为一种新型的现代化运输方式将逐步扩大其使用范围。在建设方面不仅地区成网、国内成网，国际跨国管道的发展也有相当的势头；在运输货种方面，由现有原油、成品油、天然气、煤浆扩大到重油、二氧化碳气、沙石等建筑材料；由于各种性能的货种增加，相应的管道驱动方式多样，输送工艺会更加复杂。

一、世界管道运输的现状及发展趋势

当今世界上总计有 200 多万 km 的油气管道。由于石油资源经过一个多世纪的开发，易于开发的地区已经进入低产。今后石油开发的趋势是走向边远的地方和海洋，因此，修建管道的工程规模越来越庞大且艰巨，技术水平要求越来越高。

从世界管道运输的发展来看，原油管道发展缓慢，成品油管道发展趋势明显。出现这一趋势的原因是各国原油产量衰减，转为进口中东和南美的石油。由于原油进口主要依靠海运，因此原油管道建设较少，但市场对成品油的需求却在增加，这也促使了成品油管道的建设。

以下是几条国外著名的原油管道、输气管道和成品油管道的概况。

1. 阿拉斯加原油管道

纵贯美国阿拉斯加州南北的大型原油管道，北起阿拉斯加最北部濒临北冰洋的普拉德霍湾油田，原油输送到阿拉斯加南部的瓦尔迪兹不冻港。全长 1 277 km，有 1/3 处于北极圈内，管径为 1 200 mm，翻越 3 座高山，穿越河流 34 条，其中最大的是育空河，管道是吊挂在公路桥上通过的。管道经过 900 km 的冰冻土区，冬季温度一般为 – 15 ~ – 48 °C，最低可达 – 57 °C。因此全部架空管道有加强保温措施，同时采用特殊方法，使管道的热量不会传到冰冻土中，防止冰冻土溶化，造成架空管道失稳。

沿线设有 12 个泵站，投产初期先开动 8 个泵站，每座泵站设有 4 台 9 929 kW 的燃气轮机驱动输油泵，输量可达 5 600 万 t/年。12 座泵站都投运后，最高输量可达 1 亿 t/年。终点设在瓦尔迪兹不冻港，共有 4 座油码头可停靠 26.5 万 t 的油轮。

全线筹划始于 1968 年秋，于 1977 年夏建成投产，为时 9 年，共投资 88 亿美元，是 20 世纪 70 年代世界上投资最大的管道工程。

2. 阿尔及利亚—意大利输气管道

该工程是世界输气管道工程中最难施工的大型管道之一。管道起点设在非洲阿尔及利亚的哈西鲁迈勒天然气田，终点位于意大利北部的矿堡。管道跨越非洲与欧洲，中间穿越地中海，是最深的海底管道。

管道自 1976 年年初动工，1983 年建成投产。最大输气量为每年 125 亿 m^3，管道总长达 2 506 km。管道口径 1 200 mm，设有 8 个压缩机站。

管道的特点是：经地中海的南北两段，如采用 1 200 mm 管径的管道，很难克服海水对管道的上浮力；同时海底地形复杂，起伏很大，很难稳管，一旦海下发生故障则全线停输。为克服此难点，海下南北两段均改为敷设 3 条口径为 510 mm、壁厚为 20.62 mm 的管子。海下管道的输送压力提高为 15 ~ 16 GPa，高出地面管道 1 倍。设在邦角的压缩机站，装有 5 台 23 536 kW 的压缩机，是世界上最大的压缩机站之一。为防止海底 3 条管道中任一条损坏，将 5 台压缩机分为两组串联，以增加海下管道输气压力。

管道穿越南北两处海峡，这两处海底的地形都很复杂。南段海下有大段石方区，难以开沟敷设，为避开难点，南段分选了两条线路：一条水深 560 m，最大坡度为 30°，铺设一条管道；另一条线路水深 608 m，最大坡度为 25°，铺设两条管道。

在这样深的海域敷设管道必须解决在深海锚固铺管船的问题，这更增加了深海管道施工的难度。为了铺设这两段海域的管道，1974 年，在墨西哥海湾进行了管径为 320 mm 的管道敷设试验，最深处为 365 m。1976 年 10 月在南段进行了第二次试铺，水深 564 m。两次试铺成功后，还改造了铺管船的结构，才正式施工。

3. 科洛尼尔成品油管道

由美国南部的休斯敦到纽约市北的林登，科洛尼尔成品油管道是世界上规模最大的成品油管道系统。除了干线以外设有 37 条分支管道，前后分两期建成。第一期自 1962—1964 年，这个系统有 916 mm 管径的管道 1 689 km；814 mm 管径的管道 460 km 和 763 mm 管径的管道 313 km；支线总长 2 188 km。由于这一地区成品油销量不断增加，管道数量也不断增加，原有的系统已经处于超载运行，增加泵站也不能解决。因此，从 1972 年开始建设复线，到 1979 年分期建成。新建复线加大了管径，计有 916 mm 管径的管道 1 197 km；1 018 mm 管径的管道 785 km；新建支线 1 227 km。1979 年建成后，干线及支线总长 8 008 km，其中干线 4 592 km、支线 3 416 km；输入站 10 座；干线泵站 53 座；沿线加油站 281 处；支线泵站 30 座。全线油罐总容积为 3 842 864 m^3，总功率 611 380 kW。管道内存油 2 702 660 m^3，输送油品 118 种，向管道托运油品的公司有 28 家，接收管道油品销售的公司有 53 家，平均日输成品油 227 659 m^3。

二、我国管道运输的现状

自 1959 年我国第一条长输油气管道——新疆克拉玛依油田至独山子炼油厂原油外输管道投产以来，60 年间我国长距离输油输气管道建设取得了长足进步。目前我国已基本形成了以西气东输系统、陕京管道系统、中缅天然气管道、涩宁兰、川气东送、中贵联络线、秦沈线、永唐秦、冀宁联络线等干线管道为基本骨架，川渝、环渤海、长三角、珠三角、中南、陕晋等区域管网接入，横跨东西、纵贯南北、连通海外的全国天然气输送管网；构建了以中哈管道、西部原油管道、兰成线、长呼线、中俄原油管道、东北管网、东黄双线、鲁宁线、仪长沿江管道双线、甬沪宁、日东线、中缅等原油管道为基本骨架，覆盖油田、炼厂、港口和储备库的原油输送管网；建成了以北疆管网、乌兰线、兰成渝、兰郑长、茂昆线、港枣线、洛郑驻、石太线、鲁皖、江苏成品油、云南成品油、金嘉湖、镇杭、甬绍金衢、甬台温、九昌樟、珠三角等管道为代表，连通炼油厂与市场的成品油管网。

1. 原油管道

原油管道在东北、西北、华北、华东和中部地区形成了区域性的输油管网。

东北地区是我国原油生产的主要基地，有大庆油田、辽河油田和吉林油田。东北输油管网起自大庆油田的林源首站，经铁岭中转站，向抚顺、大连、秦皇岛地区分输，形成了以铁岭为枢纽，从大庆到秦皇岛和从大庆到大连两大输油动脉。该输油管网除了向沿线各大炼油厂供油外，还可以通过大连港和秦皇岛港向南方各炼油厂供油以及向国外出口。

东北输油管网主要包括庆铁（大庆—铁岭）线、庆铁复线、铁大（铁岭—大连）线、铁抚（铁岭—抚顺）线、铁秦（铁岭—秦皇岛）线，总长约 3 000 km，年输油能力 4 500 万 t。

西北地区主要有新疆油田、塔里木油田、青海油田、玉门油田和长庆油田。原油管网主要由阿独（阿拉山口—独山子）线、克独（克拉玛依—独山子）线、克乌（克拉玛依—乌鲁木齐）线、轮库（轮南—库尔勒）线、库鄯（库尔勒—鄯善）线、塔轮（塔里木—轮南）线、靖咸（靖边—咸阳）线、靖惠（靖边—惠安堡）线、西部原油管道等构成，是我国能源战略通道的重要组成部分。该区域原油管道总长度约 6 600 km，年输油能力约为 5 000 万 t。

华北地区有大港油田、华北油田。华北输油管网分别向北京及华北地区炼油厂输送原油，向北至北京与东北管网连接，向南至临邑与华东管网衔接。该区域管网主要由秦京（秦皇岛—北京）线、大港—周李庄、任丘—沧州、任丘—沧州复线、任丘—北京、沧州—临邑、河间—石家庄、任丘—保定等管线构成，总长约 2 000 km，年输油能力约 1 700 万 t。

华东地区的主要油田为山东胜利油田，是我国第二大油田。胜利油田投入开发后，陆续建成了东营—辛店、临邑—济南、东营—黄岛、东营—黄岛复线、临邑—仪征、东营—临邑、东营—临邑复线、沧州—临邑、濮阳—临邑、仪征—长岭、甬沪宁等输油管道，形成了以甬沪宁、临邑—仪征、仪征—长岭为骨架，连接长江两岸炼油厂的原油输送系统。华北油田和中原油田的部分原油，也进入华东原油管网。长江北岸的仪征输油站（油库）成为华东地区最大的原油转运基地，除供应南京炼油厂用油外，还通过仪征油港转运长江沿岸各炼油厂。华东输油管网总长约 4 500 km，年输油能力超过 12 000 万 t。

中部地区形成了以河南油田、江汉油田和中原油田为中心，由潜江—荆门、魏岗—荆门、魏岗—荆门复线、濮阳—临邑、濮阳—洛阳、濮阳—洛阳复线、洪湖—荆门复线构成的原油管网输送系统。该区域原油管道总长约 2 500 km，年输油能力超过 1 500 万 t/年。

2. 成品油管道

成品油管道近年来得到较大的发展，在西北、西南和珠三角地区已建成骨干输油管道，形成了“西油东运、北油南下”的格局。

西北地区成品油管道主要有乌鲁木齐—兰州管道和格尔木—拉萨管道。

西南地区成品油管道主要有茂名—昆明、兰州—成都—重庆管道。

珠三角地区成品油管道主要有湛江—惠州管道。

另外，已建成投产的成品油管道还有大港石化—枣庄、齐鲁石化—宿州、石家庄—太原、洛阳—郑州—驻马店、合肥—安庆等。

3. 输气管道

目前，在我国的川渝、环渤海及长三角地区已经形成比较完善的区域性天然气管网，中南地区、珠三角地区也基本形成了区域管网主体框架。

（1）川渝地区环形管网。

川渝地区天然气管道总里程超过 7 000 km，约占全国天然气管道总里程的 30%。天然气管道已形成以南北干线为主体，与其他干线（屏渠线、屏石线）连通的环形骨干管网，并与五大油气产区的区域性管网相互连通，担负着川渝地区、云贵部分地区及两湖地区的天然气输送任务，管网输配能力达到 145 亿 m^3/年。目前川渝地区正在实施北内环、南干线西段（纳溪—越溪—成都）复线、南坝—屏锦等骨干管道。工程建成后，该地区管网输配能力将大幅度提高，达到 200 亿 m^3/年。

（2）环渤海地区管网系统。

环渤海地区是我国政治经济文化的中心，也是我国三大天然气消费区之一。随着 1997 年陕京线的建成投产，环渤海地区天然气利用水平得到了大幅度的提高。特别是北京申奥成功后，一系列环保政策相继出台，极大地带动了该区域天然气的利用。2005 年陕京二线建成投产，使该区域内形成了以陕京线、陕京二线为主干线，华北输气管道、大港输气管道以及其他地方管道为辅的输气管网系统，多气源、多渠道的供气格局已经形成。目前，该区域管网输送能力超过 210 亿 m^3/年。

（3）长三角地区管网。

随着西气东输的建成投产，长三角地区的天然气利用水平迅速提高，2007 年该地区已跃居成为继川渝地区之后的第二大天然气消费区。目前，该区域供气管道包括西气东输干线及支线、冀宁线（西气东输和陕京二线的联络线）、东海—平湖管道、东海—宁波管道、浙江省天然气管道等，形成了以塔里木气为主、东海气为辅的联合供气管网系统。目前，该区域管网输送能力超过 150 亿 m^3/年。

（4）中南地区管网。

中南地区以西气东输线、忠武（重庆忠县—武汉）线、淮武（河南淮阳—武汉）线为骨架，形成了该区域的管网供应系统。目前，该地区的供气能力超过 40 亿 m^3/年，多气源供气格局基本形成。

（5）东南沿海地区 LNG（液化天然气）输气管网。

东南沿海地区以广东 LNG 外输管道及福建 LNG 外输管道为主，已基本形成区域性的供应系统主体框架。随着广东 LNG 二期工程和珠海 LNG 及其站线的建设，以及供气支线的不断完善，该区域将形成比较完善的供气网络。目前，该区域管网输送能力约为 120 亿 m^3/年。

三、我国管道运输存在的差距

与国外相比，我国不仅在管道运输能力方面存在很大的差距，而且在管道输送技术上也存在一定差距。主要体现在下列几个方面：

1. 天然气管道

（1）天然气市场发展迅速，管道输送能力不足。

近几年，天然气干线管道的陆续建成投产，极大促进了我国天然气市场的发育。西气东输一线输气量从 2004 年的 13.1 亿 m^3 迅速上升到 2007 年的 113.4 亿 m^3，年均增长 72%，基本达到设计输气能力。随着天然气市场的迅速发展，管道输送能力显现不足。西气东输一线正在实施增压工程，增压工程完成后，管道输气能力将由 120 亿 m^3/年提高到 170 亿 m^3/年。2007 年年底西段增压改造已经完成，2008 年西气东输一线输气量达到 158 亿 m^3。东段增压工程于 2009 年年底完成。除西气东输一线以外，陕京二线、忠武线、兰银（兰州—银川）线、冀宁线都将实施增压工程。

（2）地下储气库等调峰设施建设滞后，管道输送能力不能充分利用。

在我国干线天然气管道中，除陕京线系统已配套建设了 6 座储气库、西气东输管道正在建设金坛储气库外，其余管道均无有效的调峰设施。例如没有储气库配套的涩宁兰（涩北—西宁—兰州）管道利用率不到 70%，而有储气库配套的陕京线利用率超过 85%，两者相差近 20 个百分点，这表明储气库对实现管道平稳运行至关重要。在缺少调峰设施的情况下，上游气田和干线管道不得不承担季节调峰的任务。这不仅使干线管道输送能力得不到充分利用，而且对气田的采收率和效益也产生不利影响。因此，应重视调峰设施的建设，加快枯竭油气藏、盐穴、含水层、岩石洞穴等多种形式地下储气库的筛选和建库可行性研究工作；同时可适当建设 LNG 调峰站、LPG（液化石油气）调峰站，采取多种调峰措施，解决市场调峰问题，提高干线管道利用率。

2. 原油管道

（1）部分管线老化。

东北原油管网已经运行了 30 年以上，存在管线老化、自动化程度低、通信设施落后、储存设施超期服役等问题，因此，需要不断对管网进行调整改造，以满足原油的外输要求。

（2）现有管线运能不足。

华北和沿江原油管网不能满足当地炼油企业发展需求，安全隐患多，存在码头接卸与管道输、转、储能力不足等问题。在新疆地区，随着该地区原油产量的不断提高，新疆自产原油出疆量将达到 2 000 万 t 以上，外输能力将不能完全满足要求。

（3）现有管道设施不能满足陆上原油进口的要求。

随着中哈原油管道的投产和未来中俄、中缅原油管道的建成投产，现有的管道设施将难以满足要求。

3. 成品油管道

（1）成品油管道建设滞后。

目前，我国成品油仍以铁路运输为主，铁路运量超过 70%，管道运量不到 30%。与铁路运输相比，成品油管道运输具有安全、均衡、快捷、低损耗等优势。国外 80% 的成品油都是管道输送。由此可见，我国成品油管道仍有非常大的发展空间。

近年来，随着中国经济的持续发展，成品油供应和需求也呈现快速增长态势。铁路运力紧张，运输的不均衡、不及时，突显了成品油管道建设的必要性。目前，中国石化、中国石油都在积极构筑成品油管网。

（2）管道运输技术仍存在一定差距。

我国成品油管道建设尚处于起步阶段。目前，我国成品油管道仅能实现单一品种或几个品种的顺序输送，混油量大；而美国著名的科洛尼尔（Colonial）管道有 10 个供油点和 281 个出油点，输送汽油、柴油、燃料油等 100 多个品种的油品。可见，在实现向消费中心和用户的多批次、多品种、多出口输油方面，在管道运行自动化管理水平方面，尤其是在泄漏检测、混油浓度监测、界面跟踪和油品切割的自动控制方面，我国与世界先进水平仍存在较大差距。因此，需要充分总结经验和教训，学习和掌握国外先进技术，努力提升我国成品油管输技术。

另外，在管道施工技术方面。我国在机械化水平、绝缘质量、焊接工艺、质量检测方面仍存在较大差距。

目前，输气管道运输正朝大口径（1 400 mm 以上）、高压力方向发展，并不断研制采用新材料、新技术、新工艺。采用大口径管线不仅可以增加能力，还能降低投资和输气成本。近年来，新建管道压力较过去有较大增加，增大输气压力既可以提高输气能力，还可以减少压气站数量，降低经营成本。不过，大口径、高压力管道的应用，需要有高强度的钢材作保障，这间接促进了冶金、制管、焊接、施工等工艺技术的发展。

国外研究的新技术还包括新的输气工艺，如管输条件下天然气密度的提高技术，着重研究在低温、高压下气态或液态输送天然气的技术，它可以大幅度提高输气能力。

四、我国管道运输的发展展望

进入21世纪，我国油气管道建设进入了一个新的发展时期。未来一段时间将是我国管道运输建设的高峰期。随着国外资源的大量引进和国内资源的产量增加以及各地区市场的蓬勃发展，作为连接资源和市场纽带的管道必将得到长足发展。

1. 管道建设蓬勃发展

预计到2015年全国油气管道的总里程将达到15万km。同时，为保障油气供应安全，还将配套建设大量地下储气库、LNG接收站、储备库等。届时，将形成资源多元、调运灵活、保障有力、供应稳定的全国性管网系统。

2. 技术水平不断提升

随着西气东输、西气东输二线、西部原油成品油管道、兰州—成都—重庆（兰成渝）和兰郑长成品油管道等大型管道工程的实施，中国油气管道技术水平不断得到提升，新建管道已达到国际先进水平。西部原油成品油管道是目前国内设计输量最大、距离最长、自动化水平最高的输油管道。该管道工程首次采用双管同沟并行敷设、站场合并建设的设计方案，首次采用原油管道加热密闭顺序输送工艺。兰成渝管道成功实现了在湿陷性黄土高原地区和破碎性、大起伏（高落差）山区等高难工程地质区段的安全施工和运营，并采用光学混油界面检测定位技术（OID），成功地解决了多品种、多出口、高压力、大落差成品油管道系统的精确控制和实际运行操作。

西气东输工程在国内输气管道中首次采用10 MPa设计压力、1 016 mm管径、内涂层减阻技术，突破国内输气管道6.3 MPa设计压力、813 mm管径的输气工艺，达到世界先进水平，代表了目前我国已建天然气管道的最高水平。西气东输二线西段，设计压力12 MPa，管径1 219 mm，采用X80钢级，是我国乃至世界管道建设史上具有划时代意义的又一座里程碑。未来中国管道技术水平将得到进一步提升，管道将继续向着高压力、大规模、大口径、高钢级方向发展。

3. 管理模式不断创新

（1）从“建管合一”到“建管分离”。

随着西北、东北、西南、海上四大油气战略通道和国内油气骨干管网建设加快推进，中国正迎来新一轮管道建设高潮，同时也面临严峻挑战。具体表现在：

一是管道建设规模不断扩大，从小规模单一管线向项目群发展；二是管输种类多元化，从之前的单一原油、天然气、成品油输送向多品种混输转变；三是管道建设队伍多元化，呈现多行业、多兵种等特点，管道建设任务繁重，建设管理难度加大。因此，传统的管理模式已不能适应当前和今后一段时期管道建设发展的需要。为了积极调动各生产力要素，实现资源优化配置，科学组织生产，中国石油对油气管道建设实行“建管分离”，管道建设项目经理部应运而生。管道建设项目经理部在总结国内管道优秀建设成果，借鉴国际一流项目管理实践经验的基础上，通过引入范围、风险、知识、绩效等新的管理理念，促进管道建设由传统的三大控制向项目要素管理转变，由经验型管理向程序化管理转变，确保各建设项目按时间节点计划有序高效开展。

随着全国油气管网建设进程的加快，管道建设的管理模式将更加科学和完善。

（2）管道完整性管理。

管道完整性管理是管道运营公司根据不断变化的管道因素，对油气管道运营中面临的风险因素进行识别和技术评价，制订相应的风险控制对策，并不断改善识别到的不利影响因素，从而将管道运营的风险水平控制在合理、可接受的范围内。也就是说，通过监测、检测、检验等各种方式，获取与专业管理相结合的管道完整性信息，对可能使管道失效的主要威胁因素进行检测、检验，据此对管道的适应性进行评估，最终达到持续改进、减少和预防管道事故发生，经济合理地保证管道安全运行的目的。

目前，美国、欧洲、加拿大、墨西哥等管道工业发达国家和地区的管道公司对油气管道纷纷实施了完整性管理策略，取得了显著的经济效益，提高了管道系统本质安全性。

为了保证我国油气管道的安全运行，提高管道的整体管理水平，实现与国际管道完整性管理的接轨，我国正在积极建立管道完整性管理系统，编制了完整性文件体系，并使各项生产管理规范化，从而有利于管理者发现和识别管道危险区域，对各种事故做到事前预控。

可以预见，未来几年，中国油气管道运输业将得到更大发展，区域性管网将进一步完善，对环境保护和提高人民生活质量将产生更加积极的影响。

复习思考题

1. 管道运输具有哪些优缺点和适用范围？
2. 运输管道按物品、用途不同如何分类？
3. 输油管道有哪两种？我国输送原油的管道采用哪一种？
4. 输油管道由哪两部分组成？各种输油站的主要任务是什么？
5. 输油管道有哪些主要设备？为什么要加热和清蜡？
6. 绘图并说明输气管道的组成。
7. 天然气输气管道三大设备中，各有何主要设备？
8. 简述管道输送固体物质的基本措施和适用范围。三大设备系统各有何作用？
9. 输油管道事故主要有哪些？
10. 简述我国管道运输的现状和差距。

第九章　综合运输体系

交通运输是一个大系统，各种运输方式、各条运输路线、各个运输环节如果出现不协调，都不能充分发挥有效的运输生产力。发展综合运输体系可增强有效运输生产力，缓解交通运输紧张的状况，是现代运输发展的新趋势、新方向。

现代运输的发展，出现了两大趋势：一是随着世界新技术革命的发展，交通运输广泛采用新技术，实现运输工具和运输设备的现代化；二是随着运输方式的多样化，运输过程的统一化，各种运输方式朝着分工协作、协调配合的方向发展。把这两种趋势结合起来，是世界范围内现代运输业发展的新方向。

在我国，传统的工业和交通运输管理基本上是以条块为主的，各种运输方式的横向联系欠缺，在建设过程中各自为战、相互重叠、互不兼容、能力和衔接不配套等问题，常常造成极大的浪费而使综合能力严重不足。按照各种运输方式的技术特点，建立合理的运输结构，可以使各种运输方式扬其所长、避其所短，既可扩大运输能力，又可提高经济效益，无疑会给我国的经济建设带来良好效果。我国具备各种运输方式协调发展的有利条件。所以，发展综合运输体系也是我国现代运输发展的新趋势。

在配置综合运输网时，必须强调各种运输方式的协调发展，以适应国民经济不断发展的需要。5 种运输方式协调发展的内涵是：以提高交通运输能力和效益为目标，合理布局交通运输网络，建立内接乡村、外连世界，以中心城市为依托，以站、港、机场为枢纽，以铁路、干线公路、沿海和长江为骨干的 5 种运输方式有机结合、连接贯通、协调发展的综合运输体系。

一、目前我国交通运输网存在的主要问题

近年来，我国交通运输发展迅速，综合交通网络规模不断扩大，网络布局和结构得到改善，设施装备水平获得较大提高，运输能力显著增强。但从总体上看，交通运输仍然不能完全适应国民经济和社会发展的需要，“瓶颈”制约尚未完全消除，结构性矛盾仍较突出。

1. 交通运输网规模总量不足，地区发展不平衡

我国现有的交通运输网密度低，跨区域干线运输通道不足，现有主要铁路干线运输负荷过重，省际干线公路不成网，运输能力不适应市场需求；西部地区交通基础设施更加落后，

运输网的密度只有全国平均水平的 1/3 左右，与东部地区相比差距更大；农村交通条件较差，道路等级低、路况差，大部分是砂石路面，严重制约了农村经济发展。

2. 结构矛盾突出

随着经济结构的不断调整，运输方式之间和运输方式内部的一些结构性矛盾日显突出。各种运输方式之间尚未形成有机整体，具有综合功能的运输枢纽尚未形成，各种运输方式缺乏有效衔接。在运输方式内部，铁路网络结构不尽合理，繁忙线路客、货混行影响了速度的提高和效率的发挥；民航大、中型与小型飞机比例失调，支线机场和飞机数量明显不足；广大农村公路交通条件仍然比较落后，中西部及边疆地区公路条件也急需改善；港口集装箱及大型散货泊位能力不足，一般杂货码头利用率下降，主要港口及重要出海口航道水深严重不足。

3. 技术装备水平与运输质量不高，软硬件设施与服务水平仍然很低

铁路复线和电气化率不高，高速、重载技术装备与世界先进水平差距很大；三级及以下标准的公路比重很大，通行条件较差；内河能通行 300 t 级以上船舶的航道里程比重很小，大部分内河港口的装卸设备落后；沿海港口缺少大型、深水、高效的专业化泊位，难以适应发展需要；民航空管及通信导航技术装备落后，综合配套与管理水平不高；油气管道（尤其是成品油管道）数量不够，技术装备较差，输油（气）能力不足。

我国交通运输软件建设仍处于较低水平。突出表现在服务人员素质不高，运输中转衔接不协调，运输信息不及时，客、货代理机制不健全。与国外运输服务相比，服务范围与质量存在很大差距。

4. 交通运输改革相对滞后

2013 年 3 月，铁道部正式撤销，交通运输部第一次实现了铁路、公路、民航、水运形式上的“大统一”。然而，我们清楚地看到，我国交通运输企业，特别是铁路企业和真正意义上的“政企分开”仍有相当大的距离；适应交通运输行业特点与市场经济发展需要的基础设施建设投融资体制尚不健全；国家对 5 种交通运输方式的统筹规划、协调发展不够等。

二、建立协调发展的综合运输体系

所谓综合运输体系，就是各种运输方式在社会化的运输范围内和统一的运输过程中，按其技术经济特点组成分工协作、有机结合、连接贯通、布局合理的交通运输综合体。

首先，综合运输体系是在 5 种运输方式的基础上组建起来的。每一种运输方式有其特定的运输线路和运输工具，形成了各自的技术运营特点、经济性能和合理使用范围。随着经济和社会的发展，运输过程由单一方式向多样化发展，由省内、国内向国际化发展，运输工具由简易向现代化发展，人流和物流的全过程往往要使用多种运输工具才能实现。因此，运输生产本身就要求把多种运输方式联合起来，形成统一的运输过程。

其次，综合运输体系是各种运输方式通过运输过程本身的要求联系起来的。从交通运输建设来看，为了提高交通运输总体效率和效益，各种运输方式要统筹规划，协调发展，合理布局；从交通运输的组织管理来看，在统一的运输市场中运输组织结构联合，动作协调。这就使发展综合运输体系成为一个长期的由低级向高级发展的过程。

当代世界交通运输业的发展，出现了两大趋势：一是随着世界新技术革命的发展，交通运输业广泛采用新技术，提高运输工具和设备现代化及运输管理信息化水平；二是由于运输方式的多样化、运输过程的统一化，各种运输方式朝着分工协作、协调配合、建立综合运输体系的方向发展。

我国政府顺应世界交通运输业的发展趋势，制定了我国交通运输发展的长期战略目标：以市场经济为导向，以可持续发展为前提，建立客运快速化、货运物流化的智能型综合交通运输体系。例如，山西的煤炭运到华东，先由汽车集运到火车站，后经铁路干线运到秦皇岛、日照等沿海港口换装到船上，由水运到达上海、宁波等港口，之后，再经铁路、公路或内河水运疏运到各用煤单位。要完成这样的全程运输，不仅要有协调发展和连接贯通的各种运输线路、运输工具及其相应环节的结合部设施（装卸或换装、换乘点），而且要组织各种运输方式的联合运输，并进行综合运输管理，才能完成我国从西向东、从北向南的煤炭运输全过程。

综合运输体系大致由 3 个系统所组成：一是具有一定技术装备的综合运输网及其结合部系统，这是综合运输体系的物质基础。系统的布局要合理协调，运输环节要相互衔接，技术装备要成龙配套，运输网络要四通八达。二是综合运输生产系统，即各种运输方式的联合运输系统。这个系统要实现运输高效率，经济高效益，服务高质量。充分体现各种运输方式综合利用的优越性。三是综合运输组织、管理和协调系统。这个系统要有利于宏观管理、统筹规划和组织协调。

在综合运输体系中，应重视各种运输方式与城市轨道交通和工业运输的协调发展。工业运输一般系指大型厂矿企业内部生产运输与外部干线运输两部分。企业内部生产运输是厂、矿企业内部各分厂、车间之间为了不间断地进行生产活动所需要的运输；外部干线运输是指厂、矿生产所需原料的调入和产品的调出需要铁路、公路、水路等外部干线运输。工业运输是为企业生产服务的。

随着现代工业的发展，工业企业间的分工趋向专业化和系统化，各环节间的分工愈细对运输的需要配合也愈严格。为了加速资金周转和产品流通，凡原材料及燃料的输入及产品运出，都应与运输环节紧密结合，形成产、供、运、销各系统的一体化。如大型钢铁联合企业、煤炭及石油采掘业、大型机械加工企业以及电力、化工等现代化基础工业都应该如此。它们除了有本身在生产环节上所需要的厂内铁路、公路、水路运输线路、站场等设备外，还需要与外部的铁路、公路、水路、民航及管道运输部门相配合，特别是铁路和水路，它们都有自己的车站、港口和码头，形成了企业内部运输与干线运输相结合的工业运输枢纽。

三、建立综合运输体系的依据

1. 自然地理条件

各种运输方式的合理分工，要根据具体地区的自然地理条件，宜水则水，宜陆则陆，宜空则空。

2. 社会经济条件

综合运输体系要与该地区的经济和社会发展相适应，要充分满足这一地区的运量增长的要求；空间布局，要与该地区的工农业生产布局相适应。

3. 运输结构条件

综合运输体系要考虑历史上已经形成的运输结构，如水陆分工，公铁分工；运输部门、物资部门已经形成的设备能力，如铁路专用线、站场、港口等，充分利用这些设备，并根据今后国民经济的发展，逐步发展或调整运输分工，形成合理的联合运输结构。

4. 经济效益条件

在建立综合运输体系和组织联合运输时，要讲究经济效益，要进行技术经济论证，以最少的社会劳动消耗，取得最大的国民经济和社会经济利益作为衡量准则。

5. 国家运输政策

各种运输方式要在国家制定的各项政策指导下进行分工。如产业政策、技术政策、投资政策、运输政策、运价政策等。这些政策与运输方式分工和协调发展密切相关。

四、综合运输体系发展的方向和要点

国家科委制定的《中国技术政策》（交通运输）及其他部门的研究成果表明，发展我国交通运输体系的方向和要点是：

（1）要搞好各种运输方式的综合发展和协作，在全国范围内建设交通运输网，因地制宜地发展相应的运输方式，发挥城市交通在交通运输网中的枢纽作用，大力发展各种运输方式的联合运输。

（2）在可预见的将来，铁路仍将是中、长距离客、货运输中的主力。要加快铁路的技术改造和新线建设，特别是以运煤为主的干线建设。近期内，要加快既有线路的改造和扩建，要发挥铁路在中、长距离大宗货物运输中的优势，对短途客、货运输，以及运量大的成品油运输应逐步由公路、管道等运输方式分担。

（3）充分发挥公路运输机动灵活、送达快、“门到门”运输的优势，在短途客、货运输中起主力作用。随着公路状况的改善，高速公路迅速发展，汽车技术进步和大型车的增加，公路运输将逐步成为高档工农业产品运输以及中距离客运的重要力量。要加速公路特别是干线公路的技术改造，使公路建设有一个较大的发展。

（4）沿海和内河运输是大宗和散装货物运输的主要方式之一。要加强内河航道建设以及沿海和内河港口的改造和建设，发展沿海和长江等主要内河运输，实现干支直达运输和江海联运。

（5）航空运输建设周期短、效益高、速度快，大中城市间长距离客运应优先发展航空运输。对于发展边远地区、高档外贸和急需物资的运输，航空运输也有其特别的优势。

（6）除发展原油和天然气管道运输外，在成品油集中的流向上，要建设成品油管道，积极慎重地发展煤浆管道。

2007年10月31日，国务院常务会议审议并原则通过了《综合交通网中长期发展规划》。《综合交通网中长期发展规划》共分综合交通网现状评价、规划指导思想和目标、规划原则、功能定位、规划方案、综合交通网发展重点、规划实施前景和政策措施等8个方面的内容，概括起来要重点解决3个方面的问题：一是交通运输总量问题；二是交通运输结构问题；三是交通运输衔接问题。作为中华人民共和国成立以来我国第一个全国性的、综合衔接铁路、公路、水路、民航及管道各运输方式的总体空间布局规划，《综合交通网中长期发展规划》对促进我国可持续发展战略、缩小区域间差距和实现各种运输方式统筹协调发展具有十分重要的现实和长远意义。具体体现在以下3个方面：

第一，适应中国现实国情需要，促进我国可持续发展战略实施。交通运输在促进经济发展的同时，具有高度的资源依赖性，大量占用土地和消耗能源，同时也带来比较严重的环境污染。我国现实国情不允许我们再去重复西方发达国家交通发展的老路，而应在确保交通供求总量均衡、普遍服务的总体目标前提下，优化运输资源配置，建立资源节约型和环境友好型的适应性综合交通网，以最小的资源和环境代价满足经济社会的运输总需求，促进经济与社会协调发展。综合交通网中长期规划，就是从我国的基本国情与资源禀赋出发，全面分析综合交通体系中各种运输方式的比较优势及交通运输系统的整体效率，合理选择我国现代交通发展途径，追求系统优化、整体最优，以交通的可持续发展促进我国可持续发展战略的实施。

第二，缩小我国地区经济差异，促进我国国土合理均衡开发。从我国经济地理特征分析，未来东西向和南北向大运量、长距离的资源和产品运输将长期存在。交通运输作为基础产业，对经济发展具有较强的带动作用。综合交通网中长期规划，综合考虑我国资源分布、工业布局、城市分布以及人口分布的特点，特别是我国未来可能形成的经济区划及经济中心布局，着眼于尽快形成沟通东西和南北的若干条国家级运输大通道，将引导和促进国土均衡开发，为缩小我国地区间差距提供基础条件。

第三，大力推进各种运输方式协调发展，充分发挥综合交通系统优势。当前，在我国交通设施总量不足，交通运输能力趋紧，各种运输方式交通网络尚不完善的情况下，各种运输方式的自我发展具有一定合理性。但由于缺乏统一的总体规划及综合交通发展政策的指导和调控，导致不同运输方式间难以进行合理的分工协作和有效的衔接配套，降低了交通运输系统的总体效率和服务质量，增加了用户的运输成本。经过较长时期以各自规模扩张为主的外延式增长后，交通运输的进一步发展，客观上要求回归到注重综合性、系统性和整体性的发展轨道。综合交通网中长期规划，将各种运输方式作为有机衔接、不可分割的整体，从系统固有的空间特征和资源约束的角度，分析研究交通运输资源的最优配置，实现交通运输系统的整体优势和综合效益，使各种运输方式从基础设施的规划开始，就做到衔接优化和协调发展，对促进各种运输方式统筹协调发展具有十分重要意义。

从现在到2020年，我国综合运输体系将进入以提高质量和优化结构为主、大力开展智能化交通系统建设、提高交通运输效率的阶段，交通能源环境和可持续发展将作为交通运输发展更为重要的评价因素，交通运输管理体制和运行机制的改革应适应市场化要求，建成较为完善的综合运输体系。

2020年以后，我国综合运输体系将基本进入成熟的发展阶段，也是实现我国交通运输现代化的阶段。

五、综合运输体系协调发展的基本内容

1. 货物流向、流量和运输线路的协调

客、货运输量及其周转量是经济和社会活动对交通运输需求的集中表现，彼此间存在着相对稳定的变化规律和比例关系。在工业化过程中，经济发达国家和发展中国家，客、货运输量和周转量的增长速度一般都高于国民生产总值的增长速度。货物运输量的产生，在很大程度上取决于国家的资源和生产力布局。我国原材料、燃料等大宗物资资源所在地是北部和西部地区，而加工工业绝大部分在东部和南部地区，这就决定了大宗物资的流向是从北到南、从西向东。

在考虑运输方式分工时，首先，必须研究国民经济对运输需求的总运量同通道上的总运输能力之间是否协调；其次，要研究具体货物的流向和流量同运输方式的运输径路是否协调；最后，对运输通道上能承担运量的不同运输方式从物资消耗、建设投资费、运输费及货物在途时间等方面进行技术经济比较。根据国民经济的整体利益来实现运输合理分工。

2. 地区间各种运输方式的协调

我国每个地区的自然地理条件不同，地区之间和地区内部、运输联系及运输方式的发展和布局也不同。如西北、西南地区是内地大陆区，以陆上运输方式为主，铁路、公路在地区之间和地区内部的运输联系方面起主导作用。如果西北内地开发石油、天然气，从长远看则以发展管道运输为宜。在东部和南海沿海地区，运输方式有铁路、公路、海运、河运、管道等。在研究各种运输方式分工时，除了要研究地区之间大通道运输联系外，还要研究地区内部与大通道相联系的干支线运输方式，两者是密切相关的。只有两者协调，才能达到合理分工的要求。

3. 各种运输方式设备能力的协调

各种运输方式各有其特点，在完成整个运输过程中，犹如一套联动机，要求各个环节相互配合和协作。如铁路运输由车站、编组站、线路、机车、车辆、通信信号设备等组成，如果这些设备没有配套协调，铁路运输的总体能力就不能充分利用。在水运方面，有港口、航运、集疏运的配合问题。港口是水上运输的起讫点和水陆、江海联运的枢纽，港口本身除了泊位、装卸设备、堆场、仓库、港区线路和设备等协调配合外，还要同外部的航运、铁路、公路等部门协调配合。民航航空港（机场），除了本部门的跑道、停机坪、导航设施、候机楼、货场及装卸设备、停车场等配套外，还要同城市交通协调配合，以保证旅客及时畅通地集疏运送。

4. 运价和运输费用的协调

运价与运输费用对货主和旅客选择运输方式具有很重要的作用。当各种运输方式的运输能力都能满足需求时，货主和旅客将从运输速度、安全、方便、及时，以及运价和运输费用等方面选择所需要的运输方式。因此，各种运输方式的运价和运输费用不宜差距过大。

复习思考题

1. 我国交通运输网存在哪些主要问题？
2. 何谓综合运输体系？由哪 3 部分组成？
3. 综合运输体系发展的依据是什么？
4. 综合运输体系发展的方向和要点是什么？
5. 综合运输体系协调发展的基本内容是什么？

第十章 联合运输

第一节 联合运输概述

一、联合运输的产生

随着我国社会主义市场经济的发展和生产活动范围的不断扩大，原有的依靠单一运输方式来完成日益复杂的运输需求已不能满足社会发展的速度。为适应社会生产力发展的需要而不断产生的新的生产部门和行业对运输行业的生产活动提出了更高的要求。联合运输就是随着现代化社会生产的规模日益扩大和专业化大分工而出现的一个新兴运输分支。通过联运企业开展代理业务，组织各种运输之间的联运，发展横向联合和运输协作，更有条件做到选择最优化、最经济的方式和运输线路，促使铁、公、水、空进行合理分流和各种运输工具设施得到充分的利用，从而加速了商品，资金的周转和缩短运输工具的停留时间，也是交通运输生产活动专业化、社会化发展的必然结果，是合理运输的主要组织活动形式之一。

联合运输的产生，一方面，由于我国长时期以来运输能力远远不能适应运量的需要，同时，又因交通运输生产活动具有跨地区、跨部门、连续性、开放性、多环节、多工种等特点，因而单靠某一种运输方式或某一个运输企业对旅客与货物运输的全部过程，难以实现科学合理的组织。另一方面，由于社会经济的发展，客、货流量不断增长，流程运距日益延伸，客、货运输自起点至终点的全过程，一般需要利用几种运输方式（或几个运输企业），经过两程以上的接力运输才能完成。在这种情况下，旅客或货主除了在起运点办理购票、托运手续外，还必须到中转地点进行一次以上的购票或办理提货、托运手续，从而造成人力、物力的浪费。组织联合运输，就是把这种须由旅客、货主自理地从起运地的托运开始直至到达地的交付为止的全部接力运输过程中的换乘、换装、仓储、费用结算等业务分离出来，改由联运企业主营或由有关运输企业兼营，从负责全程运输的角度来加以组织。

联合运输的产生是运输组织业务的一场革命性变化。它打破了传统的各种运输企业间条块分割、各种运输方式间相互封锁的局面，把不同运输方式及其相应运输企业连成了一个综合运输体系。实行联合运输可使货主、运输企业、联运企业之间，在托运、承运、中转换装、交接、财务结算、运输组织工作等方面发生深刻的变革并不断完善，从而实现运输合理化、物流合理化。

二、联合运输的概念与特征

（一）联合运输的概念

联合运输是指两种及两种以上运输方式，或同一种运输方式的两个及以上的运输企业，遵照统一的规章（协议），使用同一运送凭证，或通过相互代办中转业务，联合完成某项运输任务，简称“联运”。

联合运输是在旅客、货物连续位移、多次中转的全过程中，在“结合部”上发挥联合、衔接、协作的作用。所以，联合运输的核心是“联合”，关键在于组织好产、供、销同运输企业间、各运输方式间、同一运输方式内部各企业间的衔接协作，实现“一次托运、一次收费、一票到底、全程负责”。

（二）联合运输的特征

联合运输是对各种运输方式的综合组织与综合运用，不仅要考虑每一种运输方式的特点，更应注意发挥各种运输方式的整体功能和综合优势。因此，联合运输与传统单一方式、单程运输有很大区别，其基本特征主要是：

1. 联运经营人的双重身份及代理性

运输作为社会经济活动，必须由托运方和承运方相结合才能进行。随着市场经济的日益发展，社会化生产规模的日益扩大和产、供、运、销分工的不断变化，这种直接结合的运输经济活动，越来越显示局限性，因此，一种承运方、托运方双方间接结合的运输经营方式就产生了，这种运输方式就是在整个运输全过程中，货主和运输企业之间不发生直接关系，而是通过代理人开展业务活动，充当这种代理人角色的就是由此而产生的各种联合运输企业或联运经营人。

联运经营人是指签发联运单证的人（包括任何法人、公司或法律实体）。任何人在有权签发联运单证之前，须经授权或发照，联运经营人则只指这种经过授权或领照的人。

联合运输企业或联运经营人既为货主服务，也为运输企业服务。从其所从事的业务活动性质看，具有运输代理特点。主要为承运、托运双方提供代理中转和代理承托运业务。对运输企业而言，它代表货主；对货主而言，它代表运输企业。这种"一手托两家"的双向服务，可以更好地发挥综合运输体系的整体功能，取得更为良好的经济和社会效益。

2. 运程凭证的通用性

由于联合运输涉及两种以上的运输方式，或一种运输方式两个以上企业之间的衔接配合，涉及产、供、运、销各企业间的运输协作，因此，所使用的商务及货运规章、协议、合同规定，必须具有两种运输方式或两个以上企业共同遵循的通用性。

3. 各类环节的协同性

搞好联合运输有赖于产、供、运、销、收（银行）各部门以及集、装、运、卸、散等各个环节协作配合，在运输组织上，要建立统一计划、统一技术作业标准、统一运行图、统一考核标准等“几统一”的规章制度，实现运输过程的协同性；在技术装备上，必须使港、站、库、场、集疏运系统同步建设，能力相互配套，实现运输设施的协同性。

4. 组织运输的全程性

联运是在两种以上运输方式（运输企业）所经营的线路范围内，组织运输生产活动，完成两程以上的运输任务。货物从受理、承运到交付直至运后服务、财务结算等环节，不管经过几程运输、几个中转环节，均可一票贯通全程，具有组织生产、完成运输任务的全程性。

5. 托运手续的简便性

联运实行“一次托运、一次收费、一票到底、全程负责”的运输代理，与一般运输相比，手续非常简单，大大节省了旅客、货主办理运输的人力和时间，从而提高了社会综合经济效益。

三、联合运输的优点

联合运输的优点，主要体现在以下几个方面：

1. 减少中间环节，缩短运输时间，提高运输质量

联合运输使各个运输环节和各个运输工具之间密切配合、衔接紧凑，货物中转及时，大大减少了货物的停留时间，从而缩短运输时间，从根本上保证了货物安全、准确、及时地运抵目的地。

2. 简化手续，方便用户

无论运输距离有多远，由几种运输方式共同完成，经过多少次中转换装，所有运输业务均由联运经营人负责办理；而货主只需办理一次托运，订立一份运输合同，支付一次费用，一次保险，简化了办理手续。同时，联合运输采用一份货运单证，统一计费，也简化了制单和结算手续；发生保险理赔时，也由联运经营人代理，极大方便了货主。

3. 降低运输成本，节省各种开支

由于多式联运可以实现门到门运输，对货主来说，在将货物交由第一承运人后即可取得货运单证，并据以结汇，从而提前了结汇时间。这不仅有利于加速货物占用资金的周转，而且可以减少利息的支出。

4. 提高运输组织管理水平，实现运输合理化

对于区段运输而言，由于各种运输方式的经营人各自为政、自成体系，因而其经营业务范围受到限制，货运量也受到相应限制。而一旦由不同的联运经营人共同参与联合运输，经营的范围可以大大扩展，同时可以最大限度地发挥其现有设施、设备的作用，加快车船的周转，提高运输设备的利用率，选择最佳运输线路组织合理化运输。联合运输在世界上兴起于20世纪50年代，我国是开发最早的国家之一。随着联合运输的发展，其范围及形式不断扩大和增多。实践证明，联合运输能把各种运输方式有机地结合起来，综合发挥其特点和优势，推动运输业横向经济联合，是促进综合运输体系建设和发展、提高综合运输效率和社会效益的有效途径。

四、联合运输的分类与联运业务

（一）联合运输的分类

联合运输有各种不同的分类方法。

1. 按联运对象分

（1）旅客联运。是指“一票到底”的两程及其以上的旅客全程连续运输。

（2）货物联运。是指以货物为对象的联合运输。其中包括煤炭、粮食、木材、钢铁、矿石等大宗物资联运（即干线间货物联运）；件杂货或零散货物联运（即干支线间和支线间货物联运）。

2. 按全程联运方式分

（1）单一方式联运。是指由联运经营人或机构组织的，使用一种运输方式完成的两程及其以上的全程连续运输。在同一运输方式中，由于各运输企业独立经营，隶属关系不同，在水路运输中，还可分为江—海联运、江—海—河联运；在公路运输中有公—公联运；在铁路运输中有国有铁路与地方铁路、合资铁路联运等。

（2）多种方式联运。是指根据多式联运合同，由联运经营人或机构组织的，使用两种及其以上运输方式完成的全程连续运输。如铁—水联运，公—铁联运，铁—水—公联运，公—水—航（空）联运等。

3. 按联运区域分

按照联运的区域，可分为国内联运和国际联运。

4. 按联运线路分

按照联运线路在整个运输线路网内的地位不同，可分为干线联运，干、支线联运，支线联运等。

联运的分类，随着联运实践的发展，还会有各种不同的方法。

（二）我国目前开办的联运业务

我国目前开办的联运业务主要有以下几种：

1. 大宗货物联运

大宗货物联运，由铁道、交通、煤炭、冶金、商业、外贸、农林等部门，对煤炭、矿石、化肥、木材、钢铁、粮食、盐等重点物资实行指令性计划运输，部分实行定点、定线、定车船的“三定”联合运输，一票到底，全程负责（习惯上称之为大联运或称“一条龙”运输）。

2. 集装箱联运

集装箱运输的迅速发展，为我国铁路、水路和公路之间的集装箱联运创造了有利条件。我国沿海的上海、青岛、广州、深圳、天津、大连等港口和车站，都有很大的集装箱运输量，都有集装箱专用码头和站场。港口都与干线铁路、公路相连，铁路、公路、水路都有集装箱专用车辆、船舶，完全具备铁、水、公联合运输的条件。目前，我国已在一定区域范围内开展了铁—公、铁—水和公—水集装箱联运业务，新“欧亚大陆桥”国际集装箱联运也已投入运营。

3. 旅客联运

包括火车、轮船、飞机的客票代售、联售，以及负责旅客接送、食宿、旅游“一条龙”服务的旅游联运。

4. 协作式联运

运输协作是指在货物的运输全过程活动中，把生产、供应、运输、销售等部门的各个环节联成一个有机整体，主要是通过运输企业之间，运输企业和厂矿企业之间的协作，而联运企业则是这种协作中的一个重要组成部分。

协作式联运是我国联合运输的一个显著特征和优势。它是由农、工、商、贸、运和产、供、运、销、收（银行）各个部门、单位、企业间，为保证共同完成国家指令性计划运输、重点急需物资运输、合同运输和疏港疏站运输，采用铁路专用线、港口泊位、物资仓库等运输设施于路港、路矿、路林、路厂、路站间进行的运输大协作。从而实现环环相扣，紧密衔接，挖潜扩能，四通八达，运输畅通。我国联合运输中对于大宗、稳定的重要物资运输，主要采用协作式联运。

这种联运方式的主要特点，一是以城市为中心、以港站为基点的内联厂矿企业（包括乡镇企业）和城市、外接干线的运输，实现了点、面、线的相互组合；二是运量大、效益好；三是这种联运方式的组织地点往往是各种联运线路的起点、终点、换装点，又是产品从生产过程进入流通过程，实现运输过程的起点或终点，所以，它在整体联运系统中具有至关重要的作用。

5. 国际联运

国际联运是指由两个或两个以上国家的运输企业在国际间衔接运送货物或旅客的运输业务。国际间的旅客联运，一般以航空运输为主，大多由各国航空公司之间签订合同或协议，办理旅客联运；国际间的货物联运，按参加国共同商定的联运规则办理。

随着国际贸易的扩大和集装箱等现代化货物成组运输业务的迅速发展，国际联运的业务量不断增长，并由单一运输方式的联运，发展到国际多式联运。

五、组织联合运输的基本原理与方法

（一）基本原理

联合运输的基本原理是组织协调，处理好参与联运的各种运输方式或各个运输企业在经营战略、经营管理、规章制度和技术设备等方面的协调配合。

1. 经营战略、规划上的协调

目前我国市场机制还不完善，法制建设还不健全，参与联运的 5 种运输方式仍自成体系；综合运输体系尚未形成，全国的统一联运网也未建立；联运法规、联运运价费率等还不完善。因此，发展联运，首先要把协调的重点放在经营战略、制订规划上。

2. 在运输能力上的协调

所谓联运运输能力，是指在合理组织、全面规划、协同配合下所形成的整体最大单位时间的运输量。对运输能力的协调，主要体现在运输方式之间的运输能力及其交叉作业在运作时的相互匹配，以及与经济发展相适应的动态发展。例如，集装箱港吞吐集装箱的能力既要与国际海运业的能力相适应，又要与铁路和公路枢纽的集疏运能力相匹配。

3. 在组织经营上的协调

对联合运输组织经营的协调，就是在交叉运输管理中，无论是技术管理、部门职能管理，还是法律管理、政策管理、价格管理都应该统一。具体讲就是对处于“结合部”上的托运单据、运送条件、运价费率、财务结算、交接制度、事故赔偿等，制定统一的规章、合同或协议，参与联运的企业共同遵守。例如，对发展铁—水干线联运所制定的《铁路和水路货物联运规则》和为发展干、支线联运由原国家经委、铁道部、交通部、民航总局和中国人民银行联合颁发的《联运工作条例》等都是属于联运法规的建设，均在联运工作组织中起到了协调作用。

4. 运行与作业组织工作的协调

在联运的全程运输中，厂矿、路、港、航等产、供、运、销企业必须对货物的接运发送、中转换装、到达交付等环节加强信息反馈，建立预、确报制度，保证运输生产全过程紧密衔接，大力组织直接换装，避免相互等待。如大同—秦皇岛—上海的煤炭铁—水联运线，铁路从始发站即组织“三定”（定点、定线、定编组）直达列车，直达中转换装港，路、港之间和港、航之间通过预、确报组织部分车、船直取，相互紧密衔接；海运组织“五定”航班（定航线、定码头、定船舶、定运量、定航期）进行接运等。这些都是从车、船运行组织上对联运全程的统筹协调。

5. 在技术设备上的协调

在联运技术设备上，对参与联合运输的各种运输工具、装卸设备、库场能力、港站集疏能力等，要求互相匹配，成龙配套，实现标准化、系列化。避免你长我短、你大我小、形成不了综合运输能力。

总之，组织联运要从组织全程负责运输的目标出发，实行联运业务专业化、联运线路网络化、经营管理集团化、联运范围区域化，运用系统工程和网络技术等方法进行各方面的协调。

（二）基本方法

（1）制定统一的运输政策、规章制度和运价费率，实现“一次托运、一次收费、一票到底”。

（2）建立以城市为中心，以港、站枢纽为基点的联运线路网，使干支线、铁、公、水、航（空）在最大可能范围内实现联合直达全程运输。制定优惠政策，鼓励工矿企业参加联运。

（3）建立联运组织机构，完善联运的经济管理体制，提高联运综合效益。

第二节 联合运输工作组织

一、旅客联运工作组织

随着联运事业的蓬勃兴起，旅客联运已成为联合运输的重要组成部分，取得了较大的发展。

1. 旅客联运范围

旅客联运是旅客从出发地到目的地全过程的运输组织工作，凡是需要经过两程以上运输的旅客或需通过中途换乘车、船、飞机的旅客运输都是旅客联运的范围。旅客联运实行“一次售票、分乘车船、全程负责”的“一票制”。目前，我国旅客联运尚未实现全程“一票制”，只是在一些远离铁路、机场、港口的城市，或在火车、轮船上实行火车、汽车、轮船、飞机客票的联售、代售业务。

2. 旅客联运具体方法

旅客联运组织工作，既要方便旅客，又要合理使用运力。在做好客流调查、掌握客流规律的基础上，编制旅客联运计划。组织旅客联运的具体方法是：

（1）组织联售客票。在枢纽城市设立联合售票机构或在港、站设立售票窗口。例如，北京—大连的旅客联运，在北京站、北京南站即可一次购到北京—天津—塘沽—大连的铁路、公路、水运三线客票，旅客可分乘火车、汽车、轮船直达大连。

（2）预定换票。在设有铁路、港口的城市，当地运输企业通过与车站、港口签订旅客联运协议，给予一定车、船预定数额，旅客凭预订票证到换乘的港、站换取车、船票，实现两程以上的联运。采用预定换票制，在费用清算上有两种方法：一是出售预定票证，只收手续费，旅客乘完第一程到达中转换乘地点后，只凭预订票凭证购票，无须垫款或清算票款；另一种方法是在出售预订票凭证时，把手续费和车、船票费等一次收清，各相关的运输企业间再进行清算。

（3）代售客票。在铁路旅客列车上代售到达终点站后的汽车票、船票，以及在轮船上代售到达终点港后的汽车票，有些大中城市的宾馆、招待所也开展了代售车、船、飞机票等业务。

（4）预办中转。如在天津—北京间开展了铁路旅客列车之间预先办理中转的业务，这是在铁路旅客列车之间进行的旅客联运，方便了旅客的换乘。

（5）互办回程客票。两地铁路客运部门相互配合，办理一定限额的回程代售客票，这样既方便旅客，又为旅客联运创造了条件。

3. 旅游联运“一条龙”服务

所谓旅游联运“一条龙”服务，就是为旅客在旅游全过程中提供行、食、宿、游等各项活动的综合性服务。主要业务内容：在港、站设立旅游旅客接待站，办理接送旅客、并帮助购买回程车、船票；派员随车维护上、下车秩序，宣传旅游常识，做好导游工作；为“多日游”的旅客办理购买客票和安排食宿地点，从多方面满足旅客的需要。

4. 旅客联运中心的组织

在客流量集中的大中城市、港站枢纽地区，为方便旅客的换乘、集散，从实际出发，因地制宜地设立旅客联运中心，将国有、集体、个体的客运工具统一组织起来，实行联合办站，联合售票，独立核算，统一调度，统一发车，统一制票，统一结算，这种办法既方便了旅客，又提高了社会效益和运输企业的经济效益。

二、货物联运工作组织

1. 联合调查货源和运力

货源调查即运输企业的经济调查，通过调查了解的产、供、销各部门对货物联合运输的需求和参运单位的运力情况，为编制年度、季度、月、旬货物联运计划、配置运力，为扩能提效、组织货物联运提供了科学依据。

货源和运力调查的基本内容是搜集了解吸引区内的联运物资流量、流向资料，掌握各个运输企业的承运能力。一般都采用深入厂、矿和有关交通部门，进行实地调查，在调查的基础上，进行整理、分析、提出报告。另一种方法是邀请有关单位负责人召开调研会、座谈会进行调查，这种“请进来”的办法只是辅助方法。

2. 货物联运作业程序

货物联运作业程序应遵循“优质服务，方便货主”的原则，做到手续简便，形式多样，上门服务，函电受理，提高服务质量。其作业程序包括：

（1）货主（发货人）通过函电提出发货委托书或亲自登门办理货物托运手续，填写“联运货物托运单”。

（2）联运企业根据货主委托书规定的时间地点，派车取货或由货主亲自送货。

（3）联运货物在仓库集结。

（4）联运企业办理货物票据手续及核收运杂费。

（5）根据货主规定的发货日期（或对到货日期的要求）向运输企业托运、组织货物始发装运，除货主有特殊要求、并支付相应的运输费用外，运输工具的选择和运输径路的安排应由联运企业按照合理运输的原则负责办理。

（6）在不同运输方式的衔接地点办理中转业务。

（7）办理货物到达票据手续和到达运杂费的结算。

（8）根据货主（发货人）指定的时间、地点派车送货上门或由货主自取。

3. 货物中转站承办的中转业务

联运货物在两程或两程以上运输的中间环节，办理货物的交接、装卸、存放、配载等中转工作，需要在货物的集结点或各种运输方式的换装点，设置货物中转站，承办联运货物中转业务。

4. 联运货物的事故处理

在货物运输过程中，应贯彻“预防为主，安全第一”的方针，杜绝货损货差等事故的发生。发生事故后，应积极采取有力措施，防止事故蔓延和扩大。处理事故要本着实事求是的原则，采取“三不放过”的办法（即发生事故的原因未查清不放过，事故的责任未分清、教训未吸取不放过，没有防范措施不放过），认真分析研究，划分责任，正确及时理赔。

5. 货物运输代理制

所谓货物运输代理制（或称代办制），是指在整个运输经营过程中，作为货物所有者（货主）的实际托运人同拥有运输工具的实际承运人之间不直接见面，而以各种不同的形式，分别通过其代理人（或称代办人）进行运输业务活动的经营方式。

这种现代化运输经营方式是随着市场经济的发展和生产的社会化、专业化规模的扩大，以适应扩大商品流通和运输业务范围的需要而发展起来的。货物运输代理制经营方式主要有以下几种：

（1）按地域划分为国际货运代理和国内货运代理。

（2）按授权（地区或业务）划分为总代理、分代理。

（3）按权限划分为独家代理、多家代理。

（4）按委托项目性质划分为货运进（出）口代理、转运代理、货物报关代理、集装箱代理、揽货代理、航线代理、拼箱货代理。

（5）按提供的服务划分为一般货运代理、运输组织者、综合货运代理。

国内外的实践证明，运输代理制是发展社会主义市场经济和运输生产现代化的必然产物。推行运输代理制有利于综合利用各种运输工具，挖掘运输潜力，加速商品流通，有利于促进运输业的专业化分工的发展，提高运输效率和社会效益。

三、干线货物联运工作组织

干线货物联运是我国货物联运的重要组成部分。它是以承办煤炭、钢铁、矿石、木材、粮食、盐、化肥等大宗物资和集装箱为主的联运方式。

1. 干线货物联运的意义

干线货物联运是指国家交通运输主管部门直接经营管理，由产、供、运、销各部门的大中型企业联合组织，在全国范围内对大宗重点物资实行一次托运、一票到底、代办中转、全程负责的水陆干线联合运输。

干线货物联运所承运的大宗物资都是关系到国民经济发展的重点物资，是直接影响国计民生的大事。广泛组织干线货物联运有关产、供、运、销、收（银行）各部门的“一条龙”运输大协作，对保证国民经济稳定发展具有十分重要的意义。

2. 干线货物联运的开展情况

（1）组成干线联运网。干线货物联运是大宗物资联运的主要通道，在全国所有营业铁路线与沿海、长江以及黑龙江、江苏、浙江、湖南、湖北、四川等省的主要内河之间，已组成了一个铁—水干线联运网。

（2）组织联运专线。在铁—水干线货物联运的运行组织方面，对一些量大而比较固定的货物还采取组织若干条联运专线。例如，大秦铁路与秦皇岛港、神黄铁路与黄骅港等组织的煤炭联运专线；大连港、天津港、青岛港、连云港港、上海港等与铁路组织的集装箱联运专线；宁波港、日照港与铁路组织的矿石联运专线等，分别采用了定车、定船、定班、定线、定点、定库等“几固定”的方法，从而有效地挖掘了运输能力，加快了车、船周转和提高了港、站的吞吐、到发能力。

（3）组织干支线间货物联运。干支线间货物联运（简称干支线联运），是指铁—水干线与地方公路、水路之间的联运，包括目前正在推广的江苏联运“乡邮化”方式在内的县、乡联运形式。由于地方公路、水路管理体制比较单一，各省、市、自治区的运价不一样，所以全国还没有统一的比较具体的联运规则，联运的运送凭证只能在全程运输中的局部区段内或地方运输企业、联运企业间通用，或通过联运企业中转换装业务来组织实现。

干支线间的货物联运，是干线货物联运的扩展和延伸，都是统一联运网的组成部分，是相辅相成、互相促进的。以城市为中心，外接干线，内联县城与乡镇，积极发展干、支线间的货物联运，实现联运网络化，在远离城市的广大乡镇实现“人在家中坐，收发全国货”。

3. 干线货物联运的主要特征

（1）实行计划运输。凡纳入干线联运的货物都必须按计划办理。

（2）执行统一规定。在运送条件、运费的计算和清算办法、货运事故的处理等方面都要按照联运有关规定统一办理。

（3）贯彻全面协作原则。凡纳入干线联运的货物，均从实行一次托运、一票到底、代办中转、全程负责的运输全过程着眼，打破路、港、厂、矿界限，把产、供、运、销各部门所属企业之间的各环节、各程序全面贯通起来，按照货物运输过程组成一线相连、环环紧扣的快速运输线。

（4）价格优惠。按规定，凡是受理干线水、陆联运货物的港、站，其运输费用均比按铁、水运价分别优惠 15%。

（5）手续简便。货主在港口、车站办理托运时，可“一次托运，一次付费”；港站对货主可保证“一票到底、全程负责”。货主不再办理其他任何手续，不再付其他费用。

4. 干支线货物联运的基本方法

（1）干线联运的基本方法。按照全国统一的《铁路和水路货物联运规则》办理，主要实行全程制订一个运输计划，对整车（整批）联运货物，均由发运（起运）地点的港、站受理，运输计划逐级上报，由交通部、中国国家铁路集团有限公司平衡批准后下达执行；承运手续由起运港、站一次办签发联运票，一票贯通全程；运杂费用，实行承运时一次收清，路、港、航运输企业内部分段相互结算；索赔和理赔，由到达港、站为代表负责受理，查明责任以及统一处理赔偿。

（2）干支线联运的基本方法。干支线联运工作，目前主要是通过各地的联运企业，兼办联运的运输企业以及各港、站等基层运输单位组成的联合办公室，通过代办中转业务来实现衔接两程以上的联运。

第三节　国际集装箱多式联运

一、国际多式联运的定义及特征

国际多式联运是一种利用集装箱进行联运的新的运输组织方式。根据《多式联运公约》，国际多式联运是指按照多式联运合同，以至少两种不同的运输方式，由多式联运经营人将货物从一国境内接收货物的地点运至另一国境内交付货物的地点。国际多式联运具有以下特征：

1. 具有一份多式联运合同

该合同用以明确多式联运经营人与托运人之间权利、义务、责任、豁免等合同关系和运输性质，是与一般货物运输方式区别的主要依据。

2. 使用一份全程多式联运单证

该单证是多式联运合同的证明文件，以及确认多式联运经营人已接收货物并按照合同规定交付货物的凭证，并一次收取全程运费。

3. 由一个多式联运经营人对运输全程负责

在国际多式联运中，凡与托运人签订联运合同，有权签发多式联运单据，并对运输负有责任的人均可视为多式联运经营人。若货物的灭失、损坏或迟延交付发生在责任期间（自接收货物时起至交付货物时止），多式联运经营人应依法承担赔偿责任。

因此，国际多式联运是多式联运经营人与托运人签订一份运输合同，统一组织全程运输，实行一次托运，一单贯通，一次收费，统一理赔和全程负责，极大地方便了货主。

二、组织国际集装箱多式联运的条件

1. 建立国际多式联运线路和集装箱货运站（堆场）

首先，在国际货物流向大体一致，流量较大并且稳定的基础上建立一条或若干条国际多式联运线路。联运线路要有一定的装卸、运送集装箱的设备条件。

其次，为配合集装箱集散、交接地点的需要，在公路、铁路沿线或工业、物流中心地区建立集装箱货运站。集装箱货运站是接收货物进行装箱、拼箱或掏箱分拨的地方，具有货物交接、储存、中转的功能，在多式联运业务中具有重要作用。因此，必须建立具有一定设施、设备条件和能力的集装箱货运站。

2. 建立国内外联运网点，形成联运网络

国际多式联运经营人必须根据业务需要建立国内外的业务合作网，负责办理国内外的运输、交接手续。可以通过以下 3 种方式在国内外建立网点，构成网络：

（1）签订协议建立业务代理关系。

（2）以投资、入股方式同其他货运公司联营或合营。

（3）设立子公司或分支机构，独立经营。

3. 制订多式联运单一费率

制订单一费率是一项复杂而又重要的问题，涉及环节多，应综合考虑各方利益，使费率具有竞争性，利于联运业务顺利进行。国际集装箱多式联运全程运输费用主要有各运输区段不同运输方式的运费、经营管理费（通讯、劳务手续费等）和利润。

4. 制订国际多式联运单据

联运经营人必须有自己的多式联运单据，并由其或其授权人签字，作为运输合同的证明。

三、国际多式联运的运输组织形式

国际多式联运有着其他运输组织形式无可比拟的优越性，因而在世界各主要国家和地区得到广泛推广和应用。目前，有以下几种代表性的组织形式：

1. 海陆联运

海陆联运是国际多式联运的主要组织形式。这种组织形式以航运公司为主体，签发联运提单，与航线两端的内陆运输部门开展联运业务，与陆桥运输竞争。

2. 陆桥运输

陆桥运输是指以集装箱为主要运输工具，以贯穿大陆上的铁路和公路系统作为中间桥

梁，把大陆两端的海洋连接起来形成海—陆—海的运输方式。严格讲，陆桥运输也属于海陆联运，是远东/欧洲国际多式联运的主要形式。

现阶段，陆桥运输主要有以下几条线路：

（1）西伯利亚大陆桥。由远东、日本海运到俄罗斯东部港口，经西伯利亚铁路穿越欧亚大陆桥，到达波罗的海沿岸，再采用铁路、公路或海运运至欧洲、中东或近东地区，或相反的方向。

（2）北美大陆桥。从日本海运到美国或加拿大西部港口卸货，经美、加铁路穿越北美大陆，到达美、加东部港口，再经海运运至欧洲或相反方向。

（3）新亚欧大陆桥。东起中国的连云港和日照经新疆阿拉山口，西至荷兰鹿特丹港或相反方向的运输线路。

（4）小陆桥运输。运输线路只是北美大陆桥的一部分，即从日本海运到美国或加拿大西部港口卸货，经美、加铁路穿越北美大陆，到达美、加东海岸、南部或内地，或相反方向。

3. 海空联运

海空联运在运输组织方式上与陆桥运输相比，海空联运的货物通常要在航空港换装入航空集装箱，而后者全程使用同一集装箱，不需换装。

目前，国际海空联运线主要有：

（1）远东—欧洲，以温哥华、西雅图、旧金山、洛杉矶，或香港、曼谷、新加坡、符拉迪沃斯托克为中转地。

（2）远东—中南美，以迈阿密、洛杉矶、温哥华为中转地。

（3）远东—中近东、非洲、澳洲，以香港、曼谷、马赛为中转地。

一般来说，运输距离越远，采用海空联运的优越性越大，因为比完全采用海运节约运输时间，又比完全采用空运节约运输费用。以上海、空线路的开辟是适合市场需求的。

近几年来，我国在建设国际多式联运方面最成功的范例就是“一带一路”建设过程中中欧班列的开通。

中欧班列是指按照固定车次、线路等条件开行，往来于中国与欧洲及“一带一路”共建各国的集装箱国际铁路联运班列。作为国际陆路运输的新型组织方式，中欧班列应中欧投资贸易的不断扩大而产生，随“一带一路”建设的不断推进而壮大，是目前我国与“一带一路”共建国家联系最为紧密的路径，也是共建“一带一路”倡议扎实落地最成熟的典范。中欧班列的开行，使得沿线众多国家共同运营国际班列的机制日趋成熟，同时也促使各国铁路、口岸和海关之间合作联动更加密切，极大提升了国家交通运输发展速度，有力推动我们国家中西部地区的对外贸易和外向型经济发展，是我国铁路部门积极响应国家战略布局，带动国际多式联运大模式的一手妙招。

截至目前，中欧班列累计开行超过 11 000 列，运行线路 65 条，通达欧洲 15 个国家的 44 个城市。

第四节 联合运输结合部的协调

由于运输方式各自的技术经济特征与管理体制的差异，致使联运结合部各方面的协调关系尚未理顺，成为联运管理方面亟待完善的重要环节。

联合运输是以两种或两种以上运输方式，或同一运输方式内部不同运输企业共同完成同一客、货运输任务为特征的。为此，联合运输必然存在不同运输方式间、或同一运输方式的不同运输企业间的旅客换乘与货物倒载或改换载体的中转作业。凡属实现换乘、倒载与改换载体的场所，且配置相应技术设施所形成的综合体，称为“联合运输结合部”。其范围仅限于运输枢纽内不同运输方式联合使用的客（货）换乘（装）港、站，其协调的内涵又着眼于技术设施与中转作业组织。故与运输枢纽内各种运输方式的协调相比，其范围要小得多，内容也要少得多。

一、联运结合部的分类

1. 按其服务对象分

（1）旅客换乘结合部。

（2）货物换装结合部。

（3）客、货运载单元转换载体结合部。

2. 按其转换的运输方式分

（1）铁路—海运间，如秦皇岛、青岛、大连、天津、日照、宁波等。

（2）铁路—河运间，如武汉、南京、重庆、芜湖等。

（3）铁路—公路间，如郑州、徐州、兰州、石家庄、济南、西安等。

（4）公路—海运间，如南通、温州等。

（5）公路—河运间，如梧州、肇庆等。

（6）海运—河运间，如上海、南通等。

（7）管道—海运间，如大连等。

（8）航空—公路间，如北京、上海、天津、广州、大连等我国大型城市。

二、联运结合部的协调原理与内容

据资料分析，以铁路或水运为主，汽车运输不甚发达的国家或地区，每吨商品从出厂到消费者手中，平均需换装 3 ~ 4 次，由一种运输方式转向另一种运输方式的换装作业需涉及多种设施和机具，耗费大量的机力和人力。其换装作业费用相当于把同样数量的货物输送 100 ~ 120 km 所需的支出。因此，完善联运结合部的协调工作，把各种运输方式间客、货交接结合起来，实现安全、快速、经济的优质服务是十分必要的。

1. 联运结合部的协调原理

联运结合部的协调原理是实现运输过程的连续性、技术设施的相互适应性和协调方案的经济可靠性。

（1）运输过程的连续性。是指两种运输方式的旅客和货物交接所执行的统一技术作业过程能无延误地完成全部必要的作业。

（2）技术设施的相互适应性。是指结合部不同运输方式或企业的技术设施的作业能力、机具和人员彼此适应，保证倒载、更换载体等中转作业时间最短。

（3）协调方案的经济可靠性。是指在协调联运结合部选择技术设施和制定统一技术作业过程中，可能有多种方案，应经过技术经济比较，选择其中投入最省、产出效果最高、总体经济效益最好的协调方案。

2. 联运结合部协调的内容

（1）计划上的协调。各种运输方式在联运结合部的协调，应根据我国市场经济的特点，进行联运组织的客、货流技术经济调查，预测结合部的客、货换载量，拟订换载技术与作业组织，规划相应技术装备的更新与扩建，需要制定体现协调原理的发展计划以及日常作业计划。

（2）技术上的协调。联运结合部在技术上的协调，必须以各种运输方式技术设备参数统一化、标准化，且相互匹配为前提，为运输过程的连续性创造条件。

技术参数统一化、标准化，包括线路、桥下净空、车辆、船舶的技术参数相配合；换载的车站、港口、码头通过能力和吞吐能力相互适应；集装箱班轮与集装箱列车、火车轮渡、滚装船与铁路列车、汽车队之间的匹配关系等。

技术协调还要求联运结合部同种功能设施的联合，以达到提高使用效率，节约投资、减少作业人员等效果，进而形成一个公路、铁路线路的综合疏解与多功能的停车、换载一体化的交通中心。此外，还配备技术协调信息系统，以优化管理水平。

（3）作业组织上的协调。联运结合部在作业组织上的协调和参与换载使用的运输工具、装卸设备及作业方式密切相关。为了经济合理地使用既有设施，必须对换载工作全过程制定统一的技术作业过程。其内容包括：相互衔接的不同运输工具按统一时刻表运行；在共用场库线路换装货物时，按统一技术作业过程安排运输工具与装卸设备；推行和发展无倒装运输或省略中间存储环节的换倒装方案，以求最大限度地实现换载作业连续性；采取先进的组织管理措施，建立联运结合部的自动化管理系统。

（4）规章制度方面的协调。编制统一的日班计划程序，对车辆和船舶作业过程进行监督，制定联运协议，明确站、港之间的权利与义务，各种作业单价、质量指标的考核和奖惩办法等都应有统一的规定。经过实践，逐步形成统一的联合运输规程。

（5）经济上的协调。联营结合部的经济上的协调是上述各种协调方面的基础与最优抉择的重要依据。

在规划阶段需要考虑客、货运输流的波动与变化，并预测其误差范围以调节设施能力，预计衔接不同运输方式后对线路能力的影响，评估设立管理机构，选择管理方法与技术手段的经济有效性。

日常运营阶段，更需协调编制联运结合部的客、货运输计划，安排不同运输方式接运场地的运量，制定统一的作业单价等，都应考虑协调的经济性。

研究联运结合部经济协调的内容，应超越结合部本身来考虑诸多相关因素，如何分配运输枢纽内各组成因素间的换载工作量；有关技术设备和劳动力的配备与使用；换装站技术参数的优化；编排运输枢纽主要设施的改造和维修进度表；作业方案和作业指挥的优化等，都与经济协调密切相关。

复习思考题

1. 何谓联合运输？它具有哪些特征？
2. 联合运输具有哪些优点？
3. 联合运输如何分类？
4. 简述组织旅客联运的具体方法。
5. 简述货物联运的作业程序。
6. 何谓货物运输代理制？它有哪几种经营方式？
7. 简述联运结合部协调的原理与内容。
8. 简述国际多式联运的定义及特征。
9. 什么是陆桥运输？目前有哪些陆桥运输线路？
10. 简述国际集装箱多式联运的条件与内容。

参考文献

[1] 胡思继. 交通运输学[M]. 2 版. 北京：人民交通出版社，2018.
[2] 万明. 交通运输概论[M]. 北京：人民交通出版社，2015.
[3] 杨浩. 交通运输概论[M]. 北京：中国铁道出版社，2009.
[4] 丁波，夏立国. 运输商务管理[M]. 南京：东南大学出版社，2009.
[5] 2018 年交通运输行业发展统计公报.
[6] 中国铁路总公司 2018 年统计公报.